Críe
un **bebé** feliz
y un **niño** sin
traumas

Félix Cantoni Ibarra, M.D.

Críe un **bebé** feliz y un **niño** sin traumas

Educación, prevención y promoción de la salud emocional

intermedio

Críe un bebé feliz y un niño sin traumas

© 2008, Félix Cantoni
© 2008, Intermedio Editores, una división de
Círculo de Lectores S.A.

Direción editorial
Alberto Ramírez Santos

Diseño y diagramación
Adriana Amaya Grimaldos

Diseño de carátula
Diego Martínez Celis

Producción
Ricardo Iván Zuluaga

Licencia de Intermedio Editores Ltda.
para Círculo de Lectores S.A.
Calle 67 N° 7-35 piso 5to
gerencia@intermedioeditores.com.co
Bogotá, Colombia
Primera edición: noviembre de 2002

ISBN: 958-28-1374-1
Impresión y encuadernación
Printer Colombiana S.A.
Calle 64G N° 88A-30, Bogotá, Colombia

A B C D E F G H I J
Impreso en Colombia - *Printed in Colombia*

Agradecimientos

A mis padres

A mis hijos

A mis pacientes

A la Universidad Nacional Mayor de San Marcos
de Lima, Perú, donde me formé como médico y psiquiatra

Al Centro para el Desarrollo del Psicoanálisis en el
Perú, donde adquirí mi formación como
psicoterapeuta psicoanalítico

A la memoria del señor G. I. Gurdjieff y a los grupos de
Lima y Bogotá, que iluminaron mi pensar y mi vivir

A la memoria de Arturo Lizarazo Bohórquez

A Guillermo Ballesteros, por su oportuna comprensión

A mis amigos Jorge Mario Echeverri, Mauricio
Navas, Everardo Murillo, Rosa Ludi Arias,
Juanita Richter e Ilse de Greiff

A las personas, parejas y familias que me consultaron,
que tuvieron conmigo psicoterapia psicoanalítica o
que participaron en mis Seminarios Talleres Vivenciales
de Formación. Ellos, como dijo D. W. Winnicott,
"pagaron por enseñarme"

Al Perú, mi patria de origen, y a Colombia, tierra
generosa que me ha adoptado como hijo

Índice

Segunda parte
La violencia. Las adicciones. La ética y los orígenes de la crisis de los valores

Tercera parte
Prevención 371

Félix
Cantoni

12

Prólogo

Puede resultar insólito que un ex paciente del doctor Félix Cantoni sea el encargado de prologar una de sus obras. Debo aclarar que durante mis años de terapia no sólo recibí un eficaz tratamiento profesional sino el invaluable apoyo de un ser humano extraordinario. De manera que, quien esto escribe lo hace a título de ex paciente, por un lado, y de amigo por el otro: lo primero dejé de serlo hace tiempos; lo segundo hace parte de mi existencia.

Críe un bebé feliz y un niño sin traumas no es un manual de procedimientos o una lista de consejos, textos a los que nos tiene tan acostumbrados esta época, donde casi todo es liviano y banal.

Como en las anteriores, esta obra de Félix Cantoni suministra las herramientas necesarias para aproximarse, de manera humana y plena de sentido común, al entendimiento de la mentalidad infantil en función de construir con nuestros bebés y niños, relaciones amorosas, respetuosas y fructíferas.

Escrito con generosidad, de manera que el lector —cualquiera que sea su condición— no se sienta amenazado por la jerga petulante de un catedrático, este libro invita a reflexionar a partir de términos sencillos, finamente entretejidos, que llevan de todas maneras a territorios de honda complejidad.

En un país donde la imagen de un niño durmiendo en las calles se nos volvió parte del paisaje urbano, el doctor Cantoni llama la atención sobre la delicadeza del alma de un recién nacido, de un bebé, de un niño, y de las irreparables heridas que podemos causarles por el sólo hecho de ignorar la vulnerabilidad de la psiquis de esos "locos bajitos", como los llama Serrat.

Hay que agradecerle al doctor Cantoni su insistencia en publicar este original y didáctico enfoque y a los lectores que se tomen el trabajo de entender que un infante es, frente a quienes lo crían y educan "cera blanda en manos de un artesano".

MAURICIO NAVAS TALERO

Introducción

Este libro es, hasta cierto punto, una "botella lanzada al mar con un mensaje".

Un mensaje con información y comprensiones suficientes y confiables acerca de que una gran parte de las causas de fondo de los graves problemas psicosociales que enfrentan Latinoamérica en particular y la civilización occidental en general, residen en errores y fallas en la crianza y la educación de bebés y niños, errores y fallas que dan lugar a dos específicas condiciones perturbadas y perturbadoras: la inmadurez emocional severa y las alteraciones de la estructura del carácter.

Este libro está orientado a mostrar cómo y por qué estas dos condiciones desencadenan desarmonía y subdesarrollo del mundo interior, y cómo contribuyen a dar lugar a problemas psicosociales como la rampante crisis de valores, con sus consecuencias de amoralidad y corrupción crecientes, la desbordada presencia de la violencia, la criminalidad y el terrorismo, el desarrollo desmesurado de las adicciones que dispara la demanda, y que al lado de la amoralidad, la corrupción, la criminalidad y la violencia, proporcionan el fundamento psicológico para la explosión del narcotráfico, y para el progresivo deterioro de las instituciones de la pareja y la familia, deterioro que cierra el círculo vicioso, condicionando más desarmonía emocional en la actual generación y un oscuro horizonte en este campo para las generaciones venideras.

El mensaje contenido en mi "botella" desarrolla *comprensiones psicológicas y psicosociales* basadas en la psicoterapia psicoanalítica y en la psicología social con base psicoanalítica, que posibilitan iniciativas y acciones psicológicas y psicosociales para disminuir la incidencia de estos graves problemas dentro del pequeño círculo de la propia relación de pareja, los hijos y la familia.

Pero... ¿por qué en una botella lanzada al mar?

Porque si deseamos implementar las comprensiones del mensaje a un nivel comunitario, es urgente tomar iniciativas y acciones que sólo pueden ser llevadas a cabo con mucha ayuda.

Por eso albergo la esperanza de que la "botella" que lo contiene sea encontrada y el mensaje captado por algunas personas que, desde posiciones de poder, puedan aportar elementos que permitan llevar a la acción algunas de las ideas esbozadas en este libro para promover la salud emocional de la comunidad. Acciones así tendrían como consecuencia una disminución de los problemas psicosociales que nos ocupan.

Comprensión emocional e *instintiva*. Pensando en el bienestar y en la dicha de nuestros hijos, nos inquieta la necesidad de ponerlos, hasta donde sea posible, a salvo de los flagelos que representan los problemas psicológicos y psicosociales.

Además, del bienestar y la dicha de nuestros hijos dependerán, en gran medida, el bienestar y la dicha de nosotros mismos.

Si observamos a nuestros hijos creciendo y desarrollándose venturosamente, y confiamos en que podemos colaborar en ese proceso cobijándolos con amor y cuidando de su salud física y emocional, sentiremos que nuestro pecho se expande con emoción, felicidad y plenitud.

Ayudarles a nuestros hijos en su proceso de desarrollo externo e interno requiere del apoyo y la guía para lograr un incremento de nuestros recursos emocionales y habilidades para criar con felicidad a nuestros bebés, y para educar sin traumas a nuestros niños, evitándoles la posibilidad futura de caer en las dificultades aludidas.

Esos recursos y habilidades pueden obtenerse no tanto en términos de información intelectual acerca de "qué" o "cómo hacer", sino principalmente en términos de comprensión emocional e instintiva sobre lo que es conveniente hacer o dejar de hacer en cada caso.

Si comprendemos las necesidades y expectativas de nuestros bebés y niños, y entendemos a través de qué funcionamientos psicológicos se forman y se expresan esas necesidades y expectativas, estaremos en las mejores condiciones para aportarles una adecuada y saludable crianza y educación.

De esa manera se desarrollarán con madurez emocional y obtendrán un carácter de saludable y sólida estructura que, en la adolescencia y la adultez, les permitirá alcanzar una vida significativa, plena y, hasta donde sea posible, feliz, libre de propensión a las transgresiones éticas, a la violencia, las adicciones y la desavenencia conyugal y familiar.

¿De qué depende que los padres sintamos el deseo y seamos capaces de ofrecerle al bebé, y al niño, una crianza y una educación adecuadas?

Depende en gran parte de que tengamos, a nuestra vez, cierta madurez emocional y una saludable estructura del carácter, elementos que nos permitan disponer de recursos emocionales y habilidades suficientes para desempeñar con éxito nuestra tarea, y que, al detectar algunos vacíos, busquemos la información, la formación y la ayuda que nos permitan suplir lo que nos falte.

Factores biológicos y sociales. Es necesario reconocer y subrayar que, sin lugar a dudas, tanto en el origen como en el desarrollo de los problemas tratados aquí, inciden factores biológicos (herencia, constitución, bioquímica, endocrinología, neurofisiología), así como factores sociales (política, educación, cultura, religión, economía, geopolítica).

Pero los factores biológicos no pueden ser modificados en el presente estado de la evolución de las ciencias médicas, y los factores sociales, que afectan a la comunidad como un gran todo, en su mayoría sólo pueden ser objeto de modificaciones políticas e históricas.

¿Existe una parte de los factores sociales que pueden ser enfrentados exitosamente mediante comprensiones y técnicas educativas y preventivas manejadas por la psicología social con base psicoanalítica?

Sí. Son los factores psicosociales, que afectan a los grupos pequeños: parejas, familias, instituciones y comunidades. Tales factores pueden ser abordados por medio de la educación en comprensiones y técnicas de crianza y educación de bebés y niños, y de la prevención y promoción de la salud emocional construidas sobre una base científica, causal.

Factores psicológicos y psicosociales. Así pues, la prudencia y la experiencia en el trato con estos problemas sugieren abordar e intentar modificar sólo lo que es modificable: los factores psicológicos, y la parte de los factores sociales referente a los pequeños grupos (factores psicosociales), dejando al futuro de la investigación médica, a las acciones políticas y a la historia, lo que por ahora no sea modificable.

Si se atienden las causas de estos factores mediante un enfoque racional y científico, que de un modo masivo aporte su comprensión y sus soluciones a madres y padres que están criando y educando a sus hijos, se lograrán, sin duda, mejores resultados que los que hoy se obtienen con la aplicación de criterios educativos y preventivos tradicionales cuya base científica es escasa o nula.

Es sabido que la comunidad se siente agobiada por una creciente preocupación y amargura debida al devastador aumento de esta problemática psicosocial.

Médicos, psicólogos, psiquiatras, psicoterapeutas, psicoanalistas y otros profesionales de la salud, tanto en el ámbito privado como en el ámbito institucional, se esfuerzan en lo individual intentando, y a veces logrando (con las pocas personas que son conscientes de su problema y al mismo tiempo desean y tienen acceso a la ayuda), algunas importantes aunque escasas curaciones. Escasas, si se consideran la gravedad y la extensión del problema en el ámbito social.

En este nivel, el social, no pueden intentarse curaciones. Al menos no con la tecnología que hoy tenemos disponible.

Así pues, ¿qué se puede hacer en el ámbito social? Sólo hay dos respuestas, *educar* y *prevenir*, utilizando las comprensiones suministradas por esta gráfica:

Fallas en la crianza y en la educación de bebés y niños	{	Inmadurez emocional severa y trastornos de la estructura del carácter	{	Corrupción Violencia Adicciones

Si las madres, los padres, los miembros de grupos familiares y la comunidad alcanzamos estas comprensiones, estaremos en posesión de herramientas eficaces para contribuir a su prevención en los núcleos a los cuales tenemos acceso: primero en nuestro propio grupo familiar, y luego en los pequeños grupos que constituyen nuestra área de influencia en la comunidad, como son las amistades, la junta comunal, las asociaciones de propietarios e inquilinos, los vecinos del barrio, los miembros de la parroquia, la cooperativa, el hogar comunitario, el batallón, los veteranos, los pensionados, los socios del club, las organizaciones de maestros de la escuela, las asociaciones de padres de familia, los grupos de profesores del bachillerato y la universidad, los compañeros de trabajo, etcétera.

De esta manera promoveremos y apoyaremos acciones para que otros grupos familiares relacionados reciban la información educativa necesaria, ofreciendo así acceso a la prevención para más gente.

Podremos acercarnos a los grupos e instituciones que nos son afines, difundiendo las comprensiones y herramientas obtenidas y más adelante promocionando el entrenamiento de funcionarios y líderes comunitarios para multiplicar estas comprensiones y técnicas.

Construido sobre comprensiones y herramientas desarrolladas durante innumerables sesiones de psicoterapia psicoanalítica y seminarios talleres vivenciales de formación, este libro tiene como razón de ser constituirse en una herramienta para la realización de reuniones similares sobre la relación entre padres e hijos, y sobre la problemática psicosocial analizada.

Esto pudiera determinar una reacción en cadena, con indudables efectos sociales.

El punto de partida para adquirir esta educación preventiva es el reconocimiento y apropiación de tres comprensiones centrales:

*La inmadurez emocional severa y los trastornos en la estructura del carácter son perturbaciones ubicadas en la mente o mundo interior. El individuo las adquiere durante las etapas en que es criado como bebé, educado como niño (y también guiado como adolescente) en el seno de una familia a la que sus padres llegaron, a su vez, con alteraciones, inmadurez y trastornos adquiridos en sus hogares de origen, todo lo cual da lugar a distorsionadas y distorsionadoras actitudes y conductas en la crianza, la educación y la guía ofrecidas.

*La existencia de una alteración emocional o de un trastorno en la estructura del carácter en el mundo interior de una persona determina que, frente a las dificultades habituales de la existencia, ésta reaccione pasando fácilmente por encima de los valores y la ética, llegando a la corrupción, la violencia, la adicción, la desavenencia conyugal y la insatisfacción sexual, y a que su grupo familiar involucione al caos y la distorsión.

*La vida conyugal y familiar de la persona que padece de inmadurez emocional severa o trastornos en la estructura del carácter, se ve perturbada, lo cual agrava la alteración emocional y el trastorno en la estructura del carácter, cerrando un círculo vicioso que incide en la salud psicológica de los hijos y en el establecimiento y perpetuación de los problemas derivados.

Frecuencia. ¿Qué tan frecuentes son la inmadurez emocional severa y los trastornos de la estructura del carácter?

Un pequeño porcentaje de la población, que padece de un cuadro completo de estas alteraciones y trastornos, es susceptible de tratamiento psicoterapéutico o psiquiátrico.

Pero lo verdaderamente preocupante es la frecuencia con que aparece no un cuadro completo sino rasgos parciales de estas alteraciones y trastornos. Estas personas no se sienten lo suficientemente perturbadas como para buscar ayuda profesional. Por el contrario, suelen sentirse "muy bien", y generalmente desvalorizan y desdeñan tal ayuda.

Sin embargo, al igual que en el cuadro completo, estos rasgos parciales alterados bastan para condicionar los problemas psicosociales.

No existen estadísticas sobre la incidencia de estos rasgos parciales de alteración, aunque diversas observaciones permiten sugerir que aparecen con mucha frecuencia.

¿Cómo leer este libro? Me permito sugerir que se haga lo posible para que la lectura de este texto se realice en pareja, en voz alta. Poco a poco será posible incorporar a los hijos en el proceso.

Si usted es madre sola, madre sustituta, madre comunitaria o encargada de una guardería, será favorable contar con un interlocutor, alguna amiga o familiar cercano, y pronto podrá compartir la lectura con los hijos.

Lo mismo puedo decirle al padre que se encuentra en situaciones similares y debe afrontar solo la crianza y la educación del hijo, caso menos frecuente, pero que requiere aún más de las comprensiones ofrecidas.

Si usted es un hijo adolescente o adulto, y siente que inicialmente no puede compartir esta lectura con sus padres, considere la posibilidad de hacerlo con un amigo o un hermano, o con el padre que se lleve mejor, esperando incluir más adelante al otro.

Además, recomiendo para todos que la lectura de cada capítulo, y si fuera necesario de cada párrafo, suscite unos instantes de reflexión, y ojalá de diálogo, antes de pasar al siguiente. Este sistema promoverá una mejor comprensión de lo tratado y también una disminución de las ansiedades que estas comprensiones desencadenan, pues precisamente podrían determinar que usted se diga a sí mismo: "A mi familia y a mí esto no nos toca" o, "¡Vaya, qué problemas tan graves tienen algunas personas!"

Será conveniente que cuando esto ocurra, usted se permita cuestionarse y releer el texto que "no le toca". En muchas ocasiones se sorprenderá descubriendo que, en el fondo, sí le tocaba. También se sorprenderá con la súbita revelación de que una buena parte de las acusaciones que tendía a hacerle al otro miembro de la pareja, a sus hijos, o a sus padres, termina siendo algo que le atañe directamente, algo que al menos en parte es responsabilidad suya y no sólo de aquellos a quienes acusaba.

Esto no significa que tenga que sentirse culpable. Bastará con que tome conciencia de la verdadera situación, que antes no veía, y asuma su parte de la responsabilidad.

Sólo cuestionarse, en un acto de valentía y humildad, podrá ser el punto de partida para enfrentar y acaso resolver los problemas que actualmente le agobian.

Este acto de valentía y humildad será útil a las madres y padres solos, sustitutos o en pareja, que confían en su salud emocional (y por lo tanto en su capacidad para criar un bebé feliz y educar a un niño sin traumas ni conflictos), como una base para afianzar y cimentar tanto su confianza, como sus capacidades para lograrlo.

Será igual o más útil para quienes albergan algunas dudas sobre su salud emocional y por ello sobre su capacidad para criar y educar, porque les permitirá tener mayor conciencia de sus problemas, y obtener orientación acerca de cómo proceder, y de a quiénes solicitar ayuda.

PLAN DEL LIBRO

La primera parte es un intento por reunir un amplio conjunto de comprensiones y técnicas para la crianza y la educación emocional e instintiva de bebés y niños.

Esta parte ha sido concebida deliberadamente como un "manual de autoayuda" dirigido principalmente a quienes requieren de un documento que los dote de comprensiones y herramientas para desempeñar su tarea, que se constituirán en el eje de acciones psicológicas para procesos de educación de madres y padres.

Contiene comprensiones acerca de qué es un bebé y un niño, y sugerencias relativas al modo en que los padres pueden ofrecer a sus bebés y niños lo que necesitan para desarrollarse con armonía interior, así como indicaciones acerca del modo en que la desarmonía interior ocasiona la desavenencia conyugal y familiar.

Luego, en la segunda parte, ofreceré mis respuestas a las siguientes preguntas: ¿cómo, a través de qué mecanismos la desarmonía interior contribuye a las tendencias a dejar de lado los valores, saltar por encima de ellos y llegar a la amoralidad y la corrupción? ¿De qué manera condicionan la violencia, la criminalidad y el terrorismo? ¿Cómo se generan las adicciones y sus desastrosas consecuencias sociales y políticas?

En la tercera parte mostraré algunas de mis ideas para organizar iniciativas y acciones psicológicas y psicosociales construidas sobre una base científica, causal, que permitan reducir la incidencia de estos problemas en la comunidad.

A los colegas: me responsabilizo por cada afirmación, concepto o comprensión que enuncio en el libro, pero no todas las ideas planteadas son originalmente mías. En parte provienen de la contribución de otros autores, todos ellos mencionados en la bibliografía. Como el libro está dirigido al público general, no iniciado en las cuestiones psicológicas y psicopatológicas, lo he liberado de las citas bibliográficas detalladas que puedan confundir al lector no especializado. Cuando la contribución no me pertenece, en el texto menciono al autor correspondiente.

Félix Cantoni Ibarra
cantoni@tutopia.com

Primera parte
Comprensiones y técnicas para la crianza
y educación de bebés y niños,
con fundamento psicoanalítico

Preámbulo
La "casa interior"

¿Qué es la mente, cuál es su estructura y cómo funciona?

La mente o mundo interior es una parte de nuestro ser. Se forma a través de un proceso en el que el factor principal es la relación psicológica, especialmente la relación emocional, afectiva e instintiva que establecen ambos padres, primero con el bebé y luego con el niño.

Estas relaciones psicológicas y emocionales entre padres e hijos, incluyendo las de los padres como miembros de una pareja, constituyen la atmósfera emocional en la que se desarrolla la mente del pequeño.

Los principales elementos constitutivos del mundo interior son:

Las percepciones. Del mundo externo y a través de los órganos de los sentidos, la mente recibe estímulos en forma de percepciones.

Las necesidades. La mente recibe influjos fisiológicos desde el organismo, que determinan la aparición de necesidades.

Los contenidos. Entre muchas otras cosas, la mente contiene nuestros impulsos instintivos, anhelos, fantasías, imágenes, sueños, recuerdos, sentimientos, pensamientos, ideas, reflexiones e iniciativas. Con base en tales percepciones, necesidades y contenidos, la mente genera estructuras y funciones más o menos autorreguladas que determinan nuestras actitudes y reacciones, nuestro comportamiento y nuestras relaciones con las otras personas.

La forma. *La mente no es algo amorfo, sino que tiene una "forma", es decir, una estructura que puede compararse con el interior de una casa.*

La metáfora o símil de la "casa interior". *La mente o mundo interior sería comparable con una casa dotada de habitaciones o compartimentos que comunican (o no) unos con otros, con puertas y ventanas que se abren (o no), divisiones, una mejor o peor ventilación, y una peculiar instalación eléctrica que hace que algunas habitaciones, y otras no, cuenten con luz.*

La forma o estructura de la mente, considerada sólo desde el punto de vista psicológico, se denomina personalidad. Cuando consideramos la estructura de la mente no sólo desde sus componentes psicológicos sino también desde los componentes biológicos, tenemos el carácter.

Visitantes y habitantes de la "casa interior". *Las percepciones serían como visitantes que entran en la casa, estimulando con su presencia a los habitantes, es decir, a los impulsos instintivos, anhelos, fantasías, imágenes, sueños, recuerdos, sentimientos, pensamientos, ideas, reflexiones e iniciativas. El estímulo de los visitantes, combinado con las propias necesidades de los habitantes, hace que éstos se movilicen por dentro de la casa, dando lugar a lo que se conoce como vida interior.*

Los espacios de la casa, las habitaciones consideradas como un todo, los habitantes y los visitantes serían la metáfora adecuada para lo que llamamos mente, mundo interno o, en otro lenguaje, ser interior.

En ocasiones, los habitantes salen "a la calle", al mundo externo por puertas y ventanas, en busca de la satisfacción de sus necesidades mediante actitudes, reacciones, comportamientos y relaciones con las demás personas.

Algunos de estos habitantes parecen tercos y reticentes. Viven encerrados bajo siete llaves en algunas de las habitaciones (o más bien en el sótano), donde como no hay instalación eléctrica, están siempre a oscuras, es decir, son inconscientes en el sentido de que la persona no se da cuenta directamente de su existencia en el propio ser interior, sino a través de las presiones que realizan.

Los habitantes de tal "sótano" son, principalmente, los impulsos instintivos de amor (incluyendo lo sexual) y de odio. Esos habitantes están llenos de necesidades y anhelos inconscientes (que son las necesidades del organismo físico transformadas en procesos mentales), poco conocidos por los pobladores del resto de la casa.

En un esfuerzo por satisfacer las necesidades y los anhelos, estos habitantes a veces escapan al exterior a través de una rendija o una rotura en la parte oscura, y se manifiestan como actos impulsivos o irreflexivos, sueños y fantasías, actos fallidos o equivocaciones, síntomas clínicos y rasgos caracterológicos perturbados o "modos de ser" inadecuados.

La mayoría de las veces, desde su oscuro refugio, y mediante el uso de presiones, se esfuerzan por hacer saber sus necesidades a los habitantes de la parte de la casa que sí tiene instalación eléctrica, tratando de empujarlos a que hagan cosas que satisfagan esas necesidades.

Los habitantes de la parte con instalación eléctrica a veces encienden la luz, es decir soy consciente, y otras permanecen a oscuras, no soy consciente de ciertos contenidos de mi mente.

Los habitantes de la parte con instalación eléctrica tienden a satisfacer las necesidades y anhelos de los habitantes de la parte permanentemente a oscuras, pero para ello, si las cosas han marchado bien y no hay demasiados problemas, no pue-

den actuar a su antojo, ni mucho menos salir al exterior, "a la calle", de un modo irreflexivo o impulsivo en forma de actitudes, reacciones y comportamientos descontrolados, irresponsables y sintomáticos.

Si el proceso de desarrollo y estructuración de la mente ha sido adecuado, estos habitantes se agrupan en ciertos aposentos a deliberar qué hacer para satisfacer las necesidades mencionadas, sin perturbar el orden interno de la casa ni transgredir las regulaciones y restricciones de "la calle", o sea la realidad externa o sociedad.

Si por el contrario el proceso de desarrollo se ha visto interferido, la deliberación también lo estará: se debilita, se paraliza y se confunde; en lugar de deliberación y decisiones, aparecen síntomas, reacciones y comportamientos impulsivos y descontrolados, ansiedad desbordante, reacciones defensivas contra la ansiedad y gran dificultad o imposibilidad para las conductas adecuadas, responsables y adultas.

Capítulo 1

¿Qué es un bebé?

Y también... ¿cómo llega un bebé a madurar
emocionalmente y a estructurar su mundo
interior hasta transformarse en un niño apto
para enfrentar su infancia?, ¿y cómo se transforma luego en un adolescente y por fin en un
adulto? ¿Qué participación tiene la mente en
esa transformación?

Definiré qué es un bebé haciendo un análisis de sus necesidades psicológicas más importantes y los modos naturales
de satisfacerlas.

Si comprendemos lo esencial de tales necesidades y su
satisfacción, conoceremos el camino hacia la madurez y la
estructuración del mundo interno del ser humano.

Una necesidad primordial del bebé, que es central para
su desarrollo psicológico, es la necesidad de amor ofrecido
mediante contacto afectivo, físico, verbal y empático.

La necesidad de amor no empieza cuando el bebé ya
ha nacido. Debe haber amor de la madre y el padre hacia la
criatura que crece en el vientre materno. Y esto, incluyendo la palabra, el dirigirse al bebé en el vientre hablándole
amorosamente, ofreciéndole hasta canciones y música, es
indispensable para que ese pequeño ser luego, ya nacido,
sea capaz de absorber el amor, ahora más explícito y quizá
menos misterioso que el que menciono aquí.

Voy más atrás: el amor por la criatura no nacida empieza a manifestarse desde la concepción, y aún antes, desde el deseo amoroso con que papá y mamá conciben en su mente el deseo, la fantasía y la iniciativa de procrearlo.

En cuanto al momento del nacimiento, la madre que ama a su bebé, ojalá asistida por el padre, llega al trabajo de parto predispuesta afectivamente de un modo favorable, y habrá recibido el entrenamiento y la preparación que le hagan posible controlar las consabidas (y destructivas) manifestaciones exageradas de dolor, sufrimiento e ira contra la criatura, el padre y el mundo en general, que pueden afectar tanto a la criatura como no haberla deseado durante el embarazo. Lo mismo puede decirse de la ausencia física y emocional del padre.

Una última anotación previa: cuanto antes la madre pueda hacerse cargo de la atención física y emocional del recién nacido, mejor. Las largas estadías en las salas de bebés "mientras la madre descansa", así como la actitud de ciertas enfermeras que, bien intencionadas, se llevan a la criatura apenas la madre la ha amamantado, pueden causar serias lesiones anímicas en el bebé y en la madre.

La excepción está dada cuando por estrictas necesidades clínicas, el bebé debe permanecer unos días en la incubadora. En este doloroso pero inevitable caso, la madre procurará permanecer cerca, literalmente "pegada" a la incubadora, el mayor tiempo posible.

Ahora bien, volvamos al bebé, ya instalado en casa para el largo proceso de crianza. ¿Qué significa "contacto físico, afectivo, verbal y empático"?

Significa que aunque el contacto físico es muy importante, por sí sólo no es suficiente.

Tampoco lo es el amor, los sentimientos afectivos que la madre tenga por el bebé en su ser interior pero que a veces no puede expresar. Y sin contacto físico ni amor interior, las palabras amorosas que la madre pueda emitir también resultan insuficientes.

Y entonces... ¿cómo ha de expresarse dicho amor?

A través de la presencia de las tres clases de manifestaciones ya descritas (contacto físico, sentimientos interiores de amor, expresión verbal de los sentimientos), combinadas con la aptitud de la madre para captar, casi adivinar las necesidades del bebé, ya que éste no las conoce y menos aún puede expresarlas con claridad.

En el bebé emocionalmente sano, el alarido angustiado, exigente y colérico que se mezcla con el llanto, muestra las necesidades. Y la madre bien conectada emocionalmente con su hijo, capta, percibe, adivina, descifra, entiende y satisface, usando su "empatía", su capacidad de "ponerse en el pellejo" del bebé.

Por ello, la expresión por excelencia del amor de la madre por el bebé es el contacto físico afectuoso, la caricia y la presencia empática de la madre, incluyendo su mirada, su olor personal y su voz.

Toda la piel y las masas musculares del recién nacido están dotadas de una extraordinaria sensibilidad y aptitud para el goce sensual y el placer con el contacto afectivo y físico.

Es como si todo su pequeño cuerpo fuera una sola boca que anhela y reclama el contacto y las caricias, con la misma avidez que su boca y su estómago anhelan y reclaman alimento.

Y al principio, la única manera como el bebé recibe, experimenta y vive el amor de la madre es sintiendo y disfrutando del goce sensual y el placer conjugado con la aptitud de la madre para captar, "adivinar" empáticamente y atender necesidades que para el bebé no es posible entender ni mucho menos expresar.

El bebé no está capacitado para captar ni para disfrutar del amor de la madre si tal amor no es expresado y ofrecido mediante contacto afectivo, físico, verbal y empático. El bebé no tiene cómo sintonizar, recibir ni gozar de un amor romántico, idealizado o abstracto que la madre pudiera sentir, pero que no expresa ni ofrece con su contacto ni con su presencia.

Esta necesidad se va atenuando con el paso de los meses y los años, pero nunca deja de estar presente.

Si durante la etapa del bebé, es decir durante el primer año de vida, tal necesidad es abundante y generosamente satisfecha, la madre, su sustituta y el padre podrán estar seguros no sólo de que han hecho feliz a su bebé, sino de que lo han dotado de las bases más sólidas para la maduración, estructuración y establecimiento de un carácter armónico, y para una razonable expectativa futura de felicidad en la vida.

En la cultura contemporánea, donde se han privilegiado los valores materiales y depreciado hasta la náusea los emocionales, ha surgido una racionalización que, si no se desbarata, puede resultar en extremo perjudicial. Me refiero a que el amor, ofrecido abundantemente en forma de contacto afectivo, físico, verbal y empático, es "melosería".

Nada más erróneo. Lo realmente "meloso" es el aferramiento y la posesividad, que desde luego no dudan en expresarse muchas veces mediante exageradas caricias y un falso apego físico, y que se diferencian del amor genuino porque se manifiestan con inquietud, ansiedad y hasta desesperación, pero no con tranquila y apasionada ternura.

El verdadero amor es abundante y generoso en contacto, caricias, besos, miradas y palabras amorosas.

¡Ah!, y es incondicional. Es decir, no espera, ni mucho menos exige, que el bebé lo corresponda ahora, ni en el futuro ("¡Qué mal pagan los hijos!", dice la dolida madre. "Qué", le respondo. "¿Era que usted tenía una cuenta de cobro?").

Otra necesidad del bebé es la de ser reconocido, aceptado y respetado, al mismo tiempo que amado, y de que un adulto se sienta orgulloso de él:

> ✓ como una persona íntegra: el pequeño ser, no por pequeño es un "pedazo" de persona, sino una persona completa,
>
> ✓ como un individuo de la especie humana especialmente significativo e importante para quien lo cría,
>
> ✓ como un legítimo interlocutor con quien se dialoga afectiva y efectivamente y,
>
> ✓ como alguien dotado de derechos.

Este cuádruple reconocimiento, si es ofrecido y hecho sentir al bebé mediante el contacto descrito, en una atmósfera en la que el amor tenga presencia privilegiada, será efectivamente captado y recibido. Eso le permitirá al infante y al futuro adulto desarrollar una adecuada imagen de sí mismo y, a la vez, quedar dotado de la autoestima necesaria para quererse, respetarse, gustar y cuidar de sí.

Otra relevante necesidad del bebé es la de expresarse, animarse y ser recibido, especialmente en lo que se refiere a sus estados emocionales.

Cuando está solo y despierto, el bebé se suele sentir contento y tranquilo si ha estado hace poco en contacto afectivo y físico con la madre o el padre. Se interesa por el mundo que lo rodea, aprende a jugar, sonríe, hace ruiditos y emite sonidos que, articulados progresivamente en forma de grito, llanto, gorjeos y balbuceos, en el futuro llegarán a organizarse como voces.

Cuando la madre ha estado ausente por un tiempo mayor al que el bebé ha aprendido a soportar, éste se "desanima", entra en lo que suele llamarse "un bajonazo", parece "perder lucidez", su grado de conciencia disminuye, se lo ve como "elevado", "ido", o reaccionando con llanto iracundo.

Si el tiempo ha sido demasiado largo, el bebé pierde la esperanza, renuncia incluso al llanto y a la ira, se silencia y cae en el desaliento y el sopor. Víctima de la resignación, ya no se siente instintivamente "sujeto de derecho": pierde hasta su derecho a protestar. Se conforma y se paraliza. Aparentemente "se ha tranquilizado" y hasta puede que los padres se sientan aliviados porque ya no llora, "ya no molesta". Pero no imaginan que el problema está allí, más grave que nunca. Si lo supieran, tal vez harían algo para remediarlo.

La resignación y la parálisis hacen que sea imposible la autoestima.

Para un bebé (y luego para un niño, un adolescente) es indispensable la presencia de por lo menos un adulto, mejor dos (al menos la madre o su sustituta, y ojalá también el padre). También son indispensables las innumerables relaciones que se darán entre el adulto y el bebé.

Sin la satisfacción de estas dos necesidades, la de la presencia de al menos un adulto, y de las relaciones con él, es muy posible que el bebé (y luego el niño y el adolescente) no lleguen a establecerse en el proceso de madurar, estructurarse y alcanzar la siguiente etapa de su desarrollo.

Profundicemos ahora en la empatía. Al inicio, la participación del bebé en las relaciones con la madre es poco activa: consiste sobre todo en tener necesidades que, si las cosas marchan bien, el bebé expresará de manera ruidosa aunque confusa, y que ella captará y entenderá con su capacidad de ponerse "en el pellejo" del bebé: la empatía, es la capacidad casi "adivinatoria" de la madre armónica.

Con base en esta capacidad, ella percibirá y satisfará las necesidades del bebé lo más inmediata, plena y amorosamente posible. Hay una magia poética cuando ella recibe, siente dentro de sí, por identificación, por una acción instintiva de "ponerse en los patines" y aun "en los pañales" del bebé, los sentimientos y necesidades de éste, sin angustiarse ante las rabias ni deprimirse cuando parece no hacerle caso.

Esto da lugar a otra función materna indispensable, estudiada por los psicoanalistas Melanie Klein y W. R. Bion, entre otros. La madre emocionalmente sana y armónica tiene una enorme capacidad para hacer de contenedor o recipiente, vale decir, en una especie de "amortiguador" para los desbordados, confusos y al principio caóticos sentimientos y ataques de agresión, cólera, ira y rabia del bebé cuando está frustrado. La madre empieza a comprender que todo llanto de bebé es principalmente rabia, ira, cólera y frustración.

Por su lado, el bebé necesita descubrir que su agresión no es "mala" en el sentido de que no destruye: se le hace evidente que puede agredir sin destruir. Cuando descubre eso, consigue no sentirse "malo" ni "peligroso" y comprueba que expresar agresión y sentirse colérico e iracundo es algo necesario e inocuo. Expresar, verbal y actitudinalmente, agresión, no destruye ni daña, ni a quien la expresa ni a quien la recibe.

Eso le dará la oportunidad en el futuro, a medida que crece interiormente, de aprender a expresar y descargar tales sentimientos en forma modulada y bien administrada, de modo que no lo inunden ni se apoderen destructivamente de su mundo interior.

La madre recibe esos sentimientos de agresión, esos ataques de ira, frustración y cólera y, psicológicamente, los "digiere", los elabora y los transforma.

No se los devuelve al bebé como un contraataque sino transformados en amor: lo carga, lo mima, lo acaricia, lo abraza, le habla, juega con él, lo pasea, mientras vuela su fantasía, mientras imagina cosas agradables, o canta una canción... actuando como un soporte psíquico y físico que envuelve y contiene suave y tiernamente al bebé para que no se desintegre psíquicamente y sobrevengan el caos y el daño a su pequeña mente, mientras su interior esté invadido por la agresión, la ira, la rabia y la frustración.

Un ejemplo de esta actitud materna de recibir, envolver y contener al bebé, devolviéndole su agresión transformada en amor y juego, tiene relación con una necesidad del bebé cuyo análisis se completará más adelante, la necesidad de morder: cuando en pleno amamantamiento, el bebé, que ya tiene un par de dientecitos, muerde a la madre y ella reacciona con cólera y angustia quitándole bruscamente el seno y pegándole en la boquita mientras lo regaña, éste siente que la dañó, y que por lo tanto es malo y dañino.

Si esto sucede, sobrevienen sentimientos de culpa, se desborda la angustia y se perturba todo el proceso de maduración y estructuración. Se destruye la oportunidad para el juego y la magia poética. Al sentirse malo y destructivo, se inflaman los impulsos del bebé a destruir, que ya no están apaciguados por sentimientos de bondad y amor.

Como carece de recursos para actuar destructivamente, su fantasía destructiva se desboca; aparecen en el bebé devastadoras fantasías en las que destroza y devora a la madre, y ella lo destroza y devora a él.

Si por el contrario la madre soporta un poquito (desde luego no mucho) de dolor, y cuando el mordisco continúa y se acentúa, riendo le dice al bebé que le dolió, sin quitarle el seno, la mayoría de las veces el bebé reaccionará iniciando un juego. La mira a los ojos, sonríe, muerde otro poquito, suave, y se ríe. Y la interacción se vuelve un juego delicioso en el que, con la amorosa complicidad de ambos, se miran, ríen y el bebé juega a "atacar por sorpresa" y a adivinar la reacción de la madre, hasta que el juego se resuelve con la continuación de la alimentación o con la aparición del sueño. La magia poética vuelve a ser posible.

Al lado de todo esto, la madre también necesita ser capaz de sentir, discernir y controlar sus propios sentimientos, especialmente los de frustración y aun de momentáneo odio, que pueda experimentar ante la agresión del bebé. La madre tiene que estar dispuesta a reconocer toda esta negatividad cuando se presenta, y estar dispuesta a no descargarla contra el bebé.

Esta situación emocional desencadena un ciclo por el cual el bebé aprende a sentir y darle forma a sus propios sentimientos, al tiempo que aprende a captar empáticamente los de la madre. Éste es el primer paso para la adquisición y el desarrollo de la empatía entre los seres humanos.

Es necesario añadir ahora que, al lado de sus necesidades, el bebé presenta ciertas características innatas, determinadas potencialidades de crecimiento y algunos funcionamientos mentales de origen neurofisiológico e instintivo.

El adulto que lo va a criar (principalmente a través de satisfacerle sus necesidades), necesita conocer estas características que son las bases, o más bien el material que el bebé (y más tarde el niño y el adolescente) presenta al adulto para que éste lo potencie y moldee.

La más evidente de estas características es la inmadurez, y la necesidad fundamental a la que ésta da lugar es la de dependencia. Por la inmadurez, el bebé está imposibilitado de atender por sí mismo la satisfacción de sus necesidades, por lo que requiere en forma indispensable de la presencia del adulto que se las satisfaga.

El bebé (y también el niño y el adolescente) son seres inmaduros y en proceso de maduración, pero con unas inmensas ansias y potencialidades de madurar.

Por ello, no es necesaria de ningún modo la intervención del adulto para promover esa tendencia a la maduración. No hace falta ir por la vida gritándole al niño o al adolescente que "¡madure!"

No. El adulto debe encaminar y potenciar la natural y siempre presente tendencia del joven a la maduración, y más bien aprender cómo no distorsionarla, cómo "no desaprovecharla".

Dada su inmadurez, los bebés (un poquito menos los niños, y bastante menos los adolescentes) dependen intensa e inevitablemente del adulto para sobrevivir, para culminar con éxito el proceso de crecimiento físico y, finalmente, adquirir una mente estructurada que les permita realizarse como personas, llegar a ser independientes, abastecerse, disfrutar de la vida, del amor, de la familia y los hijos.

Para ello, el bebé necesita depender del adulto. Esta dependencia es completamente saludable y deseable. Sin ella, la estrecha relación en la que el bebé (y en su medida el niño y el adolescente) se ubica para satisfacer sus necesidades y así crecer, se vería interferida.

Como se dijo, la participación inicial del bebé en las relaciones con el adulto que lo cría, sea la madre, su sustituta o el padre, no es muy activa. Pero tal participación está presente, y el adulto habrá de estar muy consciente de que ese pequeño ser que tiene entre los brazos es, a pesar de su inmadurez, muy capaz de percibir, sentir, expresar, comprender, comunicar y actuar.

Es decir, ya es una persona. Si quienes lo crían lo tratan como tal, atribuyéndole un sentido humano a todos sus gestos y acciones, ese trato será el elemento fundamental que lo hará crecer emocional y estructuralmente. Su mundo interior se irá construyendo y creciendo con esmero y felicidad.

A medida que se produce tal crecimiento, la participación del bebé y luego del niño en las relaciones será cada vez mayor y, si todo va bien, tal participación también será cada vez más ecuánime, generalmente adecuada, feliz y libre de traumas. En ella, el pequeño será más y más capaz de manifestarse como una persona, y de expresar con creciente claridad sus necesidades y deseos y, de ser necesario, de reclamar sus derechos.

Con el crecimiento emocional y estructural no sólo aumenta la participación del infante en las relaciones con los padres y demás miembros del grupo familiar, sino también las demandas y las expectativas de los adultos.

Igualmente, ya en la etapa del niño, van apareciendo de manera progresiva ciertas obligaciones para él.

Las tareas de crianza, educación y guía de los hijos competen tanto a la madre o sustituta, como al padre.

Pero para ser específico, la tarea de la crianza de un bebé compete en forma primordial (claro que no exclusiva) a la madre y, cuando ella transitoria o definitivamente no está presente, a su sustituta.

En ausencia de la madre y de una posible sustituta, es claro que un varón (ojalá el padre) podrá hacerse cargo.

Pero la tarea de la crianza, cuidado, dedicación y preocupación por el pequeño bebé en los primeros meses, corresponde por excelencia a una mujer: la naturaleza la ha provisto de los hermosos e indispensables recursos biológicos, instintivos y emocionales que le permiten cumplir a cabalidad con semejante responsabilidad.

Debido a esto el bebé se aferra psicológica y físicamente a la madre (o a su sustituta), cuya imagen es por ahora la más importante y necesaria para él.

Durante la etapa de bebé, el padre ocupa para éste un lugar destacado, diría indispensable, especialmente en cuanto al contacto afectivo y físico, y al cuidado de la madre, pero no está en el "foco" de su atención y de sus necesidades emocionales, sino en la periferia.

Esta localización cambia de modo dramático a medida que el infante ingresa en las etapas de niño y adolescente, en las que el padre pasa a compartir dicho "foco" de igual a igual con la madre.

Pero para el bebé, quien está en el "foco" es la madre.

El padre de la criatura (o su sustituto) no está, desde luego, excluido de la crianza: su contacto afectivo y físico con el bebé puede y debe ser muy estrecho, pero la parte principal de su contribución a la crianza está relacionada con el cuidado, protección y afecto a la madre mientras ésta cuida del bebé. Satisfecha su necesidad de ser amada y cuidada por el padre de la criatura, su desenvolvimiento maternal será óptimo.

En esta etapa la misión del padre es hacer de "madre de la madre". (Ver pág. 204, Capítulo 11, "Un capítulo para los varones: ¿Qué es 'ser padre'?").

Volviendo al bebé, ante la presencia, la mirada, la empatía y la comprensión de la madre, éste se anima motriz y emocionalmente, moviendo con entusiasmo brazos y piernas, al principio sin coordinación y luego de un modo cada vez más coherente y organizado.

La madre aprende cada día más a entender el lenguaje del bebé. Responde atendiéndolo, pero también hablándole con palabras que el bebé va identificando e incorporando como imágenes auditivas, que después le servirán como base para organizar su propio lenguaje verbal.

¿Cómo se manifiesta la empatía? La madre emocionalmente presente se da cuenta de que el bebé está lloroso, inquieto e incómodo; empáticamente discierne que tiene calor y lo libera de algo de ropa. O percibe que se siente aburrido y lo carga cerca de la ventana para que se entretenga. Ella "sabe" la diferencia entre estos estados y los de hambre o sueño.

Entonces, no lo pone a dormir, ni le "enchufa" el chupo o el tetero para que se calle. Cuando la madre "sabe", el bebé también "sabe" que puede confiar en ella; se anima y siente esperanza.

Según el psicoanalista británico Donald W. Winnicott, ante dicha experiencia el bebé siente que "la vida vale la pena ser vivida", sentimiento que conservará por siempre.

La reacción de animación del bebé es indispensable para su crecimiento y armonía interior. Le proporciona los recursos necesarios que pondrá luego en la situación de estar despierto solo, tranquilo y contento en la "casa interior", donde tiene lugar el proceso de construcción de su mundo interno.

Si el bebé no se anima, decae su estado de conciencia; si está como "ido" o "englobado", casi soporoso, tal estado es conveniente si va a dormir, pero perturbador en caso contrario. El bebé así luce taciturno y se sumerge en una pasividad que en el adulto dará lugar a una "parálisis del yo", antesala de la indiferencia emocional.

Hay que puntualizar aquí que la mera presencia física de la madre, sin su presencia afectiva, su amor, su mirada, su empatía y su comprensión, no es suficiente como para producir en el bebé su entusiasta reacción de animarse.

La mera presencia física de la madre si está distraída, displicente, ausente de emociones, demasiado deprimida o preocupada en extremo por la cosa formal, la ropa, la comida, por evitar que el bebé muerda, etcétera, o por la conducta del marido o de los otros hijos, es una presencia insuficiente, que siembra la desesperanza, el aburrimiento, la falta de significado y la duda en el ánimo del bebé, predisponiéndolo a la inmadurez y a futuras distorsiones del carácter.

Cuando el bebé está solo y despierto, tranquilo y contento luego de haberse animado con la madre, aprende a distinguir su cuerpo, a sí mismo, a las otras personas y a los objetos inanimados.

Hay otros momentos en que el bebé está intranquilo, y es ahí que encuentra estados afectivos de máxima intensidad, a los que Otto Kernberg, psicoanalista estadounidense, denomina estados afectivos "pico", que son de intenso placer o de intenso dolor.

Los de intenso dolor se relacionan con el hambre, la sed, la incomodidad o el dolor físico, y con circunstancias que poco a poco el bebé encadena con situaciones de peligro, como la de sentirse abandonado. Es durante esos estados de intenso dolor cuando el bebé necesita de su madre, de modo indispensable y urgente, en la actitud de recibirlo, envolverlo y contenerlo, en la actitud de ser su "amortiguador".

Por otro lado, los estados afectivos "pico" se asocian con vivencias de intenso placer y disfrute como cuando es alimentado, cambiado, bañado o amado por la madre a quien el bebé siente presente y gozosa, en intenso contacto afectivo y físico con él.

Las experiencias vividas durante los estados "pico" se agrupan en la mente del bebé como "completas, intensas y exclusivamente satisfactorias", o como "completas, intensas y exclusivamente dolorosas y frustrantes".

Las experiencias obtenidas durante los estados "pico" son muy importantes para la comprensión de la forma como el bebé compone la imagen de sus padres dentro de su mente.

Otra necesidad del bebé es la de descubrir su cuerpo. Esto es especialmente importante si tenemos en cuenta que para Sigmund Freud, padre del Psicoanálisis, la primera versión del "yo" (la habitación en la que se congregan los habitantes deliberantes de la "casa interior"), es el "yo corporal", es decir, una imagen que el bebé va formando en su mente de su propio cuerpo, sus posibilidades, su movimiento, el control del mismo, la capacidad de apoderarse y manipular objetos... y así sucesivamente.

El proceso de adquirir y tener conciencia de sí mismo tiene su inicio en este descubrimiento y reconocimiento que el bebé hace del propio cuerpo.

Ahora quiero referirme a la muy significativa necesidad que el bebé tiene de estímulos que, aparte de la presencia afectiva, empática y gozosa de la madre, deberán ser proporcionados por ésta o por su sustituta, y por el padre.

En efecto, estos estímulos impresionarán vivamente los órganos de los sentidos del bebé y serán el punto de partida para el desarrollo de la percepción y de las imágenes que vaya construyendo del mundo dentro de su mente, incluyendo las imágenes de sus padres, así como las de las cosas y situaciones que lo rodean.

En este punto es necesario recalcar que las imágenes visuales y auditivas usualmente privilegiadas son tan importantes como las imágenes olfatorias, táctiles y gustativas que el bebé va incorporando y estructurando dentro de su mente. Por ello los estímulos ofrecidos al bebé deberán abarcar los cinco órganos de los sentidos.

Las imágenes dentro de la mente determinan un aprendizaje y una experiencia en el mundo interno del bebé.

Con base en el aprendizaje y la experiencia, el bebé va obteniendo la posibilidad de desprenderse progresivamente de la dependencia con los adultos y de transformar poco a poco su actividad en conductas organizadas y coherentes.

Estas conductas contendrán cada vez más respeto por las pautas sociales vigentes, logrando con el tiempo que el bebé (y luego el niño y el adolescente) adquiera su independencia y la capacidad de actuar en forma cooperativa e interdependiente con el adulto, el que se va transformando poco a poco de alguien que era indispensable, y de quien el bebé dependía en forma absoluta, en alguien de quien éste puede prescindir cada vez por más tiempo, y cuya ayuda solicitará para explorar y adquirir control sobre sí mismo, sobre el ambiente y sus situaciones.

Con ayuda del adulto, el bebé aprenderá a caminar, hablar, manejar objetos, escuchar, jugar en forma organizada, descansar relajado, comer con cuchara y así sucesivamente.

Hablemos ahora de ciertas necesidades instintivas del bebé.

La primera de ellas es la de succionar, que aunque coincide con la necesidad física de alimento, no es lo mismo.

La necesidad de succionar no se satisface con el alimento, pudiendo observarse muchas veces que el bebé amamantado y satisfecho se duerme plácidamente succionando con delicia su pulgar. También, mediante la ecografía se puede observar a algunos bebés que tienen sus necesidades alimenticias satisfechas por el cordón umbilical, y siguen succionando pacíficamente el pulgar. Así pues, ésta es una necesidad instintiva no alimenticia, cuya finalidad es sólo obtención de placer.

Este placer desencadena en el inconsciente de los adultos envidiosas reacciones por la primitiva satisfacción que el bebé obtiene con ella, y al contemplarla se movilizan en el adulto los anhelos inconscientes por obtenerlas para sí.

Como resultado, la cultura está llena de "consejos" para desalentar, obstruir y aun prohibir coléricamente al bebé el chupeteo de placer, llegando algunos adultos al increíble y perturbado extremo de untar el pulgar del bebé con sustancias picantes o amargas para evitar el desarrollo de la actividad placentera.

Si el bebé ha obtenido suficiente amor, especialmente a través del contacto físico y afectivo, pronto renunciará a esta forma primitiva de placer y se encarrilará en formas más avanzadas de lograrlo.

Por ello, no hay razones para temer que esta conducta placentera produzca deformaciones en la dentadura o los labios: si es algo natural, no durará lo suficiente como para producirlas.

Si el chupeteo es ansioso, se vuelve compulsivo y no desaparece espontáneamente con el transcurso del tiempo, la madre hará bien en cuestionarse si no habrá interferencias en su amor y su contacto físico con el bebé, incluyendo las determinadas por conflictos de ella con el esposo. Si, a pesar de todo, el problema persiste, habrá que consultar con un especialista.

Por ningún motivo es aconsejable agobiar al bebé con prohibiciones, obstáculos y castigos por succionar su pulgar, otra parte de su cuerpo, u objetos no peligrosos.

Así como es preferible el amamantamiento al tetero o la cucharita, es igualmente preferible que la madre permita al bebé succionarse con libertad el pulgar, la mano, otra parte de su cuerpo o cualquier objeto no peligroso que encuentre en su ambiente. Esto es lo natural, y permitirle al bebé este placer contribuirá a una maduración emocional armoniosa.

En cambio, el chupo es completamente desaconsejable. Éste es un instrumento muy apreciado por las madres que desean "tener tranquilo" al bebé. El chupo produce una sobreestimulación y una satisfacción oral demasiado fácil, a la que el bebé, si está frustrado por aspectos negativos de la actitud de la madre, puede aferrarse transformándola en una compensación compulsiva de su frustración, compensación que más tarde podrá estar como parte del trasfondo de alguna seria perturbación.

Al contrario de lo que muchas madres piensan, el chupo perturba el descanso y el sueño del bebé. Además, muchos niños rechazan espontáneamente el chupo. Son los padres quienes fuerzan al bebé a aceptarlo aun sobornándolo, recurriendo a untarlo con miel o con otras sustancias "agradables".

La única forma genuina de "tener tranquilo" al bebé es mediante un profuso y abundante contacto afectivo y físico, recibiéndolo y haciéndole de "amortiguador" cuando está inquieto y lloroso, o rabioso y berreando, situación en la que muchas madres "le enchufan el chupo" para librarse del molesto, fastidioso e impertinente personaje.

Si el bebé "fastidia" y la madre ya lo alimentó y lo cambió, lo que necesita es contacto y afecto, no un chupo.

Muchas veces, mientras se succiona el pulgar, el bebé se masturba.

La masturbación del lactante es muchas veces un motivo de preocupación, de angustia, y hasta de horror, por los mismos motivos que la envidiosa angustia por el placer de la succión del pulgar: la masturbación del lactante moviliza los impulsos masturbatorios del adulto. Por ello, los adultos tienden a interferir este placer, llegando algunas veces al dañino extremo de decirle a la criatura que "eso no se toca, que es caca", añadiendo incluso hasta la barbaridad de pegarle en la manito.

¿Imagina usted a su bebé (futuro adulto) confundiendo su pene o su vulva con caca, y desarrollando el sentimiento de que la sexualidad es "caca", es decir, algo que provoca asco y vergüenza?

Porque lo crea o no, su bebé tomará literalmente sus palabras y construirá todas sus convicciones basándose en las actitudes de usted, y en lo que le diga.

Repito lo que aconsejé para el chupeteo de placer: deje a su bebé disfrutar en paz, no se angustie, ofrézcale todo el amor y el contacto afectivo y físico que pueda, y espere a que dicha conducta desaparezca progresiva y espontáneamente. Sólo si ella se hace compulsiva, angustiada y exageradamente frecuente, le sugiero consultar con un especialista.

Otra necesidad instintiva del bebé es la de morder, que reemplaza poco a poco a la del chupeteo o succión, es decir que momentáneamente, ambas actividades estarán presentes al tiempo.

Durante la época en que el bebé estrena dientes y por un tiempo más, morderá el seno de la madre, y se meterá en la boca diversos objetos para chuparlos, y también intentará morderlos y aun destruirlos con los dientes, de manera entusiasta y en medio de un placentero jolgorio.

Es su manera de explorar y conocer el mundo al tiempo que jugar a agredirlo de un modo agradable para él. Eso también provoca, muchas veces, la reacción de angustiada envidia inconsciente de los adultos por el evidente y primitivo placer del bebé: se despiertan en el adulto las angustias causadas por el manejo equivocado que sus padres hicieron de los anhelos de morder que tuvo cuando fue bebé.

El bebé quiere comerse todo lo que desea y lo que ama. Esta necesidad, si es bien elaborada y la madre no interfiere demasiado con ella, dejará un rastro en el carácter del adulto que se refiere al ser amado como "un bizcocho" y dice de ella o de él "me la (lo) comería".

Muchas de las angustias, pesadillas, terrores nocturnos y miedos inexplicables que inundan al bebé (y luego al niño) tienen su origen en la fantasía de comerse (pero no amorosa, sino agresiva y destructivamente) a un adulto, y en el temor inconsciente de que, en represalia, éste se lo coma a él.

El anhelo del bebé de morder y comer implica dos clases de impulsos mezclados: uno amoroso, por el cual el bebé quiere incorporar al ser amado, y uno destructivo, por el cual el ser amado perecería y desaparecería –devorado– en caso de ser comido. La presencia de estos dos impulsos en un solo anhelo forma la base de lo que más adelante pudieran ser los anhelos sádicos del adulto, en los que el deseo sexual se mezcla con el de dañar al objeto deseado.

Será necesario que la madre y el padre permanezcan atentos a la evolución de la necesidad de morder. Si se hace ansiosa, compulsiva, o si el bebé causa daño a otros, o a sí mismo con ella, será necesario consultar.

Por último, estudiemos la necesidad del bebé de obtener placer de su defecación, necesidad completamente separada de la necesidad biológica de expulsar los excrementos. El placer de la defecación coincide con el acto de defecar, pero puede diferenciarse de éste cuando más adelante en el desarrollo, sea sustituido por el placer de retener las heces, que ya no coincide con la defecación sino con el hábil manejo retentivo que el pequeñito hace de su materia fecal dentro del recto, para estimularse con ella y ejercer poder sobre la madre.

En cuanto al bebé, para él es necesario disfrutar libremente y sin límites de la estimulación que le produce el paso de las heces por el ano y de la orina por su uretra. A diferencia del niño, el disfrute del bebé se produce con la expulsión y no con la retención de las heces.

La frecuente expulsión de las heces y la orina puede ser sentida por la madre como un "abuso" o una "mala crianza" del bebé. Nada más lejos de la verdad. Él está funcionando instintivamente, y lo que haga la madre por implantarle horarios y controles fecales y urinarios en esta temprana etapa, dará resultados negativos para la armonía interior.

La ansiedad de la madre por "educar" al bebé puede dar como resultado que éste desarrolle prematuros sentimientos de culpa por sentirse "malo" y "sucio".

El placer de la evacuación es el prototipo de lo que en la edad adulta será el placer que ocasionan, durante la actividad sexual, los movimientos de introducción y extracción del pene en la vagina durante la cópula, o la emisión de toda clase de sonidos antes, durante y después de la misma, y el pasaje y la emisión del semen y de la lubricación vaginal.

Si el placer de la evacuación es interferido por una madre ansiosa u obsesiva, durante la edad adulta podrán estar presentes serios trastornos e inhibiciones en la vida sexual.

Tanto la actividad de incorporar alimentos y objetos por la boca como la de expulsar heces por el ano y orina por la uretra, son el prototipo de las actividades mentales que el bebé (y el niño) llevan a cabo paralelamente incorporando y expulsando de su mundo interior las imágenes mentales de los padres y otras personas significativas.

Cuando más adelante estudiemos la importancia de las funciones de incorporación y expulsión de imágenes mentales en el proceso de adquirir armonía interior, comprenderemos con más claridad la necesidad de preservar cuidadosamente la naturalidad y máxima espontaneidad de las actividades de succionar, morder, defecar y orinar que el bebé tiene.

Tales actividades son no sólo las fuentes de respetables placeres del bebé, sino también el prototipo sobre el cual se construirán esas importantes funciones psicológicas.

Incorporando su alimento y expulsando sus heces y su orina, el bebé descubre las diferencias entre lo que es interno y está "adentro", y lo que es externo y está "afuera".

Descubre también que es capaz de poner dentro cosas que estaban fuera, como el alimento, lo que alivia el hambre al aprovechar de ellas lo que necesita.

Igualmente aprende que es capaz de poner afuera lo que sobra y que estaba adentro molestando, por medio de la defecación y la micción, produciéndole alivio.

Ésta es una de las formas más agudas y precisas en que la naturaleza brinda al bebé la oportunidad de descubrir las interrelaciones entre el mundo objetivo (afuera) y el subjetivo (adentro): el prototipo del conocimiento del mundo interior, subjetivo o psíquico, es el conocimiento que él obtiene del interior de su cuerpo mediante las sensaciones viscerales, interior que el bebé descubre, ojalá gozosamente, mediante los procesos de incorporación y expulsión.

Capítulo 2

Las actitudes de la madre y el padre

SUS CONSECUENCIAS SOBRE EL MUNDO INTERIOR DEL BEBÉ

Como el cuerpo, la mente crece, se estructura y se desarrolla mediante la utilización de cierto alimento, ciertos moldes y determinados ejercicios, especialmente durante las etapas iniciales de la vida: las etapas del bebé, el niño y también del adolescente.

El alimento principal que permite crecer y desarrollarse a la mente es el amor, expresado por el contacto afectivo y físico, el intercambio verbal y la comunicación empática.

También constituye alimento para la mente del bebé la atención emocional y física que la madre y el padre se dan uno a otro como miembros de una pareja, que en la medida de su salud emocional, genera un ambiente propicio que facilita el desarrollo y la armonía interior.

El molde en el que se estructura el carácter, que también es comparable con los planos con los que se construirá la "casa interior" del hijo, es la forma (carácter) de la mente de los padres, y el "modo" de la relación de pareja entre ellos.

El ejercicio que hace crecer y desarrollarse al carácter son las relaciones e interacciones progresivas del bebé, el niño y más tarde el adolescente con su madre, su padre y sus hermanos, en el marco de un grupo familiar cuyo ambiente emocional puede ser, en mayor o menor medida, armónico o inarmónico.

Si el alimento no es suficiente, si los moldes o planos no son armónicos ni los ejercicios adecuados, la mente se desarrolla distorsionada, deformada.

La distorsión o deformación de la mente da lugar a alteraciones que en el futuro constituirán la inmadurez emocional severa y los trastornos de la estructura del carácter. De modo genérico, denominaré a estas alteraciones "desarmonía interior".

¿Qué condiciones deben cumplirse para que el alimento, los moldes y el ejercicio sean convenientemente proporcionados al bebé, al niño y al adolescente por la madre y el padre?

Comencemos por el bebé. Según Winnicott, para desarrollarse armónico y feliz, el bebé necesita que se cumplan tres condiciones:

1. Que haya suficiente provisión ambiental, que es una situación en la que el bebé obtiene una satisfacción lo más completa posible de sus necesidades, dada por una madre y un padre que gozan proporcionándola.

2. Que esté en la madre presente la preocupación materna primaria, una actitud que ella desarrolla a partir de los primeros meses del embarazo y se acentúa después del parto. Es una inclinación instintiva por la que adquiere la capacidad pasajera de desconectarse en forma casi total de su mundo, y conectarse casi únicamente con su bebé para captar y percibir de manera sensible sus necesidades, mediante la aplicación de su capacidad de ponerse en el lugar de él y sentirlas

empáticamente. Sólo en ese estado la madre tiene la posibilidad de proporcionarle la satisfacción de casi todas sus necesidades, y gozar con ello.

3. Que, como consecuencia de lo anterior, se produzca la continuidad existencial, que es la experiencia del bebé que crece, se desarrolla y se estructura sin necesidad de reaccionar: su situación es la de una vivencia interna de fluido placer y agradable continuidad, sin interrupciones, sobresaltos ni brusquedades, casi libre de estímulos perturbadores. En los momentos en que no duerme, está plácido, en una gozosa comunicación afectiva y física con la madre, alimentándose, siendo bañado, cambiado, etcétera.

En las tres condiciones descritas el factor común es el gozo, tanto de la madre como del bebé.

Toda la situación apunta a un hecho central, la gozosa satisfacción de las necesidades del bebé, del modo más inmediato y completo posible, por una madre cuya disposición a hacerlo se halla motivada desde su interior por una gozosa inclinación instintiva.

En caso de que todo marche bien, la madre emocionalmente saludable se desconecta de cualquier otra demanda, incluyendo las derivadas de los demás hijos, el esposo, el trabajo, la vida social, para dedicarse a su bebé en forma casi exclusiva y plena de gozo.

El bebé, como respuesta, mantiene su natural "desconexión" y se aísla también de todo estímulo. Pleno de gozosa placidez, se abre a la madre y a su propio mundo interno en desarrollo, lo que le permite tener un estrecho y amoroso contacto de la imagen de sí mismo en formación con la naciente imagen de los padres internos.

Así, a nivel psicológico, afectivo y humano se reproduce una situación similar a la que, a nivel fisiológico y anatómico, se dio durante el embarazo entre el feto y la madre.

Es en esta gozosa situación cuando el bebé incorpora las aptitudes que en la adultez le permitirán estar a solas consigo mismo, y deleitarse con ello. También es el punto de partida para las aptitudes que le permitirán al adulto el diálogo consigo mismo y la capacidad para discernir y reflexionar.

En muchos casos, el goce del que venimos hablando está seriamente interferido. Consideremos un ejemplo. Una de mis pacientes tuvo serias dificultades en la crianza y la educación de sus hijos, y analizándolas me decía en una sesión:

"De bebé, uno se ve a sí mismo sólo a través de los padres, que son el instrumento para ver el mundo y a uno mismo. Como un espejo. Si uno de bebé quiere verse, basta mirar a los padres, y así es uno. Mis padres no sabían gozar, todo era sufrimiento y deseos de morirse los dos. Si ellos no gozaban, en el mundo no había gozo, y yo tampoco lo tenía. Es como si me lo hubiesen prohibido. No puedo disfrutar de nada, menos aún de mis hijos. Es que de bebé y de niña aprendí de ellos que disfrutar es imposible. No se interesaban el uno por el otro, y menos cada uno en sí mismo. Estaban como muertos en vida. El único placer que aprendí era el de defecar y orinar. Tal vez por eso ahora, de adulta, vivo embarrándola siempre".

El componente principal del gozo y la satisfacción deriva del contacto afectivo y físico estrecho, prolongado y con las mínimas interrupciones entre la madre y el bebé primero, entre el padre y el bebé después, y entre la madre y el padre siempre: del contacto afectivo y físico con el compañero, el padre del bebé o su sustituto, la madre recibe el alimento emocional que le permite tener aptitudes de contacto y afecto suficientes para dárselos al bebé.

La propia y personal capacidad afectiva, la "carga de energía" de la madre como persona, puede no ser suficiente para transformarla en la inagotable proveedora de amor, atención y recepción que el bebé necesita. Ella necesita conectarse con la "energía" del padre, y lo mismo le sucede a él respecto de la madre: amará a su bebé tanto como sea el amor que recibe y da a la madre, su compañera, en la relación de pareja conyugal.

Por todo lo anterior, la mejor preparación para la maternidad y la paternidad, es decir para criar a un bebé feliz, para educar a un niño sin traumas (y para más adelante guiar adecuadamente al adolescente), será aquella que propicie la salud emocional de cada uno de los padres y una excelente relación entre ellos como miembros de una pareja.

En este proceso, la mejor guía para la madre será dada por la capacidad y aptitud de ella para confiar en su discernimiento instintivo, es decir, para hacer por su bebé lo que su corazón y sus vísceras le indiquen como necesario. Para ello, muchas veces le tocará hacer a un lado otros criterios que intenten entrometerse, e imponer su intuición y su instinto.

Profundizando en la comprensión del contacto afectivo y físico de la madre con el bebé, es necesario referirse al tema de la presencia afectiva y empática, o la impresión que la madre y el padre transmiten al bebé, impresión indeleble y modeladora, formadora o deformadora, constituida por:

✓ sus sentimientos conscientes e inconscientes;

✓ la imagen que ella y él tengan de sí mismos y su propia autoestima;

✓ su capacidad para "ponerse en los patines" del bebé, que también podemos llamar su "capacidad empática";

✓ su propio carácter o modo habitual de ser y reaccionar;

✓ sus orientaciones sexuales y agresivas peculiares y el modo como las controlan;

✓ la manera que tienen de sostener y manejar físicamente al bebé;

✓ la física y la química de la piel y los orificios, expresada por las manifestaciones táctiles (su "electricidad", su "magnetismo animal") y por el olor que emiten; y

✓ su aptitud y motivación personal para el manejo de la lactancia y su preferencia por el amamantamiento.

En síntesis, la combinación de estímulos psíquicos, físicos y químicos producida por la presencia afectiva y empática de los padres quedará impresa de modo imborrable en la mente del bebé.

Ante la presencia completa, empática, integrada y afectivamente madura de la madre, se atenúan y se hacen manejables el miedo, el vacío, la soledad y la irritabilidad del bebé. Su rabia y frustración por las inevitables interferencias, son absorbidas y "digeridas" por la madre, quien se las devuelve en forma de amor expresado como afecto, atención, mimos, juegos y consentimiento, y no bajo la forma de frustrados contraataques.

Melanie Klein postuló que es inevitable que el bebé sienta envidia y odio por el hecho evidente de que la madre lo tiene todo (los senos o el tetero llenos de leche, la capacidad para dar o no dar, para atender o no atender), mientras él sólo tiene su hambre voraz, su frío, su inmensa necesidad de atención y afecto, y su vacío. Estos sentimientos se intensifican a medida que predominan las interferencias y la frustración.

Si por el contrario predominan la empatía, la atención y el afecto, es decir, si la presencia de la madre es evidente y oportuna, la envidia y el odio serán sustituidos por rudimentarios sentimientos de gratitud y amor, precursores, en la mente del bebé, de la capacidad adulta de amar y agradecer.

De entre los estímulos físicos y químicos que constituyen la presencia de la madre, desearía destacar tres:

> ✓ la manera de sostener y manejar físicamente al bebé,
> ✓ el papel del olor de la madre, y
> ✓ la importancia del amamantamiento.

No existen pautas técnicas para enseñarle a una madre cómo sostener y manejar físicamente al bebé; depende casi exclusivamente de su propio instinto: ella "sabe".

Pero tal saber puede estar interferido, por ejemplo, por sentimientos inconscientes de frustración, por dificultades en el manejo de la relación conyugal, o por una desarmonía interior: si la madre no se siente amada ni segura consigo misma, y con su pareja, será difícil que ofrezca un sostén firme, amoroso y seguro a la criatura.

Por ello, será necesario que ella preste atención a la forma como carga, amamanta, pasea, cambia o baña a su bebé: es preciso que se dé cuenta en especial de si lo está sosteniendo bien, con suave y amorosa firmeza, plena de consciente cuidado, evitando actitudes negligentes y descuidadas, de modo que el bebé no experimente inseguridad ni temor de caer.

Tendrá que ser especial objeto de atención el apoyo de la cabeza, que nunca deberá colgar, por ningún motivo, por fuera del amoroso y seguro brazo u hombro.

También es necesario atender muy conscientemente la necesidad durante esta etapa, de que el bebé sea cargado durante todo el tiempo posible, sin importar los consejos, tradiciones e indicaciones contrarias: llegado el momento, si fue suficientemente cargado, como una fruta madura se desprenderá solo.

El papel del olor de la madre, habitualmente descuidado cuando se estudia la relación entre ambos, en realidad merece una consideración especial.

En una cultura en la que se privilegia (a veces demasiado) la higiene física intensiva y la intervención de lociones, cremas, desodorantes, jabones y sus cambiantes aromas químicos, tiende a olvidarse que, aun antes que la imagen visual, auditiva y táctil, gran parte de la huella que el bebé retiene de su madre, y por la que más intensa y claramente la distingue durante los primeros meses, es la huella de su olor personal.

El olor personal de la madre incluye el de las secreciones de su piel, su boca, sus axilas y sus genitales, con su humedad y lubricación naturales, y también el de la combinación química muy perceptible al olfato que forman estas sustancias con el perfume que ella usa habitualmente, que en lo posible no debe cambiar porque la identifica.

Sin caer en el desaseo, es necesario advertir que un exceso de prolijidad en la higiene puede ocasionar para el bebé una "desaparición" olfativa de la madre. El uso de distintos productos como lociones, cremas, desodorantes y jabones con diferentes y cambiantes aromas, puede inducir una confusión en la imagen olfativa que él va construyendo de ella.

El olor del padre tendrá un importante papel en esta etapa, aunque su importancia crece considerablemente durante la etapa del niño.

Es pertinente subrayar aquí el papel definitorio que el olor personal tiene en el desencadenamiento del erotismo, que puede ser igualmente interferido por una exagerada higiene y por el uso de demasiados productos químicos que desvían el olfato y el instinto de lo que es natural.

En cuanto a la lactancia, empecemos por la preferencial elección del amamantamiento, que sólo debe ser desechada si es imposible por enfermedad grave de la madre o por incompatibilidad alérgica de la leche materna, ambas determinadas por estricto diagnóstico médico.

En ausencia de estas contraindicaciones, la decisión de amamantar debe corresponder solamente a la madre, evitando al máximo las influencias de amistades y parientes, que por lo general tenderán a enredarlo todo con sus "consejos".

Si a la madre le preocupan demasiado las consecuencias estéticas del amamantamiento, habrá de saber que el único motivo por el que éste puede tener efectos negativos en la futura belleza de los senos, es la falta de cuidados. El médico puede dar las indicaciones necesarias para que los senos sigan siendo bellos durante y después del amamantamiento.

Además, se ha establecido que amamantar reduce las posibilidades de cáncer de seno.

Es difícil que un tetero o una cucharita puedan ser adecuados sustitutos del seno, especialmente si consideramos la influencia que la textura física y química de la piel, el calor, el olor y el sabor del pezón y de la leche materna tienen sobre la plenitud de la experiencia de amamantamiento.

En directo contacto con la madre, el bebé puede recibir, de un modo completo, no sólo la alimentación más adecuada para su organismo, sino el influjo directo y sin intermediarios del amor y el contacto físico, incluyendo la textura, el calor y el olor de la piel, complementados con la atención, el cariño y el cuidado afectuoso de la madre.

En caso de que el amamantamiento se haga médicamente imposible, la alimentación sustituta por tetero, cucharita o sistema de goteo deberá hacerse con la cabeza del bebé reclinada con amor en el seno desnudo de la madre o su sustituta, de modo que el bebé pueda recibir con la mayor plenitud el influjo del calor, el olor y la textura de la piel.

En tal caso, no estará de más ofrecer al bebé, una vez satisfecho el apetito, el pezón para que lo succione: este recurso, además de gratificar los anhelos de succionar, satisfará las necesidades de recibir en su boca una parte del cuerpo de la madre, necesidad que se frustra si sólo existe la lactancia sustituta sin el contacto de una piel con otra.

Para recibir el tetero, el bebé habrá de estar siempre cargado en brazos, nunca yaciendo en su cuna o en un aparato apoyabebés mientras alguien sostiene con displicencia el tetero o, peor aún, si se le deja éste al bebé introducido en la boca y descuidadamente apoyado en una almohada. Con el bebé en brazos, la comunicación afectiva y física con la madre o su sustituta, y la percepción de su cuidado y concernimiento, se darán con plenitud durante la alimentación.

En cuanto a horarios, recomiendo enfáticamente que, en especial en el caso del recién nacido, no haya horarios preestablecidos por la madre o por el médico, ofreciéndole al bebé alimento, afecto y atención cada vez que los necesite. Si la presencia total, afectiva y empática de la madre es eficaz y oportuna, el bebé en forma espontánea y por propia iniciativa irá adquiriendo un horario.

Precisamente lo que caracteriza a la etapa del bebé, y la diferencia de la etapa del niño, es la necesidad de que reciba la más completa e inmediata satisfacción posible de sus demandas y necesidades. Tal satisfacción garantizará el adecuado desarrollo del carácter en esta etapa.

Ya en la etapa del niño habrá tiempo para ponerle, con amorosa firmeza, los límites que sean necesarios para su adecuado desarrollo interior.

Uno de esos límites se relaciona con el destete, que nunca debe adelantarse ni postergarse innecesariamente. La etapa preferencial para el destete está alrededor del año de edad. Si todo ha marchado bien, el destete será progresivo (nunca de un momento para otro) mediante un amoroso diálogo de actitudes entre la madre y el bebé, diálogo en el que, por lo general, éste le hará saber a ella, y a veces ella a él, que ya es suficiente.

El destete traumático, es decir, brusco o apoyado por el uso de sustancias amargas o picantes en el pezón para que el bebé lo rechace, es enormemente perturbador para la armonía interior.

Unas palabras sobre las madres sustitutas. Especialmente en el caso de la madre que trabaja, es necesario que alguien la reemplace. La mejor madre sustituta es cualquiera de las dos abuelas. En caso de no ser posible obtener su concurso, habrá de procurarse ubicar a alguien que realmente sienta cariño por el bebé y por la tarea que le tocará desempeñar.

Lo mismo puede decirse de las madres comunitarias y de las encargadas de salacunas en hospitales y jardines infantiles: cuando estas personas realizan su trabajo con los bebés empeñando al máximo su capacidad de dar afecto y contacto físico, quizá pueda evitarse la mayoría de las desarmonías interiores a las que queda expuesto el infante en tales circunstancias.

Pero cuando realizan su labor en forma displicente y distante, los niveles de frustración alcanzados por los bebés son inmanejables, con graves consecuencias para su armonía interior.

Más adelante veremos cómo manejar las frustraciones que inevitablemente sufrirá el bebé cuando por horas, días (y ojalá nunca por semanas) se ve separado de su madre.

✳✳✳

La "casa interior" del bebé (y luego la del niño), habitada parcialmente desde antes del nacimiento por impulsos instintivos, se va poblando poco a poco con diversos habitantes nuevos: impulsos instintivos modulados por las experiencias afectivas, anhelos, imágenes, sentimientos, pensamientos, etcétera.

Al principio los habitantes son bastante escuetos y simples: sólo unas pocas necesidades físicas, y su representación mental en forma de impulsos y deseos.

A medida que se produce la construcción de las incipientes habitaciones, empiezan a aparecer rudimentarios pensamientos (que al principio no pasan de ser imágenes alucinatorias) y primitivas emociones, con frecuencia explosivas (que en un inicio son apenas reacciones del sistema vegetativo que gobierna el funcionamiento de los órganos internos).

Tanto los pensamientos rudimentarios como las emociones primitivas son intentos incipientes por controlar, regular y descargar mentalmente las presiones y tensiones que ocasionan las exigencias de satisfacción inmediata de las necesidades y los impulsos instintivos, los habitantes de la parte permanentemente a oscuras de la "casa interior".

Más adelante, cuando la casa y su interior ya estén bien construidos y establecidos, las exigencias de satisfacción de las necesidades e impulsos serán controladas por los habitantes deliberantes que, en armonía o en choque con las imágenes de los padres internos, postergarán la satisfacción, actuarán para obtenerla o transformarán las exigencias en sueños o en síntomas.

La "casa interior" seguirá construyéndose durante toda la infancia y la adolescencia. Progresivamente, las imágenes alucinatorias y pensamientos rudimentarios del bebé serán reemplazados, si todo va bien y los padres ayudan al proceso, por el pensamiento lógico y la razón; las emociones primitivas y su explosividad darán paso a sentimientos cada vez más modulados y armónicos; las masivas reacciones musculares del infante irán dejando su lugar a conductas cada vez más organizadas, objetivas e intencionales; la exigencia perentoria cederá poco a poco su espacio a la gratitud y la responsabilidad; el odio irracional y la envidia del bebé, así como su angustia desbordante e incontrolada, se transformarán en la capacidad de preocuparse por los seres amados y de reparar una falla cuando se produzca.

Quizá el elemento más importante en este proceso de construcción y población progresiva de la "casa interior" sea el establecimiento de las imágenes en el ser interior, especialmente las imágenes de los padres.

Capítulo 3

Las actitudes de la madre y el padre

Sus consecuencias sobre la imagen de sí mismo y los padres internos

El concepto (la imagen) que la persona tiene de sí misma podría ser considerado el más importante de los habitantes de la "casa interior".

Si las cosas marchan bien, la imagen de sí mismo del adulto será la encargada de dirigir el grupo que delibera y toma decisiones en la "casa interior".

La imagen que uno tiene de sí mismo dentro de la mente, a veces es consciente, y muchas otras no. Una fantasía en la que uno se ve a sí mismo como protagonista, nos daría un ejemplo de una experiencia en la que dicha imagen se ha hecho consciente.

La imagen o concepto de uno mismo en la mente es como un "ser interior", que nos dice cómo somos ("soy inteligente", "no soy buen nadador", "estoy cansado"). Es la representación de la persona dentro de su propia mente, y con ella puede establecerse un diálogo interior ("me dije a mí mismo...", "yo ya sabía que eso iba a pasar", "por qué habré dicho esa tontería").

Otro factor central de la estructura o forma de la mente es la imagen o concepto que la persona tiene de sus padres (y de otras personas significativas: hermanos, otros parientes y amigos cercanos, maestros, cónyuge, hijos). Los padres internos se sitúan a veces en la habitación donde se reúnen los habitantes deliberantes de la "casa interior", y hacen parte de ellos. Otras veces están en una habitación distinta, desde donde asesoran al grupo deliberante de un modo amoroso y razonable, o lo restringen y lo acusan irracionalmente. Estas funciones pueden ser conscientes o inconscientes.

Las imágenes internas de los padres (y de otras personas), si todo va bien, pueden dialogar con la imagen de uno mismo: "Me pregunto si podré gastar este dinero", "Sí, sí puedes", o "No, no puedes". Pueden dejar de dialogar con el sí mismo, y hasta aplicarle la "ley de hielo", circunstancia en que se experimentará soledad y vacío.

Esas imágenes internas de los padres pueden asimismo protagonizar amargas disputas y aun destructivas luchas con el sí mismo (e incluso entre ellos) en el mundo interior: ("Me va a ir bien en esto", "No, te va a ir horrible y te vas a arruinar"; "¿Ves? todo lo haces mal"; "Maldita sea, quisiera morirme").

Las imágenes internas de los padres pueden amar por dentro a la persona ("Me siento bien", "Soy bueno", "Me respeto y me quiero a mí mismo"), o no amarla y más bien reprenderla, rechazarla y aun odiarla ("Me siento mal", "Soy malo", "No sirvo para nada", "Soy un desastre", "Soy una basura", "Merezco castigo", "Debería morirme", etcétera).

Si las imágenes de los padres internos aman y respetan a la persona y a su propia representación interna, el sí mismo, entonces se dice que la persona tiene buena autoestima: se quiere, se respeta y gusta de sí misma.

Si estas mismas imágenes no aman al sí mismo, se dice que la persona se desvaloriza, e incluso si lo rechazan o aun lo odian, la persona puede estar en una situación autodestructiva.

El desarrollo de relaciones armoniosas entre la imagen del sí mismo y la imagen interna de los padres determina en el ánimo del bebé en crecimiento, una experiencia que Kernberg denomina "vivencia central de placer". Personalmente me limito a llamarlo "gozo".

Esta situación sólo será posible en la medida en que estén gozosamente presentes las tres condiciones enunciadas por Winnicott: la *provisión ambiental*, la *preocupación maternal primaria* y la *continuidad existencial*.

Pero si estas tres condiciones están interferidas por:

> ✓Inmadurez emocional severa, trastornos en la estructura del carácter de la madre y del padre;
>
> ✓problemas conyugales y funcionamiento trastornado del grupo familiar;
>
> ✓simple ignorancia por escasez de información o desinformación,

en el ánimo y en la conducta de la madre y del padre se presenta una compleja situación emocional e instintiva, descrita por Winnicott, caracterizada por las siguientes actitudes de la madre, con la complicidad del padre o en lucha contra él:

1. Restarle importancia al contacto afectivo y físico con el bebé, con una tendencia negligente o angustiada a dejarlo esperando.

2. La madre destaca y privilegia las tareas diferentes a la crianza, como el oficio del hogar, el marido, los hijos mayores, el trabajo, la profesión, la vida social, etcétera, dejando para el bebé sólo una mínima parte de su atención y dedicación.

3. Además, la madre experimenta una desaparición del goce de la crianza, que se vuelve "una carga superior a sus fuerzas", o algo que da miedo o no desea, o peor, que desdeña como algo sin importancia.

4. Aparece en la madre, y también en el padre, una actitud torpe, abandonadora, carente de empatía, negligente (no hacerle caso al bebé), de poco compromiso emocional y menor contacto físico.

5. Están ausentes en la madre y en el padre el reconocimiento y la toma de conciencia de lo anterior como algo perturbador, por lo que se abstienen de buscar ayuda profesional.

6. El padre desarrolla una imposibilidad de cuidar material y afectivamente a la madre mientras ella está dedicada a la crianza.

7. La madre no hace uso de su criterio (su empatía, su intuición y su "instinto") con su bebé, y acepta pasivamente las recomendaciones familiares y pediátricas de frustrar al bebé con horarios rígidos cuando exige atención y "no le toca"; se somete a las intervenciones y "consejos" de amistades y parientes, y también a las tradiciones, usos y costumbres, aunque vayan en contra de sus criterios e intuición.

8. Ansiosa por su propia excitación (muchas veces naturalmente sexual), la madre se angustia y rechaza al bebé que la estimula con ocasión del amamantamiento, el baño o el cambio de pañal.

9. Por último, se presenta en la madre una confusión del amor natural con el sentimentalismo: ella se vuelve incapaz de aceptar y comprender su amor maternal como algo primitivo, comparable, en términos de Winnicott, con el apetito, la posesión, la generosidad, el poder y la humildad.

Cuando la madre, y también el padre, están afectados por esta compleja, distorsionada y distorsionante situación emocional e instintiva, se desarmonizan la imagen interna de sí mismo, las imágenes internas de los padres y todo el proceso de construcción y estructuración del mundo interior y sus funciones.

En otro lenguaje, se lesiona la constitución del "yo" o lo que llamé antes el "grupo deliberante" de la "casa interior"; al mismo tiempo, se desestabiliza y distorsiona la imagen de los padres internos, con lo que aparecen fallas en el establecimiento de la asesoría al grupo deliberante, transformándose los padres internos en sombras que restringen y acusan de manera irracional.

Esta reacción incluye una incapacidad de detectar la falla de atención materna que se está produciendo, y por lo tanto una anulación de la capacidad de la madre y del padre para proporcionar al bebé la reparación que necesita. Eso determina que la deprivación y las carencias se acentúen y se perpetúen en el tiempo.

¿En qué consiste esta reparación?

En toda crianza se producen fallas. Es inevitable. Pero la madre y el padre dotados de madurez emocional y de una adecuada estructura del carácter detectarán dichas fallas y aplicarán correctivos (procedimientos de reparación).

Un ejemplo: al regreso de un viaje de una semana en el que el bebé de dos meses quedó al cuidado competente pero no muy afectuoso de una niñera, los padres se enteran de que él rechazó todo el tiempo el alimento y lloró sin parar. Ahora se encuentran con que el bebé, lleno de frustración y odio, los rechaza llorando rabiosamente cuando lo cargan en brazos.

¿Qué hacer? ¿Cómo reparar? En primer lugar, una madre, un padre armónicos evitarán resentirse, angustiarse e irritarse con el bebé por su rechazo; de producirse esta reacción negativa, se agravarían el abandono y la negligencia. El bebé quedaría situado como "una carga pesada" o "un estorbo".

La madre y el padre más bien se armarán de paciencia e incrementarán el contacto físico y afectivo con el pequeño, el que tarde o temprano dejará de llorar y los aceptará de nuevo aferrándose a ellos.

Los padres del ejemplo harán bien en conservar cargado en brazos al hijo, atendiéndolo, mimándolo y consintiéndolo de modo especial, ojalá sobre el pecho desnudo, durante las horas o incluso los días que fueran necesarios para que el bebé se recupere y pueda tolerar de nuevo breves separaciones.

Esta conducta, que por cierto sería contraproducente y exagerada si el bebé no hubiese sido traumatizado por la separación, en este caso permite una eficaz recuperación de su bienestar y su confianza. En forma más atenuada, puedo afirmar lo mismo ante las reacciones de un bebé cuya mamá se ausenta para trabajar durante la jornada (ojalá no demasiado larga): necesita reparación acorde con el tamaño de la frustración.

Desde el punto de vista teórico, la separación demasiado prolongada entre la madre y el bebé produce no sólo una frustración, sino una honda lesión en el ánimo. Melanie Klein afirmó que el bebé experimenta esa lesión no sólo como falta de amor, lo que ya es bastante grave, sino que el bebé imagina y se representa a la madre como una terrible agresora. La imagen interna que tiene de ella es sentida dentro de su mente como malvada, dañina y destructiva.

Sin la reparación, esa imagen interna de la madre se perpetúa así, y puede ir adquiriendo en la mente del bebé matices enloquecedores: es como si dentro de su mente se hallara agazapado un horrendo y temible monstruo diabólico, o peor aún, "algo terrorífico desconocido" que lo persigue.

Cuando en ocasiones el bebé llora a gritos, desesperado e inconsolable, sucede que en su pequeña mente se siente y se imagina atacado desde adentro (y aun desde afuera) por una imagen así.

La reparación evita este destructivo proceso. Las actitudes reparatorias de la madre y del padre permiten que la imagen interna permanezca sentida e imaginada como buena y amorosa, y que si por un rato se volvió mala y horripilante, recupere pronto su cariz de amor y bondad cuando, a raíz del consuelo y el amor experimentado por el bebé como consecuencia de las atenciones, mimos y consentimientos especiales ofrecidos por los padres como reparación, logra perdonarlos, reemplazando la cólera, la ira, la rabia y la frustración, por la tristeza.

La situación descrita es el prototipo de lo que en el adulto serán las capacidades de perdonar, perdonarse, consolar, ser consolado y reaccionar saludablemente a la frustración, no con ira, rabia ni violencia, que sólo causan daño a la propia persona y a los demás, sino con adecuada y saludable tristeza que le permite reparar, repararse y recuperar después la alegría.

Ahora veamos un recurso creado por el bebé, y facilitado por la madre y el padre, que el pequeño podrá usar significativamente para atenuar el impacto de las separaciones y contribuir a la reparación, y para ir aprendiendo lo que en el adulto será la capacidad de estar solo. Este recurso fue descrito y analizado por primera vez por Winnicott.

Para realizarse como ser humano, el bebé tiene una creciente necesidad de adquirir autonomía, y la madre de recuperar la suya para retomar su existencia como individuo separado del hijo, a cuyas necesidades se adaptó inicialmente en forma casi total, perdiendo así su autonomía en aras de lo que Winnicott llamó *preocupación maternal primaria*.

Para satisfacer las necesidades de autonomía de ambos, bebé y madre, la tarea principal de esta última consiste en desilusionar progresivamente al bebé mostrándole que no puede estar siempre con él, enseñándole a separarse de ella y a tolerar las separaciones, no promoviéndolas, pero sí aprovechando las que inevitablemente se presenten.

Estas separaciones tienen que ser reguladas con sabiduría; deben ser progresivas y crecientes, para evitar que el bebé entre en pánico y se destruya su capacidad de confiar en que la madre regresará pronto.

Cuando en el caso opuesto, la madre se aferra al bebé y no se muestra capaz de desilusionarlo separándose de él poco a poco, el bebé se aferrará igualmente a la madre, de la que no aprenderá nunca a separarse, porque no es posible.

En el proceso de aprendizaje de la separación y del estar solo puede apoyarse en el recurso que describió Winnicott: es la presencia de un juguete blando, muñeco, osito, trozo de tela, lana, frazada, aunque puede ser también una canción o una palabra.

Este objeto proporciona al bebé la ilusión de que la madre está presente durante el tiempo, ojalá breve al principio, en que ella no esté realmente. El objeto apoya en el bebé la ilusión de que aún tiene a la madre durante un tiempo (al principio muy corto, luego cada vez mayor) al cabo del cual ella regresa y se restablecen la comunicación y el contacto afectivo y físico. Este proceso genera en el bebé la capacidad de confiar, a medida que aprende a creer en que la madre regresará oportunamente.

Si la madre no regresa con la necesaria prontitud, el objeto seleccionado por el bebé pierde su significado y se vuelve ineficaz para él: se disuelve la experiencia de confianza y surge el pánico.

El bebé aprenderá a tolerar períodos de separación cada vez más largos, reparándose a sí mismo al perdonarse por la ira que sintió, reparando la imagen interna de la madre y perdonando a la persona externa de ella.

El olor del objeto es fundamental, ya que quedará impregnado de la característica e irrepetible mixtura conformada por el olor de la situación en que la madre y el bebé están amorosamente juntos. Será conveniente que la madre se esmere en no lavarlo, aunque su aspecto y su olor puedan parecerle repugnantes. Porque privado de su olor, el objeto perderá su cualidad consoladora, y el bebé se angustiaría.

Con todo, la experiencia de separarse las primeras veces de la madre siempre es desgarradora para el bebé. Y si tiene un mundo interior armónico, también para ella.

La experiencia de aprender y adquirir habilidades para estar solo equivale a una reparación y un perdón por el indispensable pero doloroso desgarramiento psicológico de la separación emocional.

Porque esta desgarradora experiencia es tan necesaria para la autonomía e identidad del ser psicológico, como lo es el desgarramiento del cordón umbilical en el nacimiento, inevitable para que el bebé pueda separarse físicamente de la madre. La cicatriz umbilical será la huella de la reparación del desgarramiento físico.

Las huellas de la reparación del desgarramiento psíquico de las separaciones se manifiestan durante toda la vida. La más importante es la que queda en el mundo interior en forma de una imagen de los padres que puede ser predominantemente "positiva" e integrada, o "negativa" y desintegrada.

Capítulo 4

Padres internos "positivos integrados" y padres internos "negativos desintegrados"

Veamos ahora qué sucede en la mente del bebé cuando la actitud de la madre y el padre, mediante el intenso y continuo contacto afectivo y físico, es predominantemente amorosa, empática, protectora y comprensiva, capaz de consentir, de preocuparse por el bebé, de ponerse "en sus patines" y cuidarlo dedicadamente.

Claro que también son capaces de frustrarlo, pero no demasiado. Cuando deben ausentarse no lo hacen durante mucho tiempo y al retorno le ofrecen reparación efectiva.

En este caso, la mente del bebé se estructura con salud y equilibrio. Los habitantes deliberantes de la "casa interior" (el "yo") se fortalecen; sus decisiones y acciones en las fases sucesivas del desarrollo, y en la edad adulta, serán ecuánimes y responsables, firmes y amorosas a la vez.

Una situación así permite el desarrollo, en la mente, de una imagen de los padres internos "positivos fuertes". Los padres internos "positivos fuertes" asesorarán con justicia natural y equilibrio, amando y respetando a los deliberantes y al sí mismo que los dirige (proporcionando autoestima, amor, gusto y respeto de uno por sí mismo), comprendiéndolos y haciéndolos sentirse cuidados y protegidos dentro de la mente (sentimiento interno de seguridad).

Desde luego que los padres internos "positivos fuertes" presentan ciertos rasgos de negatividad. Son las huellas de las frustraciones que, si todo marchó bien, fueron pocas, pero inevitablemente existieron.

Tal negatividad mínima de la imagen de los padres internos "positivos fuertes" queda atenuada, neutralizada por el evidente predominio de las huellas de abundantes experiencias de gratificación y felicidad, y por las repetidas experiencias de reparación.

Así pues, de la imagen interna de unos padres "positivos fuertes" se dice que son figuras integradas, es decir, que albergan en su composición un predominio de huellas de experiencias favorables, gratificantes y satisfactorias, y también huellas de las experiencias frustradoras. El bebé siente amor hacia una imagen así integrada, y también cólera y aun odio hacia dicha imagen cuando lo frustra.

Al experimentar cólera u odio hacia la persona que al mismo tiempo tanto ama, puede empezar a tener también incipientes sentimientos de preocupación por el daño que, imagina, pudo hacer con su odio. Pero como al mismo tiempo esos padres internos son "fuertes", el bebé siente seguridad interior de que las imágenes atacadas no serán destruidas.

Con el transcurso de los meses y los años, y la repetición de las experiencias predominantemente buenas y gratificantes, sobre todo las de reparación y perdón y las de ausencia de daño real, los sentimientos de preocupación se van haciendo modulados y adecuados a la realidad.

Tales incipientes sentimientos de preocupación van transformándose poco a poco en sentimientos de saludable responsabilidad con el ser amado, primero con la madre, luego con el padre y los hermanos, y más tarde con los seres amados de la edad adulta.

Entonces se desarrollan en la mente ciertas funciones que más tarde darán lugar a las capacidades de reparación de uno a sí mismo y a otros, de amarse a sí mismo (autoestima) y a los demás, de cuidar de sí y de la persona amada, de preocuparse, ocuparse, responsabilizarse y comprometerse afectivamente consigo mismo y con la persona amada.

Estas capacidades son, obviamente, la base de lo que en el adulto serán la aptitud y la posibilidad de amarse y amar, que incluye la aptitud y la posibilidad de la empatía, cuyo recurso central es la identificación empática, capacidad de "ponerse en el lugar del otro", descubrir las necesidades y carencias propias y ajenas, y esforzarse por satisfacerlas hasta donde sea posible.

A partir de las fantasías de odio y agresión hacia los padres, el bebé y el niño desarrollan también funciones que permiten aceptar y tolerar las propias fantasías agresivas, y poco a poco expresar moduladamente la propia agresión en forma de firmeza: en la medida en que, a pesar de las fantasías agresivas, los padres internos "fuertes" continúan allí y los externos siguen vivos, amándolo y gratificándolo, el infante se convence de que sus fantasías agresivas no son dañinas.

Al mismo tiempo, y como consecuencia de diversas experiencias, va comprendiendo que ciertos actos agresivos no modulados sí dañan, lo que acentúa y profundiza el proceso esencial de diferenciar su fantasía de la realidad.

¿Qué sucede cuando la actitud de la madre y del padre es torpe, abandonadora, carente de empatía, negligente e incapaz de reparar al bebé?

En este caso, las experiencias de frustración, sufrimiento e infelicidad predominan, y la reacción perturbada del infante no se hará esperar. Tal reacción será en parte visible, en parte oculta.

La parte visible de la reacción del bebé consiste en que sobreviene llanto colérico permanente, que no se detiene aunque la madre se esfuerce; se multiplican las exigencias y las demandas, la agresión, la rabia, y el rechazo al alimento se hacen crónicos; aparece la "mala salud" física y predomina una inmanejable e irreductible irritabilidad. Más adelante, si la situación no es remediada, pueden sobrevenir la pasividad, la apatía, la parálisis y el estupor.

La otra parte de la reacción del bebé no se hace visible de inmediato, pero tiene temibles consecuencias para su futura salud emocional. Se trata de reacciones que ocurren dentro de la mente, y que distorsionan y perturban la estructuración del mundo interior.

Por un lado, el incipiente proceso de deliberación y toma de decisiones (en el "yo") se debilita, se paraliza y se confunde, mientras que su crecimiento y estructuración se deteriora con la aparición de tendencias a la impulsividad descontrolada, angustia desbordante y reacciones defensivas perturbadas contra la angustia, todo lo cual determinará, en el futuro adulto, una grave interferencia para las iniciativas y conductas adecuadas y responsables.

Por otro lado, la madre y el padre no son incorporados en la mente como unos amorosos, comprensivos y protectores asesores, los padres internos "positivos fuertes" e integrados. Se produce una división (o escisión) en la mente del infante, que queda emocionalmente como "partido en dos" por dentro.

Esta división afecta principalmente a la imagen de los padres internos, que ya no son una sola imagen positiva e integrada, sino dos imágenes separadas y antagónicas, los padres internos "positivos débiles" y los temibles padres internos "negativos poderosos":

> ✓ La imagen de los padres internos "positivos débiles" es frágil. Son temerosos, poco integrados con el resto de las imágenes, lo que les impide ofrecerle amor y

cuidado a la imagen que la persona tiene de sí misma. Por otro lado,

✓ la imagen de los padres internos "negativos poderosos" se hace predominante, intensa, dura y exigente. Eso determina que en el mundo interior, los padres internos "negativos poderosos" frustran, niegan atención y afecto, no dan satisfacción, no calman, no contienen ni hacen sentirse cuidado al bebé y al niño. Frecuentemente, lo hacen sentirse abandonado. Además, efectúan exigencias exageradas de "bondad" extrema e incluso de "perfección". Al no poder cumplir con semejantes exigencias, la persona se siente "mal" (malestar psíquico) y "mala" (sentimientos de culpa).

Los sentimientos de culpa son radicalmente distintos de los saludables sentimientos de preocupación estudiados antes. La preocupación conduce a la reparación, mientras que la culpa sólo conduce al sentimiento de "ser malo", de "merecer castigo", y a buscar castigo.

También es posible que el bebé reaccione con miedo irracional ante las exigencias desmedidas. Las consecuencias serían la sumisión para aplacar a la imagen amenazante y, en el futuro, la parálisis afectiva.

Como unas pocas experiencias satisfactorias y felices se producen aun en el peor de los casos, tiene lugar también la incorporación de unos padres internos "positivos", pero "débiles".

Al infante le resulta imposible creer que los padres que a veces lo gratifican, lo aman, lo comprenden, lo consuelan y lo protegen, sean los mismos que generalmente lo frustran, le niegan el afecto, lo restringen, lo amenazan, le plantean exigencias imposibles, le gritan y hasta lo golpean. Pero resulta que... sí son los mismos.

Y como la predominante imagen de los padres internos "negativos poderosos" es sentida como dañina y malévola, amenaza con destruir la frágil imagen de los padres internos "positivos débiles", y acabar de esa manera con el poco bienestar que el bebé puede obtener de ellos.

Así, para proteger esa débil y vulnerable imagen de los padres internos "positivos débiles", la mente del bebé frustrado se divide: algo como un dique es erigido en el mundo interior, que persistirá durante toda la vida del individuo. Una parte del mundo interior dividido recluye ahora a los padres internos "positivos débiles", bien protegidos y defendidos de los ataques de los padres internos "negativos poderosos", que quedan dueños del área opuesta del mundo interior dividido.

La "casa interior" se parte en dos, y los habitantes de un lado pierden todo acceso a los del otro.

Los predominantes, agresivos y amenazantes padres internos "negativos poderosos" no pueden atacar ni destruir a los frágiles y vulnerables padres internos "positivos débiles", pero éstos tampoco pueden influir con su bondad, moderación y actitud comprensiva a los "negativos", para que se moderen.

Los padres internos "negativos poderosos", con una negatividad no balanceada por bondad alguna, se vuelven amenazantes, malvados, destructivos, dañinos y aun diabólicos. Estas imágenes "negativas poderosas" ya no corresponden a lo que son las personas reales, externas de los padres: las imágenes internas han quedado "satanizadas", transformadas en "omnipotentes" y revestidas y deformadas por el bebé con su propia frustración, agresión, rabia y violencia.

Por efectos de la innata "pena del talión", aparece en la criatura un pánico a la venganza que atribuye a las imágenes que odia y que quisiera destruir: el bebé, el niño y luego el adulto así afectados, temen que los padres internos "negativos poderosos" los dañen por dentro.

Para defenderse del miedo que estas imágenes le producen, y de la destructividad que les atribuye, el bebé de una manera automática las "coloca fuera", es decir, niega que las tiene y que le son propias, y las pone, y las "ve" en los demás.

Un bebé que ha sido frecuentemente frustrado por la madre, sin haber recibido agresión alguna de ella en los momentos previos, la ve entrar en el cuarto y rompe a llorar sin consuelo. Este bebé ha puesto en la madre real, externa, "algo" que lo hace percibirla como peligrosa y amenazante: lo ha "puesto", y en ese momento le adjudica ser como la imagen interna "negativa poderosa", "satanizada", que tiene de ella.

Así es como se desarrolla la tendencia a poner todo lo "negativo" en los demás, y acusarlos de todo lo malo que ocurre, especialmente de todas sus propias desdichas y sinsabores. Y la tendencia a manipular a las personas alrededor, para intentar y muchas veces lograr hacerlas sentirse culpables.

Por esta razón, a la persona que tiene este problema se le vuelve imposible asumir su responsabilidad. Por otro lado, como tiene dividida la mente, lo que hacen los habitantes de una de las partes de la casa dividida no es conocido por los de la otra, y esto ocasiona que el individuo incurra en groseras contradicciones: en un momento puede tener una actitud o iniciativa, y en el siguiente la totalmente opuesta, sin ninguna posibilidad de detectarlo, o con una gran habilidad para la autojustificación si alguien se lo hace notar.

Un paciente se daba cuenta de que, llegando tarde frecuentemente en la noche sin avisar, o no llegando, ocasionaba una grave angustia en su familia. Se daba cuenta de ello con una parte de su ser interior dividido, pero seguía llegando tarde y sin avisar, y muchas veces no llegando, porque no podía evitarlo, ya que era la otra parte de la división la que gobernaba su comportamiento. Cuando la esposa o los hijos lo increpaban, él esgrimía toda clase de explicaciones, la mayoría de las veces absurdas, exigiendo que no lo presionaran y que no le programaran la vida.

Nadie en su familia creía en sus disculpas, y sus exigencias de no ser presionado causaban risa unas veces, y miedo y rabia otras. Pero él juraba, convencido de estar en lo cierto, que su familia era injusta con él, a pesar de que al mismo tiempo era consciente de la angustia que provocaba.

La descrita anteriormente constituye una de las formas que la persona tiene de manejar sus sentimientos de culpa, poniéndolos "fuera".

La otra versión de la culpa se funda en la fantasía de que, como consecuencia del odio hacia la madre o el padre interno "negativos poderosos", éstos abandonen, o se mueran, dejando a la persona desolada y vacía. Éste es el origen de la depresión.

La comprensión de estas dos formas de manejo de los sentimientos de culpa se la debemos a León Grimberg, psicoanalista argentino.

Las personas con esta clase de problema en el mundo interior, es decir, con predominio de la división por presencia de unos padres internos "negativos poderosos", se denominan personas con rasgos fronterizos.

No debe olvidarse que todos los procesos mentales descritos son absolutamente inconscientes, y que tienen lugar sólo como reacciones mentales internas totalmente automáticas e inadvertidas por el bebé, y luego por el niño y el adulto.

Eso significa que el bebé y el niño no pueden hacer nada por sí mismos para contrarrestar los dañinos efectos de los errores y distorsiones de la crianza y la educación. En especial, el bebé no puede repararse a sí mismo.

Si el bebé o el niño no recibe pronta reparación por parte de los padres, y éstos no modifican su actitud para ofrecerle amor y empatía, se generarán las desarmonías descritas, cuyas consecuencias no tardarán en aparecer. El adulto que se da cuenta de esta situación interior puede tomar iniciativas de autorreparación y de reparación basadas en la ayuda profesional.

De entre todas las consecuencias, la más perturbadora es que la persona se vuelva incapaz de amarse, respetarse y gustar de sí. La persona tiene una lesión en su autoestima. Dicho de otra manera, tiene "herido el amor propio".

Ya de niño y más en la edad adulta, se aburre consigo misma, ya que no se considera una buena compañía para ella. Al no quererse, se siente golpeada, herida y desvalorizada. Aparece una reacción de odio contra sí misma. Es incapaz de amar, y no se siente merecedora de ser amada, ni de trabajar y progresar, ni de tener salud, ni aun de vivir.

Muchas veces, para contrarrestar el sufrimiento y congoja de la desvalorización, la persona tiene una reacción muy perturbadora llamada narcisismo.

Todo lo golpeado, se hincha. Aquí, lo golpeado y herido es la imagen que la persona tiene de sí misma. Es lo que llamamos tener herido el amor propio.

Es tan grande la herida de no haber recibido a tiempo y suficientemente el amor, la empatía y el contacto afectivo y físico de los padres, que en la persona se presenta una reacción de "yo no necesito nada de nadie".

El sí mismo (comúnmente, el "ego"), "se hincha", o más bien "se infla" y como consecuencia la persona se vuelve incapaz de darse cuenta de sus propias limitaciones, se vuelve exageradamente "sobrada", "se cree mucho", y tiene actitudes "grandiosas".

Se muestra autosuficiente, casi omnipotente. No acepta las críticas ni las observaciones de los demás y adopta la actitud de "yo lo sé todo" y "a mí nadie me va a decir cómo hacer las cosas".

Es exhibicionista. Intenta llamar la atención de los demás y los manipula sutil o groseramente, siempre en procura de forzarlos a ofrecerle reconocimiento, homenaje y admiración.

La persona desarrolla la tendencia a funcionar con los demás a través de la identificación proyectiva, mecanismo que usa los mismos recursos mentales que la identificación empática, pero con la finalidad opuesta: la persona tiene gran habilidad para ponerse "en los zapatos del otro" pero para captar sus "debilidades" y con ello, mediante ciertas actitudes, manipularlo y controlarlo, haciéndolo sentirse "mal" y "malo", culpable, "debilitado" mientras que el manipulador se erige en "poderoso".

Esta maniobra facilita que el manipulador exija y reciba el reconocimiento, homenaje y admiración que necesita ansiosamente.

En efecto, el narcisista manipulador exige mucho de los demás y da lo menos que puede, con lo que intenta obtener de afuera, si no el afecto, por lo menos el elogio, el aplauso y aun la envidia de los demás que compensen y apacigüen el dolor de la falta de autoestima.

No siempre todas estas características están presentes, pero unas pocas ya pueden echar a perder la felicidad y la armonía de la persona que las padece.

Las personas con unas pocas de estas características y actitudes se denominan personas con rasgos narcisistas.

Las personas con rasgos fronterizos y las que tienen rasgos narcisistas, constituyen el grueso de quienes, en las páginas introductorias, denominé personas con trastornos de la estructura del carácter.

Unas palabras para la madre que, por libre elección y en pro del ejercicio y desarrollo de su vocación profesional, se separa de su bebé para ir a trabajar. Después de unos meses dedicados en forma consagrada a su bebé, ella desea continuar con el ejercicio de su vocación y su desarrollo profesional, y desde luego tiene pleno derecho a ello. No sólo eso, tiene pleno derecho a sentir la más clara convicción de que su bebé, si queda en buenas manos mientras ella está fuera, crecerá armónicamente y sin problemas si ella tiene en cuenta lo referente a la reparación. Así pues, de ningún modo la maternidad está reñida con la realización y el éxito profesional de la mujer.

El problema está en otra parte. Está en el caso de la madre que, sin desearlo y por estrictas exigencias económicas debe dejar, a veces en forma prematura, a su bebé para la realización de un trabajo que no constituye su vocación, sino que precariamente suple angustiosas necesidades económicas.

Es necesario darse cuenta de que, a nivel socioeconómico, la mujer-madre consagrada es tan productiva como la que sin tener hijos, trabaja y no le dedica tiempo a la maternidad, porque su trabajo maternal incide en la salud emocional y psicológica de la población, y por ello este trabajo es tan productivo como el de cualquiera, aunque no es reconocido en esta sociedad.

Cuando la madre elige o se ve obligada a abandonar a su bebé para dedicarse al trabajo "productivo", la comunidad no está teniendo en cuenta lo que le tocará luego invertir para controlar a los individuos perturbados, infelices, violentos, adictos y corruptos a los que dicho abandono dará lugar.

¿Cuánto le cuesta a una comunidad cualquiera un ser perturbado, productivamente deficitario, con graves alteraciones del carácter, con severos sufrimientos conyugales y sexuales, un drogadicto, un antisocial, un inadaptado, un funcionario corrupto, un comerciante, un político, un profesional deshonesto?

Por esta razón, no es una carga social que la mujer se dedique a su maternidad y al bebé. Es una inversión social, una inversión en salud emocional.

La idea en este punto es sugerir una modificación de fondo en las políticas de salud del Estado, una revolución en el pensamiento de la seguridad social, pues en últimas, la rama gubernamental tendría que hacerse cargo de la inversión económica que sustente esta idea.

Se trata de enaltecer la maternidad, pero en serio, no con meras palabritas románticas ni con poéticas alusiones, sino en efectivo.

La mujer debe participar, como madre, en el proceso de producción y crecimiento económico, pero fundamentalmente en lo biológico y en lo psíquico. La naturaleza la seleccionó para ello, y con ese propósito la dotó con las características adecuadas para esa función.

No desestimemos este hecho, a riesgo de estar atentando contra la principal y más sensible vertiente de la amenazada ecología terrestre: la maternidad.

***

Para finalizar este capítulo, ¿cómo se puede discernir si su comportamiento corresponde al que determinará en el ánimo de su bebé la incorporación de unos padres internos "negativos"?

Hay que preguntarse primero por su actitud hacia el bebé. ¿Hubiese preferido no tenerlo? ¿Su sexo es el opuesto al que usted esperaba? ¿Siente a su bebé como "una carga superior a sus fuerzas", una "tarea pesada y sin placer"? ¿Tiende a dejarlo innecesariamente al cuidado de otros, incluso de miembros de su propia familia? ¿Es para usted algo "extraño" darse cuenta fácil y rápidamente de qué es lo que su bebé necesita?

Indague ahora cómo está su relación de contacto afectivo y físico con el bebé. ¿Evita tocarlo y cargarlo? ¿Con frecuencia le parece "aburrido" arrullarlo y consentirlo? ¿Prefiere darle un tetero que amamantarlo? Si se ha sentido excitada mientras lo amamanta, ¿le parece que es algo "malo" o "inconveniente"?

¿Permite toda clase de interrupciones mientras está dándole alimento? ¿Evita bañarlo y cambiarlo personalmente?

Cuando el bebé está inquieto, ¿tiende a "enchufarle" el chupo? ¿Prescinde de hablarle, cantarle, pasearlo o arrullarlo? ¿De imaginar cosas agradables mientras lo pasea o lo mece?

En cuanto a su criterio de crianza, ¿siente que carece de un criterio propio? ¿Se siente inundada y confundida por criterios diferentes al suyo? ¿Su madre, su suegra, su vecina están "aconsejándola" todo el tiempo? ¿Le tiene miedo o fastidio al pediatra?

Respecto a su esposo, ¿le preocupan los celos de él por el bebé? ¿Siente que él evita ayudarla a hacer el oficio y a entretener a los demás niños mientras usted atiende al bebé?

Pensando en "su propia vida", ¿privilegia las tareas domésticas, los otros hijos, el marido, el trabajo, la profesión, la parroquia, el barrio, las amistades, la vida social... por encima de la atención a su bebé?

Pregúntese también si está consciente de que siempre existen fallas que son inevitables, y si está dispuesta a repararlas. ¿Piensa que cargar a su bebé, mecerlo, arrullarlo, acariciarlo, dejarlo largo rato sobre su pecho desnudo después de una ausencia suya, es algo inútil para él y fatigante para usted?

Observe la conducta del bebé. ¿Llora mucho, con cólera, y le da la impresión de que, haga lo que haga, el llanto no se detendrá? ¿Es su bebé exigente y agresivo? ¿Rechaza el alimento, no duerme bien, tiene "mala salud" y siempre luce irritable? Después de un período de rabia, llanto y exigencias, ¿se muestra pasivo y apático, sin reacciones afectivas?

¿Ha notado si el bebé parece temerle, o si a veces cuando usted se le acerca y lo carga, lejos de tranquilizarse, llora desconsolado y rabioso?

Por último, ¿reina la desavenencia en su relación de pareja? ¿Su vida sexual es apagada? ¿O desastrosa? ¿Es su familia un "caos"?

Si su respuesta a muchas de estas preguntas es "sí", le conviene releer con cuidado este libro, introducir las modificaciones que le sea posible en sus actitudes y conductas, y tal vez, si todo eso no funciona, buscar la ayuda de un psicoterapeuta, porque de lo contrario su bebé podría quedar afectado por unos padres internos "negativos".

***

Como se verá en los capítulos correspondientes, durante la etapa del niño (y durante la del adolescente) el carácter continúa estructurándose sin perturbaciones o con ellas, sus funciones siguen desarrollándose o distorsionándose y van apareciendo nuevas y cada vez más avanzadas funciones, saludables o perturbadas.

Hemos apreciado que el concepto de carácter alude a *estructuras* y *funciones* del mundo interior. En el siguiente capítulo introduciré el concepto de *identidad*, que alude al grado de *armonía* e *integración* que alcanza el mundo interior en la medida en que el carácter asegura su adecuada estructuración y funcionamiento. En otras palabras, si el carácter se estructuró adecuadamente y sus funciones han quedado bien establecidas, el resultado será una identidad armónica e integrada.

Capítulo 5

La idencidad

"El infierno está empedrado de buenas
intenciones..."
DANTE ALIGHIERI, *DIVINA COMEDIA*

Todo el mundo quiere ser feliz. Todo el mundo está lleno de
buenas intenciones. A pesar de ello, hay mucha, demasiada
gente que no es feliz.

¿Por qué no todos, y más bien sólo unos pocos
consiguen sentirse felices y llevar a cabo dichas buenas
intenciones?

Porque la estructura del carácter muchas veces se
interpone, la búsqueda de la felicidad desemboca en lo
opuesto, y las buenas intenciones sólo dan lugar a pésimos
resultados.

El concepto de carácter alude a estructuras y funciones
del mundo interior. El concepto de identidad alude al grado
de armonía e integración que alcanza el mundo interior a
medida que el carácter asegura su adecuada estructuración
y funcionamiento.

Si el proceso de estructuración del carácter fue adecuado y sus funciones llegaron a estar bien establecidas,
el resultado será una identidad armónica e integrada, es
decir, sin divisiones.

El proceso se inicia en la etapa del bebé, crece y se afianza en la del niño, y se consolida en la del adolescente. A este proceso se lo conoce como el proceso de adquirir y tener identidad: adquirir y tener un mundo interior integrado.

"Mundo interior integrado" significa que, en la medida de lo posible, las partes de ese mundo interior se relacionan de una manera aceptable y se comunican eficazmente entre sí.

Cuando el mundo interior está integrado, se destaca la marcada armonía y buena relación entre la imagen que uno tiene de sí mismo, y la imagen interna de los padres: se llevan bien, dialogan, se comprenden, se aman y se apoyan recíprocamente. Cada una busca complacer a la otra y procura, antes que nada, el bienestar de la otra, lo que redunda en un sentimiento de bienestar, plenitud y significado que experimenta la persona.

Cuando el sí mismo ha cometido un error, por ejemplo una conducta de resultados adversos, los padres internos no reaccionan criticando, ridiculizando, descalificando, atacando ni haciendo sentirse culpable, mala o inútil a la persona, sino promoviendo el diálogo interno, es decir, el discernimiento que permite descubrir el porqué del error, y cómo prevenir su repetición.

En una situación como la descrita, dentro de la mente están asegurados los sentimientos de solidez, estabilidad y autoestima; entonces se hace posible que la persona se diga a sí misma la verdad sin ambages: la persona no necesita falsear ni negar lo que siente, piensa y desea, ni ante sí misma ni ante los demás.

De ese modo, para la persona con identidad integrada es posible mirar dentro de sí misma y reconocer la propia contribución a las situaciones, tropiezos y conflictos consigo misma y con los demás, asumiendo su responsabilidad en los asuntos en los que interviene y desechando las acusaciones y el "echarle la culpa de todo" a los otros.

Desde este punto de vista, la identidad es una función que permite a la persona ser el mismo hacia dentro de sí que hacia afuera: la persona con identidad integrada puede decir lo que piensa, hacer lo que siente, pedir y dar lo que desea sin falsedades, sin engañar ni fingir.

Su conducta corresponde a lo que ella es por dentro: no dice una cosa y hace otra, y tiende a no hacer cosas contradictorias entre sí, cosa que sí les sucede con frecuencia a las personas con dificultades en su identidad. Hay una armonía, un acuerdo entre "adentro" y "afuera".

Al mismo tiempo, tiene la capacidad de discernir cuándo es conveniente callar algo o abstenerse de una conducta. La vida social requiere de una cierta medida, necesaria, de falsedad, o llamémosla más bien diplomacia, en apariencia opuesta a la identidad; es socialmente aceptable, muchas veces necesario y aun exigible usar máscaras: un buen nombre para estas máscaras adecuadas pudiera ser "insinceridad inteligente".

La persona con una identidad integrada percibe y acepta esta necesidad social; eventualmente podrá callar, postergar sus expresiones, sus iniciativas y sus satisfacciones, y aun prescindir de ellas cuando se da cuenta de que es lo mejor para todos. Lo contrario sería una franqueza contraproducente, una forma de "sinceridad tonta" que mucha gente autojustifica diciendo que es "demasiado franca".

Los conceptos de "insinceridad inteligente" y "sinceridad tonta", son originales del señor G. I. Gurdjieff.

***

La persona con una identidad integrada se permite fácil, vivaz y libremente pensar, imaginar y soñar. Es capaz de darse cuenta de que pensar, imaginar y soñar son funciones mentales cuyo libre y pleno ejercicio no daña a nadie, ni a sí misma.

Como consecuencia de su armonía interior y del hecho de que en su mundo interno no hay divisiones, es y se siente la misma en diferentes situaciones, con diferentes personas y a lo largo de la historia de su vida.

Lo opuesto ocurre con las personas con dificultades en la integración de su identidad: son diferentes en una situación que en otra y con diferentes personas, y además experimentan cierta extrañeza ante sus recuerdos de cómo eran antes, con una marcada tendencia a olvidar aspectos importantes del pasado.

Como resultado de los conflictos entre partes de sí misma, del enfrentamiento de los padres internos "negativos", entre ellos y con la imagen de sí misma, y de la división del mundo interior, la persona con identidad no integrada en forma adecuada tiene severas contradicciones. Piensa una cosa, dice otra, y hace una diferente a ambas. Tiene conductas recíprocamente contradictorias entre sí.

Hace años, en el Perú, tuve en psicoterapia psicoanalítica a una persona que vivía en un país vecino y que llegaba mensualmente a tierras peruanas a atender asuntos de negocios.

Durante esas visitas acudía angustiado a mi consulta, porque por un lado era un hombre de acentuadas convicciones religiosas y celoso miembro de la junta censora de los espectáculos en su medio, y por otro, durante sus frecuentes viajes a ciudades y países diferentes al suyo, asistía a escondidas a prostíbulos en los que protagonizaba extrañas orgías con diferentes clases de perversiones sexuales y consumo de drogas.

Evidentemente esta persona, con una parte de su mente se asume como alguien religioso y dotado de un extremado y conviccional celo moralista, mientras que con la otra viola sus convicciones, es sexualmente perverso y consume drogas.

A pesar de su capacidad de ver la contradicción, estaba imposibilitado de controlarla y, tratando de calmar su sufrimiento y encontrar una manera de integrarse interiormente, buscaba mi ayuda psicoterapéutica.

Otra persona que atendí, un padre de familia, era sumiso y obsequioso con el jefe en el trabajo, mientras que con la esposa y los hijos era violento, altanero, irracionalmente exigente y cruelmente dominante. Una mujer en análisis, ejecutiva sumisa y aduladora con su dominante esposo, era seca, a veces violenta, siempre exigente y frecuentemente cruel con sus subalternos en el trabajo.

Cuando a estas personas se les pregunta acerca de cómo se ven a sí mismas, se describen de un modo muy diferente a como son realmente.

Una persona en análisis con Kernberg se describía a sí misma como "buena, amistosa, fiel, leal, intuitiva, me llevo bien con todo el mundo..." y a continuación relataba sus graves problemas con el esposo, los hijos, los compañeros de trabajo, los cuatro anteriores psicoterapeutas, etcétera, causados según esta persona, no por ella sino por los demás. Cuando Kernberg le preguntó acerca de si no habría alguna contribución de ella a sus problemas con los demás, lo negó de plano, y... ¡le dijo que él ya estaba empezando a actuar como los cuatro anteriores terapeutas!

Tales personas están muy dispuestas a acusar a los demás de ser la causa de todos sus problemas. Si se les cuestiona, se enfurecen y agreden con toda clase de acusaciones. La persona es incapaz de ver lo que hay al otro lado de su división interior, y si alguien se lo hace ver, lo niega y aun puede atacar al "atrevido".

Cuando hay una dificultad en la integración de la identidad, el concepto y la actitud que la persona tiene de alguien varía, de acuerdo con la conducta visible de ese alguien.

Uno de mis pacientes en psicoterapia se alegraba mucho y pensaba que era bienamada por el marido si éste le traía una rosa. Pero el día que no se la traía, pensaba que ya no la amaba más y se deprimía casi catastróficamente. En esta persona no había una imagen permanente e invariable del esposo, que no dependiera de la conducta inmediata de él, sino que su percepción de él variaba de acuerdo con lo que él hacía o dejaba de hacer.

Otra manera de comprender el funcionamiento de una persona con la identidad bien integrada consiste en la percepción de que una persona así no sólo se siente ella misma, sino que tiene un buen contacto consigo misma, en el sentido de tener una adecuada conciencia de sí.

La conciencia de sí se manifiesta a través de la facilidad con que la persona es consciente de sus fantasías, sueños, pensamientos, palabras y conductas, al tiempo que se siente agudamente consciente de ser el protagonista de ellas, tanto en el momento mismo de producirse como a lo largo de los minutos, las horas, los días y los años.

Una persona así difícilmente se permite alegar que "no se dio cuenta". Se da cuenta de mucho de lo que sucede, y de casi todo lo que piensa, imagina, dice y hace. Y si por alguna razón no se ha dado cuenta y alguien se lo hace notar, tiene la capacidad de aceptar la observación de buena gana, y aprender de ella.

En estas condiciones, la persona es muy ella misma en el sentido de que no admite ser programada ni manipulada por los demás, ni por las situaciones.

Tampoco programa ni manipula a los demás, pero sí se vuelve un activo agente de la propia creatividad: en forma deliberada por un lado se permite expresar su opinión con claridad, firmeza y convicción; y por el otro imagina, dispone y ejecuta acciones que influyen en la realidad de su entorno familiar, institucional, y aun social.

Esto es lo que en realidad significa trascender a un nivel psicológico: la persona con identidad integrada sobrepasa sus propios límites personales y va más allá de ellos, saliendo de sí misma para ayudar e influir favorablemente en los demás y en su comunidad.

El mundo interno de la persona integrada se podría comparar con algo fuerte y consistente, que al funcionar como una sola pieza le permite penetrar, atravesar barreras y obstáculos, y llegar a su objetivo sin romperse.

En comparación, el mundo interno de la persona que no está bien integrada sería como algo endeble, deleznable, agrietado y poroso, que al funcionar como trozos separados e inconsistentes, no llega a nada, y es fácilmente penetrado y atravesado.

Esta última forma de funcionar da lugar a la intrascendencia. La persona no integrada adecuadamente se deja influir con facilidad por los demás, y no influye a nadie como no sea manipulando. Eso la lleva a la angustia y a la desesperación, apareciendo entonces el aburrimiento, la monotonía, y la falta de textura y significado de la vida. Se pierden "la chispa" y el deseo de vivir.

Aparecen el malhumor crónico, la frustración y el sentimiento de inutilidad o, como la llama Otto Kernberg, la futilidad, de todo en general y de uno mismo en especial.

Es fácil ver la cercanía de esta situación con el tema central de los valores: la futilidad resulta casi incompatible con los valores, ya que en ella predomina un escéptico "Ahhh... ¡a mí qué diablos me importa!"

Otra de las defensas contra el sentimiento interno de intrascendencia es el "ponerse trascendental": mediante una fachada de afectada seriedad, con que la persona intenta convencer a los demás de que piensa sólo en cosas muy importantes, hablando de un modo exhibicionista y en tono grave, de cosas teóricas o intelectuales. O bien trata de imprimir un exagerado énfasis sentimental a situaciones relativamente sin importancia.

Es evidente que se trata de falsedad inconsciente, de un intento constante, habitual, de manipular a los demás para que lo crean "trascendental". En el fondo, se reduce a una búsqueda de apaciguamiento de la angustia que la persona siente como consecuencia de su estado de intrascendencia interior. A través de intentos de impresionar a los demás, a los que coloca en el papel de un falso espejo en el que se refleja una falsa y forzada "trascendencia", la persona procura persuadirse de que no es intranscendente.

La falsedad y la sumisión proveen al individuo de actitudes con las cuales defenderse de una realidad que considera adversa y amenazante. Por otro lado, según Winnicott, las personas con una distorsión en su identidad se "liberan" de sus experiencias instintivas "teniéndolas", es decir, actuándolas, lo que da origen a la impulsividad. La impulsividad es uno de los prerrequisitos para la transgresión.

Según esto, el individuo no está viviendo en realidad. Apenas está "ganando tiempo". Nadie sabe para qué.

Las personas sin una buena integración de la identidad, por oposición a la creatividad de las bien integradas, tienden a experimentar, como ya vimos, el sentimiento de futilidad, en el que viven como si nada importara y como si la vida no fuera digna de ser vivida, dudando seriamente del valor de vivir, haciendo desesperados intentos por justificar, aun filosóficamente, esta posición.

Winnicott llamó acatamiento a este estado opuesto a la creatividad, estado en el que la esperanza, y aun el sufrimiento, han quedado apagados y corren el riesgo de desaparecer.

La persona así afectada ya ni siquiera sufre: está sumergida en la apatía, la anomia, el apagamiento y la inercia. Se deja manipular e influir fácilmente, sin que medie la reflexión y menos la propia iniciativa, de la que carece, excepto para permanecer pasivo a los influjos de otros, o de su propia fantasía descontrolada. Carece de ideas, opiniones e iniciativas propias. Se engaña a sí misma, y tiende a confundir fantasía con realidad: imagina o desea algo, y asume que es así.

Uno de mis pacientes en psicoterapia, tuvo una infancia con grandes dolores emocionales y crueles privaciones. Ya casado, fue presa de la fantasía de que su esposa le había sido infiel. Sin indicio alguno, menos aún una prueba, asumió que sus tres hijos eran producto de esa infidelidad.

A continuación, exigió de la esposa "pruebas" de que la infidelidad no se había producido, para lo cual la forzó a llevar a los niños a que se realizaran pruebas genéticas para determinar la paternidad. Cuando las pruebas genéticas confirmaron que él era el padre, las descalificó, argumentando que la esposa bien pudo haberse entregado sexualmente al funcionario encargado de efectuarlas, logrando así un falso resultado. Esta persona se limitaba a hacer sus graves acusaciones, utilizándolas para una "cansona cantaleta" diaria, sin hacer nada efectivo, si estaba convencido de la ofensa, para separarse de la esposa "infiel" y de los hijos "que no le pertenecen". Él perpetuaba así un vínculo familiar en el que, a la larga, todos resultarán dañados.

Esta persona no podía diferenciar con claridad entre realidad y fantasía, e intentaba forzar la primera para que coincidiera con la segunda.

La persona con buena integración de la identidad experimenta "la chispa de la vida": se siente vivaz, llena de iniciativa, "con las pilas puestas", "echada para adelante"; siente que la vida es interesante y que vale la pena vivirla. Su aguda conciencia de sí da libre curso al pensamiento, a la fantasía (que no confunde con la realidad) y a los sueños.

Por el contrario, la persona con deficiencias en la integración de la identidad, además de ser víctima del acatamiento vive como "englobada", "elevada", aturdida y "como en las nubes". Carece de contacto consigo misma y su conciencia de sí es endeble o ausente.

Las únicas situaciones humanas en que este "englobamiento" se considera natural y deseable es durante el enamoramiento, y en la situación de la madre de un bebé pequeño, que está desconectada del mundo, pero intensamente conectada y viva en su relación con su bebé.

Si el mundo interior del bebé y luego del niño se desarrolla como un sistema que funciona armónicamente, en la adultez se cristalizará un carácter maduro y estructurado, y la identidad se integrará convenientemente.

Si por el contrario se presentan las interferencias mencionadas, la identidad no se integrará, y la persona sufrirá durante su vida las interferencias analizadas aquí.

Éste es el punto de partida para que muchas personas yerren en la búsqueda de la felicidad y para que sus buenas intenciones fracasen y hasta den lugar a los resultados opuestos, como el pasar casi insensiblemente por encima de la ética, los valores, y llegar a la transgresión.

Una crianza adecuada, amorosa y plena de contacto afectivo, físico, verbal y empático es un requisito central para que los padres puedan estar convencidos de que han asegurado, hasta donde sea posible, el porvenir del pequeño ser.

Capítulo 6

La crianza y los primeros pasos en la adquisición de la identidad sexual

La identidad sexual es un aspecto esencial de la identidad.

Como la identidad en general, la identidad sexual corresponde también a una armonía, a un acuerdo que la persona experimenta (o no), esta vez entre lo que la persona es sexualmente por fuera, en lo físico, es decir lo que le viene genéticamente predeterminado, y lo que es sexualmente en su mundo interno, psíquico, adquirido en su experiencia como bebé y en su interacción sobre todo con la madre y luego en sus etapas de niño y adolescente en su interacción con la madre, el padre y los hermanos.

En otras palabras, tienen una identidad sexual adecuada el varón y la mujer que se sienten no sólo conformes, sino felices de serlo, aptos como tales y con capacidad de gozárselo.

La adquisición de una identidad sexual sana y adecuada, así como las perturbaciones que pudieran haber surgido, tienen su inicio en la experiencia del bebé, se afianzan durante la niñez y se consolidan durante la adolescencia.

En el Capítulo 9 analizaré el afianzamiento de la identidad sexual en el niño y señalaré algunos aspectos de la consolidación de la misma en la adolescencia. En este capítulo veremos qué ocurre durante la etapa del bebé.

Corresponde a la madre (o a su sustituta) dar con el bebé los primeros pasos para que éste adquiera una identidad sexual saludable y adecuada, o para que dicha identidad se distorsione y adquiera una perturbación.

Como ya vimos antes, es a ella a quien el bebé reconoce psicológicamente, y de quien se aferra física y emocionalmente, quedando situada en el "foco" de la atención y el interés emocional de la criatura, mientras el padre queda, en esta etapa de los primeros meses, en la periferia de la atención emocional del lactante.

Así pues, el primer ser al que el bebé, varón o mujer, conoce, ama y necesita, es una mujer. Poco a poco iremos comprendiendo la enorme relevancia psicológica de este hecho.

Si ella desarrolla con su bebé, tanto varón como mujer, una relación armónica, de atención dedicada y amorosa, y de abundante contacto afectivo y físico, el bebé se siente amado y aceptado, y en su mente relaciona tal amor y aceptación con el hecho de que el bebé es lo que es, incluyendo su ser hombre o su ser mujer.

Aparte de la armonía interior de los padres, y de la aceptación que éstos tengan de su propio sexo, uno de los factores más influyentes para determinar la aceptación que la madre y el padre tengan de su bebé, incluyendo su ser hombre o su ser mujer, es el grado de madurez con que ambos acepten el sexo de la criatura, así no coincida con el que anhelaban y en su fantasía esperaban.

Si en los padres no hay suficiente armonía interior y, deseando una niña les nace niño, tenderán a tratar a éste como niña. A medida que crece el bebé, intentará complacer a sus padres siendo "como una niña". Ocurrirá a la inversa si desean niño y nace niña.

El amor y aceptación experimentados por el bebé determinan, además, que éste, varón o mujer, desarrolle la capacidad de gozar con el contacto físico en la piel, los músculos, la boca, el ano y los genitales, áreas profusamente estimuladas en esta etapa por la madre, si ella es psíquicamente saludable y emocionalmente presente durante las atenciones alimenticias, higiénicas y afectuosas con las que cuida a su bebé.

Esta capacidad de gozar del contacto físico se manifestará en las etapas venideras, especialmente en la adultez, como sensualidad, es decir, como aptitud para el disfrute de los sentidos, elemento fundamental para que en el futuro la excitación sexual pueda ser desencadenada y la sexualidad sea plena, gozosa y significativa.

El abundante contacto afectivo, físico, verbal y empático con el bebé permite el adecuado desarrollo de la imagen mental de sí mismo, la de los padres internos y de la autoestima, desarrollo que ocasiona que la persona se sienta merecedora de vivir, de ganarse la vida, de disfrutarla y de amar a alguien con quien compartir el disfrute, incluyendo la sexualidad.

Volvamos ahora al hecho de que el primer ser que el bebé conoce, necesita y ama, es una mujer, la madre.

Esa importantísima mujer es la protagonista de una conducta determinada por el hecho de serlo: de un modo instintivo, automático y desde luego inconsciente, basado en su identidad sexual femenina, mientras ofrece sus atenciones trata, de un modo sutilmente distinto, a su bebé varón que a su bebé mujer.

Debemos a Kernberg aspectos esenciales de esta comprensión.

Cuando la madre es emocionalmente armónica, durante la intensa intimidad corporal que implica el cuidado y la higiene del bebé, mitad en serio, mitad en broma, ella actúa seductoramente con su hijo varón, acariciándole juguetonamente la zona genital mientras lo atiende.

En oposición a lo anterior, la actitud de la madre emocionalmente saludable con su hija es de un sutil ignorar y dejar de lado lo más posible las caricias juguetonas (y por supuesto, mucho más las seductoras) en los genitales de la niña, limitándose a lo correspondiente a la higiene.

En gran parte, en ambos casos esto es facilitado porque el niño tiene su genital visible y hacia fuera, mientras que la niña lo tiene oculto y hacia adentro.

Si la actitud de la madre se altera por la desarmonía interior, ella puede erotizar a la niña o rechazar al niño mientras los atiende; en ese caso estaremos frente a uno de los orígenes de los trastornos graves de la identidad sexual, de aquellos que pueden dar lugar a la homosexualidad.

Cuando no están presentes la erotización ni el rechazo, pero no hay suficiente contacto afectivo y físico, el bebé experimenta tal insuficiencia como que la madre lo rechaza por su ser varón o por su ser mujer, y también sobrevienen trastornos de la identidad sexual.

Si la madre tiene la actitud natural, de buena salud emocional, se intensifica inconscientemente su sexualidad en su relación con el bebé varón. Luego, ya en la etapa del niño, sobreviene no sólo la frustración sino que se produce una honda herida en el ánimo del niño varón cuando éste intenta tomar la iniciativa de esos juegos sexuales y por supuesto, y como es natural, la madre lo desalienta.

Esto determina en el niño varón que, al lado del amor natural que siente por su madre, se desarrolle también un profundo odio inconsciente hacia ella y un sentimiento muy hondo de que la madre es la reticente poseedora de todos los placeres, mientras él se siente abandonado, frustrado y herido en su amor propio.

Lo anterior se relaciona también con el hecho de que durante la lactancia la madre lo tenía todo (el seno –o el tetero– lleno de leche, la potestad de satisfacer o frustrar), mientras que él no tenía nada; sólo un estómago ferozmente vacío y un hambre voraz.

La bebé también se ve afectada por la situación descrita anteriormente, pero su odio y envidia se aplacan bastante cuando, a medida que pasa el tiempo, descubre que ella es también mujer y será madre algún día.

La actitud de la madre de ignorar sutilmente la sexualidad de la niña durante su etapa de bebé, es uno de los motores más poderosos para que ésta se desprenda anímicamente de la madre y, en la etapa de la niñez, se "enamore" del padre con la esperanza de que él sí corresponderá a sus necesidades de excitabilidad sexual, cosa que si el padre es interiormente armonioso desde luego no hará: él, ojalá muy afectuoso y tierno, maneja dicha ternura desexualizándola, es decir, poniendo con afecto suficiente distancia erótica.

En el caso de la niña, tal "enamoramiento" ocurre con una sexualidad mucho más oculta y sutil por parte de ella hacia el padre, que la que se puede hallar del niño hacia la madre.

De modo que la niña empieza su vida con una inhibición de la genitalidad ocasionada por la distancia erótica del padre, quien nunca mantendrá con ella la estrecha intimidad corporal desarrollada por la madre con su bebé varón durante la necesaria atención.

El niño, en cambio, no tiene que pasar por esta modificación de su orientación sexual, ni por este desprendimiento anímico que la niña debió tener respecto de su madre. De modo que es más fácil para él aferrarse sexualmente a la madre en esta etapa.

Esto tendrá como consecuencia que, en el futuro, como adulto, inconscientemente tratará a las mujeres un poco como si fueran su madre, pues en el fondo, nunca dejará de ser un poco niño en su relación con la mujer.

La niña, en cambio, por la identificación con su madre y por el hecho de que ella misma se hará madre, tenderá hacia una actitud más adulta y maternal en su relación con el hombre.

Como puede notarse, las vicisitudes y desarrollos de la adquisición de la identidad sexual continúan durante el desarrollo del niño. En el capítulo 9 retomaremos este tema.

Volviendo al bebé, miremos ahora cuáles son las consecuencias de los aciertos y las fallas que pudieran producirse durante la crianza en lo que se refiere a la identidad sexual, es decir, en lo que se refiere a las diferencias con que la mujer madre trata a su bebé varón y a la niña.

La primera consecuencia es que si la madre trató de un modo suave y juguetonamente erótico el genital de su bebé varón, e ignoró de modo sutil pero afectuoso, sin interferencias ni angustias, el de su bebé mujer, ambas criaturas habrán dado un primer paso confirmando su condición de varón y de mujer.

Tal paso lo da el bebé varón al adquirir la convicción de que con su genital y su ser hombre fomentó la atención y la atracción heterosexual de la madre como mujer.

Otro tanto puede experimentar la niña mediante su comprobación de que no atrae sexualmente a la madre, la que tiene hacia ella una actitud de "Te amo mucho, mi nenita, pero tu genital y tu condición de mujer no me excitan".

Es obvio que, como se vio antes, si la madre erotiza y seduce a la niña y rechaza con asco o miedo al bebé varón, sobrevendrán graves confusiones en la mente de la criatura al no disponer, como fundamentos para confirmar su identidad sexual, de las convicciones y comprobaciones recién descritas.

Estas confusiones ocasionarán una "difusión" en la identidad sexual, es decir, una situación en la que la persona, en un plano inconsciente, emocional, a nivel de su identidad y de su mundo interno, y como consecuencia de carecer de las mencionadas convicciones y comprobaciones, no sabrá si es hombre o mujer, aunque la anatomía y la fisiología, factores externos, parezcan ser suficientemente elocuentes y definidas.

Tal "difusión" estará también presente si la madre, sin llegar a sentir asco, miedo o rechazo por el genital del bebé varón, simplemente lo ignora. Igual cosa ocurrirá, desde luego, si el jugueteo sutil con el pene del varoncito se transforma en una excitada o disimulada seducción.

En el caso de la niña, si su genital produce en la madre asco, angustia, curiosidad excesiva o franco y abierto rechazo, la "difusión" o confusión de la identidad sexual no dejará de estar presente.

El padre, en su papel de persona que ayuda con las actividades de atender, cambiar, bañar y alimentar al bebé, puede colaborar también, desde su identidad sexual de varón, aportando al crecimiento y la confirmación de una identidad sexual armónica mediante actitudes adecuadas, de aceptación y amoroso contacto afectivo y físico, sin rechazo ni erotización ni del varón ni de la niña.

O puede contribuir al agravamiento de las perturbaciones producidas primero por la madre, con actitudes de rechazo o erotización hacia la criatura.

La relación de pareja que sostengan ambos padres es otro de los factores fundamentales en el establecimiento armónico o disarmónico del proceso de adquisición de identidad sexual.

Si la madre obtiene del padre suficiente amor, satisfacción y plenitud afectiva y sexual, tendrá hacia su bebé una actitud mucho más saludable y creativa que en el caso contrario: eróticamente satisfecha, no se aferrará con frustrado apasionamiento al pene del bebé varoncito, ni lo rechazará por su parecido con el del padre. Tampoco rechazará el genital de la niña por su semejanza con el suyo propio, lo que sí ocurre cuando ella está dolorosamente frustrada por una mala relación de pareja.

Si las necesidades amorosas y eróticas de la madre están satisfechas en una buena relación de pareja, tenderá a darle a su bebé, varón o mujer, el trato natural descrito anteriormente.

El bebé, varón o mujer, experimenta en brazos de su madre lo esencial de las relaciones amorosas y sexuales, por la manera como las percibe registradas en ella, felices o infelices, armoniosas, plenas y apasionadas, o lo contrario.

Así pues, la frustración amorosa y sexual puede conducir a la madre a que inconscientemente intente obtener del bebé alguna clase de satisfacción o compensación para su libido frustrada, y allí pudiera tener su punto de partida la erotización o seducción del bebé, o su rechazo porque la madre se siente inconscientemente culpable por desear hacerlo objeto de sus impulsos sexuales insatisfechos.

La segunda consecuencia de las fallas de la crianza que inciden sobre la identidad sexual, es que la división (ya estudiada) del mundo interior, se profundiza y se asienta.

Una parte de la mente dividida se identifica con la madre y se vivencia inconscientemente a sí misma como mujer; la otra se identifica con el padre e inconscientemente se siente hombre.

De este modo la persona, sea varón o mujer, tiene dentro de su mente una parte que se siente, funciona e inconscientemente demanda satisfacciones instintivas correspondientes a alguien del sexo opuesto, de un modo que la otra parte de la mente no puede controlar ni modular.

Se produce una especie de "cortocircuito" que causa confusión y determina que la persona experimente, en su mundo interno, anhelos sexuales inconscientes y a veces conscientes, característicos de uno y otro sexo, y en algunas ocasiones, exclusivamente los del otro sexo. Como veremos, en la etapa de la niñez esto puede agravarse y consolidarse.

En cambio, si la crianza fue acertada en estos aspectos, la integración de la mente se acentúa y se fortalece. Las partes femenina y masculina que pudieran haber de la imagen de sí mismo, se unifican integradoramente.

El bebé, además de sentirse "uno" por dentro, se identificará predominantemente con su sexo físico, externo, e ingresará con comodidad en la etapa de la niñez, en la que como veremos se afianza la identidad sexual por identificación con el padre del propio sexo: el niño se identifica predominantemente con el padre, y la niña con la madre, y ambos experimentan el significado, el júbilo y la plenitud de pertenecer al propio sexo.

Hasta aquí las consecuencias de los aciertos y fallas de la crianza en lo referente a la identidad sexual.

Veamos ahora cómo repercuten los factores ya analizados en la comprensión de ciertos aspectos de las relaciones adultas entre hombres y mujeres.

El trato natural, no exagerado, de sutil erotización que la madre tiene para con su bebé varón y que hemos venido estudiando, determina que el hombre comience su vida sexual con una aparente "libertad genital".

Para eliminar el riesgo de asimilar o relacionar inconscientemente a las mujeres con la madre, el varón suele experimentar tal aparente "libertad sexual" hacia aquellas a las que no ama, o hacia aquellas de quienes recibe ternura pero con las que no establece compromiso.

Con estas mujeres, el varón presenta una inhibición en su capacidad de dar ternura y respeto, así como para establecer un compromiso, especialmente con aquellas que pudieran recordarle a su madre, por miedo a que la ternura, el respeto y el compromiso se transformen en amor y aparezcan los temores inconscientes al incesto.

Esto determina la tendencia del varón a sexualizar muchos vínculos con mujeres a las que no considera valiosas, mientras que a la que sí considera valiosa la ama, le profesa ternura y respeto y hasta se casa con ella, pero tiende a desexualizar el vínculo.

En oposición, y también por motivo del trato sutilmente rechazante de la madre hacia el genital de la niña, la mujer comienza su vida sexual con una aparente "inhibición genital", pero con una gran propensión a experimentar afecto, ternura, respeto y deseos sexuales hacia la misma persona, el padre, que inicialmente está distante, con la esperanza de enamorarse a la vez tierna y sexualmente de él, y que él le corresponda.

Esto se repite en la edad adulta, y la mujer tiende a experimentar amor y deseos sexuales hacia la misma persona, ocurriendo muy frecuentemente que sólo puede experimentar lo uno si lo otro está presente.

También en la mujer se ocasionan temores y conflictos relacionados con el incesto, pero en ella el temor al incesto es más leve que en el varón, porque la bebé nunca tuvo con el padre la intimidad corporal que sí tuvo el bebé varón con su madre.

Pudiera decirse que, en iguales condiciones de salud emocional, la mujer está dotada de una mejor integración de su mundo interno que el varón, ya que tiende naturalmente a amar y desear sexualmente a la misma persona, mientras que en el varón amor y deseo se dirigen espontáneamente hacia diferentes personas cada uno.

Una integración como la que la mujer tiene espontáneamente, sólo ocurre en el varón a través de renuncias y atrevimientos psicológicos que casi se pudieran calificar de heroicos.

Para el varón, establecerse en una relación de pareja adulta es algo gradual, progresivo y a veces temible: con mucha frecuencia tendrá fantasías y aun iniciativas de escapar de tal relación para evitar los sentimientos incestuosos, y para precipitarse a una existencia "alegre", "de soltero", que muchas veces es promiscua, pero que lo reasegura contra el temor al incesto.

Para la mujer es todo lo contrario: anhela la relación de pareja y la estabilidad de la misma porque satisface su necesidad de intimidad afectiva y sexual simultáneas; además, el temor al incesto es de menor intensidad en ella.

Como se ve, lo anterior explica parte de la división que suele ocurrir en los varones entre la ternura y la sexualidad: es un intento de amar tiernamente y sin sexualidad a unas mujeres, a las que considera valiosas y con las que se casa, aunque luego desexualice el vínculo, y amar sólo sexualmente y sin ternura a otras, a las que no considera valiosas y a quienes tiende a utilizar como amantes.

Esta disociación de los varones es conocida como la disyuntiva entre "la virgen" y "la prostituta".

Desde luego, hombres y mujeres disfrutan tanto de la ternura como de la sexualidad. Pero para muchas mujeres, ésta no es tan importante ni tan necesaria como la ternura, mientras que para muchos hombres la ternura es más bien secundaria (incluyendo las necesidades de ternura que la compañera pudiera tener), privilegiando en cambio la satisfacción de la sexualidad, abandonándose muchas veces al sueño, o marchándose después del acto sexual, mientras la mujer yace inquieta y frustrada porque, si bien recibió algo para ella muy importante, sexo, no recibió lo que le es indispensable: ternura.

Alguien sintetizó lo anterior en una comprensión un poco caricaturesca, pero que tiene mucho de cierto: "la mujer sostiene relaciones sexuales para obtener ternura, mientras que el hombre ofrece ternura para sostener relaciones sexuales". Obviamente es una exageración, pero algo hay de eso, especialmente si miramos las cosas desde la perspectiva del varón machista.

El varón no machista anhela la ternura, sentirla, darla y recibirla, sea relacionada con el sexo o independiente de éste, tanto como la mujer.

Otra consecuencia de la división entre sexualidad y ternura en el hombre es que muchos de ellos pueden sostener una relación sexual por muchos años sin que haya un mayor compromiso emocional, mientras que, para muchas mujeres, es virtualmente imposible sostener una relación sexual placentera y permanente si no están tiernamente enamoradas.

Para las mujeres esto es impresionante y misterioso. Kernberg describe cómo suelen preguntarle al hombre infiel, del que saben que todavía las ama profundamente: "¿Cómo puedes ir a la cama con otra si realmente me quieres a mí?".

Por otro lado, el varón ya adolescente y adulto, con base en la erotización temprana que experimentó con su madre, desarrolla unos potenciales de hipertrofia sexual que lo ponen en la situación de "el deseador", mientras que la mujer, apoyada por la cultura y por su tendencia a necesitar las experiencias de amor y sexualidad simultáneamente, se transforma en "la deseada inalcanzable" a la que el hombre tiene que "conquistar" para obtener su satisfacción sexual, mientras que la mujer, por lo general, podría esperar a enamorarse para satisfacer esa necesidad.

Lo anterior nos muestra la verdadera situación psicológica del hombre respecto a la mujer durante la "conquista", e incluso durante el noviazgo: él es quien tiene generalmente la necesidad, y la mujer la que regula la satisfacción o no de esa necesidad.

Lo anterior se invierte cuando la pareja se ha establecido y ha pasado un tiempo: como la mujer obtuvo ya la satisfacción de su anhelo de intimidad sexual y afectiva simultáneas, muchas veces se vuelve "la deseadora", mientras que con frecuencia es ahora el hombre, tal vez como una venganza inconsciente o como la expresión de que se desencadenaron los temores al incesto, el que se hace de rogar, se vuelve esquivo y hasta rechaza la sexualidad con la esposa, buscándola por fuera de la relación.

¿Es esto una venganza? ¿Es quizá el resultado de que ahora el varón se siente en intimidad con alguien que representa a la madre, prohibida sexualmente? ¿Es el resultado final de la desvalorización del varón frente a la mujer? Éstas son inquietudes que cada persona que se interese en cuestionarse habrá de abordar por sí misma.

La cultura refuerza las actitudes y tendencias que hombres y mujeres traen desde la etapa del bebé y el niño: culturalmente se cercenan las actitudes emotivas y emocionales de los niños ("los niños no lloran") mientras que en las niñas tales actitudes son auspiciadas y elogiadas. Esto hace "duros" a los varones y "débiles" a las mujeres: es difícil concebir algo más irracional.

Mirando en conjunto todo lo anterior, podemos entender que esto determine que los hombres se sientan, de un modo inconsciente, profundamente desvalorizados frente a la mujer: una profunda herida en el amor propio (herida narcisista) se desarrolla en el varón respecto a la mujer. Y ya vimos que todo lo herido, lo golpeado, se hincha.

Esta hinchazón del ser interior del varón para intentar compensar su sentimiento de desvalorización frente a la mujer, se denomina machismo: una reacción narcisista en la cual el varón pierde de vista su sentimiento de imaginaria inferioridad y, para negarlo o sobrecompensarlo, desarrolla un cuadro narcisista en el que con toda convicción se siente enorme, grandioso y exhibicionistamente mayor, más fuerte, inteligente y valioso que la mujer. Ésta es la típica actitud del varón machista.

Hay un factor más que afianza el machismo y es el que podríamos denominar "la sexualidad de burdel". El varón, por lo descrito, desarrolla necesidades sexuales más precozmente que las mujeres y, a diferencia de éstas, puede separar la sexualidad de la ternura y el amor.

Muchos varones inician su vida sexual y la mantienen así durante años, con mujeres para ellos desvalorizadas, como "mujeres de programa" y prostitutas; unas y otras son personas que consienten en relaciones sexuales sin que el hombre las ame ni se comprometa.

Inconscientemente el hombre desarrolla odio y rechazo contra la que él percibe como la que se niega a complacerlo y a quien asimila con la madre que en la etapa del bebé lo erotizó, pero que en la del niño se negó a complacerlo sexualmente y lo frustró. Entonces, busca satisfacer su necesidad narcisista manteniendo relaciones sexuales con varias, y no siempre con las mismas mujeres.

Sin embargo, es común que será con aquella considerada "mujer decente", a la que muchas veces inconscientemente odia, con la que más tarde contraerá matrimonio.

Esto ha cambiado mucho en los últimos años. El papel del hombre y de la mujer frente a la conquista ha variado. En la actualidad es común ver que sean las mujeres, jóvenes o adultas, las que tomen la iniciativa frente al varón. El papel activo en la "conquista" ya no es exclusivamente masculino y no está circunscrito a "cierta clase de mujeres", sino que al ser asumido también por la mujer, forma parte de la evolución cultural en las relaciones interpersonales.

Pero ante la decisión de formar una relación de pareja estable, las costumbres y la tradición determinan que sea el varón el que tome la iniciativa y haga la elección.

¿Qué sucede cuando el hombre ha hecho dicha elección?

Es frecuente ver que la sexualidad matrimonial, en muchos casos, al breve tiempo de vida en común se vuelve monótona, aburrida, rutinaria, despoetizada y desapasionada, y el hombre se vuelca otra vez hacia "las mujeres de programa" o hacia "las amantes", en quienes deposita su deseo y su pasión.

La esposa deja de ser amante y se va transformando paulatinamente en sólo la "madre de los hijos" y el "ama de casa".

Muchas veces se observa que si el "ama de casa" toma la iniciativa sexual o le expresa una fantasía sexual al esposo, éste, mental o explícitamente, puede descalificarla como una "prostituta".

Aquí tenemos ya al varón conviviendo con una "madre", a la que desvaloriza, desexualiza y desprecia en el aspecto sexual. Por otro lado, es a la que puede oprimir económicamente y frente a la que experimenta amplia superioridad por ser el "jefe de la familia", prejuicio poderosamente apoyado por la cultura y muchas veces por la misma mujer.

Una variante de esto se produce cuando aparentemente, quien "lleva los pantalones" es la mujer. En este caso, el "macho" es ella y él, basándose en mecanismos de falsedad, desarrolla una doble actitud bien conocida: se vuelve sumiso con la esposa, pero en la calle se transforma en un promiscuo don Juan, unas veces oculto y atemorizado, otras desafiante y exhibicionista.

Veamos otra situación que intensifica y agrava el machismo. Desde bebé, el varón experimenta una intensificación de su sexualidad al ser estimulado inadvertidamente por su madre, quien después lo frustra; luego, en la adolescencia y al comienzo de la juventud, se produce para los varones una segunda frustración, cuando es rechazado sexualmente por las mujeres "decentes" y "valiosas", lo que lo hace sentirse obligado a desarrollar una "sexualidad de burdel".

Con estos dos elementos agazapados en su ser interior, el hombre llega a la situación de pareja estable en la cual, desde el comienzo, muchas veces intenta enseñarle a su mujer la forma en que aprendió a dar y recibir placer durante su soltería.

A menos que exista en la mujer una profunda madurez afectiva y un intenso amor por el compañero, ella rechazará consciente o inconscientemente estas enseñanzas, tachándolas de "inmorales", y de "perversiones", con lo cual el varón ahonda su desvalorización, ahora agravada por la descalificación moral que sufre por parte de su "decente" e inhibida compañera.

Se agravan el odio, el rechazo, la envidia y la desvalorización (herida al amor propio), y todo esto hace que la reacción grandiosa y exhibicionista de machismo se multiplique.

Muchas veces la mujer acepta este estado de cosas y se hace cómplice, por ejemplo sometiéndose pasivamente al "macho" y aprovechándose de él para sus propios fines, que por lo general incluyen la masoquista pasividad. En esta condición la mujer estará en la situación de "hembrista", caricatura femenina del machismo.

La mujer hembrista, reacciona a través de una doble y contradictoria actitud, por un lado cólera y rechazo inconscientes a la situación en que la coloca el varón, y por el otro, una externa y falsa sumisión, muchas veces acompañada de sórdido disfrute pasivo, inconscientemente masoquista, de dicha situación.

Capítulo 7

¿Qué es un niño?

Puede definirse a un niño por sus necesidades
y por la forma de satisfacerlas.

El niño ha de ser definido, además, por los límites y estímulos
que será necesario ofrecerle, y por cómo ofrecérselos.

La etapa del bebé concluye alrededor de los doce meses
de edad.

Unos meses antes, alrededor de los ocho o diez, en la
madre se había diluido hasta desaparecer la preocupación
maternal primaria: el amor instintivo, que la impulsaba a
satisfacer del modo más inmediato y completo posible las
necesidades del bebé, empieza a ser progresivamente sustituido por un amor más realista que, sin perder la capacidad
de empatía ni mermar la de satisfacer sus necesidades, está
determinado también por la recuperación del contacto con
la realidad y por la creciente necesidad de mostrársela al
pequeño que ya ha empezado a dejar de ser un bebé.

Con la conclusión de la etapa del bebé, progresivamente
concluye también la situación en la que predomina, por encima de todo, la satisfacción de las necesidades del infante,
ofrecida por una madre que goza con hacerlo, que movida
por la preocupación maternal primaria está permanente,
completa, emocional y empáticamente presente, y que,
apoyada por el padre, se ve instintivamente incitada para
ofrecerle al bebé tal clase de satisfacción.

Desde la etapa del bebé van produciéndose ciertas inevitables frustraciones: por ejemplo, al bebé le toca aprender a esperar y también a soportar momentáneas separaciones.

Durante la etapa del bebé la madre no promueve la frustración y trata de reducirla al mínimo, pero acepta con madurez y entereza las situaciones inevitables que la provocan, utilizándolas para enseñar al bebé a tolerarla y aprender de ella, incorporando recursos como la reparación, que lo hacen crecer emocionalmente y que contribuyen a la estructuración de su carácter, al desarrollo del sí mismo integrando sus aspectos "positivos" y "negativos", y al establecimiento de una imagen integrada de aspectos buenos y malos, "positivos" y "negativos" de los padres.

La situación de satisfacción lo más inmediata y lo más completa posible de las necesidades del bebé, concluye progresivamente. Eso significa que durante la transición de la etapa del bebé a la del niño, la satisfacción inmediata y completa, no va a ser cortada de manera brusca, de un tajo.

En forma progresiva, la satisfacción de las necesidades del niño se irá haciendo menos inmediata y no tan completa como era indispensable en la etapa del bebé, pero obviamente la satisfacción de las necesidades del niño (y luego las del adolescente) deberá estar siempre presente.

En esta etapa... con mucho amor, paralelamente a la satisfacción de las necesidades del niño y sin interrumpir el suministro de afecto, contacto, juego y diálogo, los padres insertan poco a poco el ofrecimiento de límites y estímulos al niño, situación que analizaremos más adelante.

Revisemos por ahora las principales necesidades psicológicas del niño, dando pasos para la comprensión, por parte de los padres, de las formas más apropiadas de satisfacerlas.

Como el bebé, el niño también (y el adolescente) presenta su grado de inmadurez, de necesidad de dependencia y protección, y también de ansias y potenciales de maduración.

La etapa del niño se caracteriza por una creciente participación del infante en las interacciones con los padres, y por una creciente capacidad de manifestarse como persona, de expresar cada vez más verbalmente sus necesidades, deseos, inquietudes, molestias y placeres.

La creciente participación y el aumento de las capacidades del niño determinan que, en el adulto que lo cuida y lo educa, se desarrollen nuevas actitudes que estaban ausentes en su cuidado del bebé, en especial el aumento de las expectativas y las demandas sobre el niño.

Tales expectativas y demandas sobre el niño se cristalizan en los límites que el adulto le propone, y en consecuencia, en las obligaciones que progresivamente van apareciendo para él o ella.

Todo este proceso tiene sólo una garantía para su buen funcionamiento: que se dé en el marco del amor expresado en forma de contacto afectivo, físico, verbal y empático. Si este marco no está presente o es insuficiente, ningún consejo, sugerencia ni iniciativa será bastante para que la maduración emocional y la estructuración del carácter tengan lugar de un modo armonioso y creativo.

El amor es la fuerza verdaderamente motivadora de madurez y estructuración. En esta fase se expresará de un modo no tan intenso y prolongado como en el caso del bebé, pero siempre presente y abundante, ofrecido tanto por la madre como por el padre, o por quienes los sustituyan.

Entre los malsanos prejuicios culturales al respecto está el de que el "exceso" de caricias, besos, abrazos, mimos y expresiones verbales de amor, ternura y cariño hacia el bebé puede ser provechoso, pero que al niño hay que frustrarlo y no "consentirlo demasiado" porque se malcría, y el varoncito puede llegar incluso a "volverse marica". Nada más falso.

No existe una medida en la que las caricias y la ternura puedan ser tachadas de "excesivas", excepto cuando las expresiones físicas y afectivas de amor sean motivo de excitación sexual para el adulto, hecho que por desgracia es más frecuente de lo que pueda suponerse, y que hay que enseñar a evitar.

El adulto que cuida y educa a un niño puede tener la más absoluta seguridad de que la medida más precisa y saludable para esas expresiones de amor físico y afectivo es el propio deseo y la propia necesidad de dar y recibir amor: ofrézcalas en la medida de su deseo y su amor, y convénzase de que cuanto más las desee, las dé y las reciba, mejor será para su propia salud emocional y para la del niño.

Revisemos en este punto la necesidad que los niños tienen de ser reconocidos por el adulto, de ser alabados y elogiado por sus pequeños logros, de ser respetados y amados al tiempo que quien los cuida y educa, se sienta orgulloso de ellos.

Estas necesidades no se satisfacen si el adulto se limita sólo a sentir los mencionados afectos, sin expresarlos.

La necesidad del niño consiste en que los padres o sustitutos le hagan sentir y experimentar tales afectos y reconocimientos en el marco de una relación de amor en la que predomine la armonía y el contacto.

El niño educado en una atmósfera como la descrita se quiere a sí mismo, se respeta y gusta de sí, elementos indispensables para una maduración emocional y una estructuración de su carácter que garanticen al futuro adulto el significado, el júbilo y la plenitud, términos que para Heinz Kohut, psicoanalista estadounidense, definen la salud emocional.

El bebé tiene la necesidad de expresarse y animarse, lo que logra ante la presencia emocional y empática de la madre y el padre. En el caso del niño, existen las mismas necesidades pero administradas de modo diferente.

Examinemos el modelo de administración de las necesidades de expresarse y animarse en relación con el manejo de la separación.

En el caso del niño, lo mismo que con el bebé, la madre y el padre tampoco han de promover separaciones, pero sí tendrán que administrar con destreza las que se presenten por causa de los padres. Pero lo fundamental aquí es que éstos aprendan a tolerar, manejar y respetar las separaciones que promoverá el niño, especialmente a partir de los dos años de edad. Veamos.

El niño que ha recibido hace poco el amor, la atención, y el contacto de la madre y el padre, al quedar solo en presencia o ausencia de ellos, se anima y se expresa, principalmente a través del juego creativo, que es la clase de juego que se pone en acción mediante juguetes y otros objetos con los que el niño interacciona haciendo, creando algo con ellos.

El ejemplo prototipo de esta clase de juego es el que se da mediante el uso de muñecos, personajes, muebles en miniatura, equipos para armar, materiales e implementos para mezclar, moldear, pintar, recortar y escribir, e instrumentos para producir sonidos, incluyendo más adelante los musicales adecuados para cada edad, con los que el niño logra su animación creando cosas, es decir, plasmando fuera, en el mundo externo, algo que tenía por dentro, en la mente, en su mundo psíquico interno, en su imaginación: una idea, una imagen, una secuencia, una persona.

En el caso de niños ya mayorcitos, lo anterior puede ser complementado por actividades creativas y juegos individuales, o en grupo, organizados por el propio niño u ofrecidos por el adulto, como danza, gimnasia y deportes, artes marciales, yoga, aprendizaje progresivo de dibujo y escritura, creación de historias reales o fantásticas, iniciación en artes plásticas, música, literatura... hasta donde la imaginación alcance, con el solo límite de que las actividades y juegos promovidos no impliquen peligro físico o moral.

Aparte de la estimulación ofrecida por todos estos elementos, es necesario destacar que ofrecen un considerable aliento a algo mucho más importante: la estructuración y armado de la "casa interior", el mundo interno.

El niño que juega y desarrolla actividades como las señaladas antes, plasma fuera algo de dentro. Lo percibe, lo acaricia, lo contempla, lo escucha, lo siente en su piel y sus músculos, juega con él, e incorpora la imagen de lo creado por sí mismo, de modo que la creación en el mundo externo apoya y promueve la creación del mundo interno.

De éste emergen luego nuevas formas, secuencias y organizaciones que el niño, igualmente jugando o a través de nuevas actividades, configura de nuevo fuera, en la realidad externa, y así tiene lugar un círculo creativo en el que la habilidad externa termina ayudando a construir lo interno, que, plasmado y organizado de otro modo, ayuda a la creación externa que, a su vez, vuelve a apoyar y auspiciar lo interno.

El juego creativo sirve también para que el niño, a través de los personajes y situaciones que crea, elabore y resuelva situaciones conflictivas y angustiantes.

Veamos un ejemplo. Se trata de una niña de dos años, cuya madre debe salir todos los días a trabajar. La niña crea un juego que su madre misma nos relata:

"Ana Lucía ha empezado a jugar con tazas. Me sirve café (imaginario) y juega a que le echa azúcar y lo revuelve para mí. De pronto señala la puerta, me dice 'calle', y hace como que se va. Toca la puerta, y ella misma pregunta '¿quién?' y responde 'Ana Lucía'. Luego se acerca a mí, y me dice '¡Hola!' Y este juego lo repite una y otra vez".

De este modo, la niña elabora la separación con la madre que se va a trabajar, y resuelve su angustia de separación jugando a que ella es la que se va, y regresa cuando ella quiere, no cuando quiere (o puede) la madre, como sucede en la realidad.

Mediante el juego intenta adquirir control (e imaginariamente lo consigue) sobre una situación real que ella no controla, lo que contribuye a calmar la ansiedad desencadenada por la separación.

Además con el juego la niña repara internamente la herida que al amor propio significa tolerar la separación: en el juego, no tolera, sino que actúa, no sufre la separación, sino que se la hace sufrir a su madre.

Si la niña del ejemplo se sometiera pasivamente (en una actitud de acatamiento) a la separación, su reacción sería no la de jugar creativa y reparatoriamente, sino que, adoptando una "actitud de indiferencia", se pondría por ejemplo a ver televisión, "ahogando" así la ansiedad gracias a un recurso adictivo por el que "incorpora" pasivamente algo que la calma y por momentos la distrae, las imágenes de la tele, pero que deja el problema sin resolver y lacerando su mundo interno.

El juego se repite cuando la madre retorna en la noche. Dramatizar el conflicto jugando con la madre cuando ésta regresa, permite a la niña expresar su perdón, su reparación a la imagen interna de la madre lesionada por la cólera, producto de la frustración causada por la separación y su esperanza, su confianza en que sabe que la madre se va, pero vuelve.

El *perdón* y la *reparación* constituyen los ejes del sistema defensivo adecuado por el que la persona aprende a protegerse de la ansiedad, perdonarse y repararse a sí mismo por los errores cometidos, y preservar la integridad de sus relaciones con las personas reales, externas, y de las imágenes que alberga en su mundo interior.

La esperanza y la confianza son los factores centrales para la adquisición de lo que en el futuro serán la capacidad de creer y esperar, así como de la seguridad en uno mismo, y también las semillas para desarrollar la fe en los demás e incluso la fe en Dios.

Veamos ahora un ejemplo de animación y expresión de unos niños y un bebé ante el retorno de la madre que se marchó por unas horas.

Se trata de una mujer que trabaja y tiene tres hijos de tres años, año y medio y tres meses, que quedan al cuidado de una niñera muy competente y afectuosa. La niñera reporta que los niños y el bebé tienen un comportamiento ejemplar mientras la madre está ausente: comen, juegan y están tranquilos. Pero cuando llega la madre, al atardecer, empieza "el concierto": llanto, gritos, peleas, rebeldía, quejas...

¿Qué sucede? ¿Cómo se entiende este fenómeno? Parece que los niños y el bebé sienten que mientras la madre está ausente, no vale la pena protestar. En cambio cuando llega, se animan y expresan con ruidosa elocuencia su protesta por la ausencia, y su necesidad de la madre.

En este caso la animación se expresa de una manera especial y contundente: le manifiestan a la madre: "¡Te extrañamos, nos hiciste falta!" "¡Exigimos que nos des todo junto y al instante, lo que quisimos de ti todo el día!"

La empatía de la madre y el padre son indispensables en esta etapa para proveer al niño no sólo de la satisfacción de sus necesidades, sino también para lograr una percepción aguda y adecuada de las mismas: si hay suficiente empatía, madre y padre consiguen sentir dentro de sí, por identificación, por capacidad de "colocarse en los tenis del niño", las necesidades de éste.

Entre la empatía de los padres para captar estas necesidades, y la creciente capacidad del niño para expresarlas verbalmente, si todo marcha bien, tendrá lugar un concierto armónico en el que el diálogo verbal enmarcado en el amor y el contacto afectivo y físico, serán los protagonistas centrales.

La creciente capacidad para expresarse verbalmente satisface la necesidad del niño de comunicarse con el adulto y con otros niños, tanto hablando como escuchando, lo que poco a poco lleva al desarrollo de las potencialidades de la conversación, que constituye un eslabón indispensable para el establecimiento de la capacidad de diálogo.

Esta capacidad, al confluir en el niño con las también crecientes capacidades de utilizar el pensamiento racional, la abstracción y la generalización, el manejo de las imágenes, la elaboración de conceptos, el juicio y la lógica, se apoya con las otras, enriqueciendo progresivamente cada una los logros de las demás.

Considero del caso destacar que es absolutamente indispensable para el proceso de adquisición de las mencionadas capacidades verbales e intelectuales, que todo esto transcurra en el marco de cierto equilibrio emocional e instintivo, en armonía con una imagen de sí mismo armónica y estable, y con unos padres internos predominantemente "positivos fuertes", que ofrezcan al niño, desde dentro de la mente, una adecuada autoestima.

La confluencia de la capacidad verbal con la capacidad de pensamiento racional, posibilita el establecimiento de un lenguaje que consolide el conocimiento y la comprensión de cómo es, cómo funciona, y cómo y hasta dónde puede cambiarse la realidad externa, el mundo sensorial.

Igualmente propicia la adquisición de dominio y maestría en el conocimiento, comprensión y manejo del mundo interno, con la posibilidad de discernir cómo y hasta dónde es posible controlar, enfrentar o modificar ciertos estados interiores, y cuándo es necesario proceder a moverse internamente aceptando y plegándose a ciertas necesidades, anhelos, pensamientos y emociones. Todo eso conduce a una mejor utilización de las capacidades anímicas reales, adquiriendo el niño, y a su turno el adolescente y el adulto, cada vez más conocimiento, comprensión y control sobre la "casa interior".

Volviendo al análisis de la necesidad del niño de expresarse y animarse, revisemos ahora las separaciones promovidas por el niño, así como sus primeras manifestaciones de necesidad de autonomía y su significado inconsciente.

Kernberg, basado en el pensamiento de Margaret Mahler, psicoanalista estadounidense, sintetiza las situaciones de separación promovidas por el niño refiriéndose a cuatro períodos sucesivos. Veamos el primero, el "despegue", que comienza entre los ocho y los diez meses de edad, y está representado por el bebé que gatea alejándose de la madre, como probándose a sí mismo en lo que se refiere a la autonomía, y probando a la madre hasta qué punto se la permite. También está ensayando cómo funciona el mundo interno, si al alejarse de la madre no desaparece la imagen interna de ella, si puede confiar en que la imagen interna es estable y confiable.

El segundo período es de "práctica", y se extiende casi hasta que la criatura cumple los dos años. El niño pequeño explora su entorno de modo feliz, pero tiene necesidad de la presencia cercana de la madre. Se aleja un poco, voltea, mira y comprueba que ella está allí, y se aleja otro poco y repite. Comprueba que tanto la madre externa, la real, como la imagen interna que tiene de ella, permanecen.

El tercer período se caracteriza por el "reacercamiento". Es un período de crisis y angustias, con intensas y extremas reacciones contradictorias, de acercamiento, o más bien de aferramiento desesperado a la madre sentida como un ser ideal, maravilloso por un lado, y violentas separaciones y aislamientos caracterizados por el odio y el resentimiento hacia una madre sentida como dominante y amenazante, por el otro lado.

En esta etapa los padres internos "positivos" y los "negativos" todavía se consideran por separado, y el niño teme que si se separa de la persona externa, los padres "negativos" internos se convertirán en unos padres internos "negativos todopoderosos" que atacarán y destruirán a los "positivos", por lo que se aferra a la persona externa, generalmente la madre, con desesperación. Y luego, invadido por el odio y por el sentirse amenazado, se aleja violentamente y se aísla en un intento de que, haciendo desaparecer a la persona externa sentida amenazante, desaparezca la interna "negativa" y recobre así la paz.

El cuarto período es de "integración". El niño llega a aceptar a la madre y al padre con sus aspectos "positivos" y "negativos", y de ese modo los integra en su mundo interior como los padres internos "positivos fuertes". Del mismo modo, se acepta a sí mismo como alguien con ambos aspectos, e integra la imagen de sí mismo en el mundo interior.

Entonces se vuelve posible sentirse cerca de la madre y el padre sin aferramiento, y alejarse de ellos sin odio. Cuando están cerca predomina el amor, y cuando lejos, la imagen interna de ellos permite al niño sentirse acompañado y seguro por dentro. Este período se completa, si todo va bien, hacia el tercer cumpleaños.

A los padres les toca conocer qué pasa por la mente del niño durante estos períodos, para de ese modo poder aceptar su conducta.

Entonces, a los padres estas actitudes no les parecerán "extrañas" ni "mala crianza" del niño, y estarán en condiciones de reaccionar comprensivamente apoyándolo y amándolo, conociendo que está realizando el importante e indispensable trabajo de "crear" su mundo interno mediante esas complicadas, y desde luego inconscientes maniobras.

Los procesos hasta aquí analizados y también los que analizaremos a continuación, pueden verse momentáneamente interrumpidos por la aparición de otra forma de expresión característica de los niños: la rabieta.

Manifestación no modulada e incontrolable de reacciones de frustración que inundan la "casa interior" del niño, la rabieta debe ser considerada natural siempre y cuando su frecuencia no altere el desarrollo y su intensidad no implique daño físico del niño contra sí mismo, contra otros, o contra objetos.

Frente al problema de la rabieta, el adulto hará bien en cuestionarse, antes que nada, cuál fue su propia contribución a desencadenarla. Pasada la rabieta, será necesario establecer un diálogo con el niño, especialmente con el niño mayor, para explorar los motivos que él tuvo y, sin incurrir en actitudes culpabilizantes ni para uno mismo ni para el niño, averiguar cuál pudo ser, según éste último, la contribución del adulto a producirla.

Este recurso da resultado sobre todo cuando el niño es ya mayorcito, digamos de más de siete años.

Si se trata de niños pequeños, la tarea de la madre y el padre es entender por qué sucedió. Se trata de entender empáticamente qué pasó por la mente del pequeño, y no tratar de forzarlo en los moldes de comportamiento del adulto. Es una labor en la que se dan la mano la capacidad de "ponerse en los tenis del niño", con las aptitudes del adulto para descifrar mensajes "crípticos", cifrados: cada rabieta es un mensaje así.

Un acceso de furia es algo que el niño no puede comprender. Sólo el adulto puede. Veamos un ejemplo:

A una niña de año y ocho meses le encanta ir a la calle con papá y mamá. El papá le dice: "Vamos a salir". Pero antes de hacerlo, el papá debe bajar a arreglar algo del auto y luego volver por la niña y por la mamá para salir. Hace ademán de salir diciendo "ya vengo".

La niña, con súbita desesperación, se aferra del pantalón del papá gritando "¡papá calle, papá calle!". El papá le dice "Berenice, ahora no". Pero no le explica por qué no. No le explica que primero va a arreglar el auto para que funcione bien, y así poder ir. Tampoco le aclara que "ahora mismo no podemos pero en unos momentos sí, tienes que esperar un rato".

La niña no entiende aún la dimensión de tiempo, pero el papá no tiene una actitud de explicar, actitud que la niña sí entendería. Es en ese momento cuando se produce la rabieta.

Para la niña, todo lo que sucede es que el papá le dijo "vamos" y a continuación, *según la percepción de ella*, la defrauda y la abandona: según ella, ahora ya no la quiere llevar.

Entonces, pensando en un mejor hacer, el papá intenta ponerle un límite a la niña. Pero se trata de un límite inadecuado porque la niña no puede entender lo que sucede, y la actitud de explicar está ausente.

El papá coge a la niña, intentando darle una "lección de autoridad paterna", la alza, la lleva hasta la sala y la sienta diciéndole "¡te quedas!". Y luego, furioso (recuerde el lector, nunca ponga un límite estando furioso), tira la puerta y se va.

La rabieta se agrava. Es un intensísimo ataque de ira. La madre cae en la cuenta de la gravedad de lo que sucede cuando la niña ya está morada, prácticamente desmayada, sin haber podido llorar. Es lo que se llama el "espasmo del sollozo".

¿Qué pasó? La niña está tan frustrada y se siente tan amenazada por la actitud del padre, que su mente no puede manejar ni tolerar la situación. Todo se habría evitado si el padre hubiese tenido la actitud de explicar, o hubiese tenido la iniciativa de llevar con él a la niña a arreglar el carro. Ella por supuesto no entendió, y atribuyó que el papá estaba defraudándola, abandonándola sin cumplirle la promesa que hizo primero de llevarla.

La niña todavía no entiende muchas cosas que pudieran decírsele, pero ya comprende actitudes. Tiene expectativas y fantasías, y se hace a sí misma interpretaciones de lo que sucede. Siente emociones intensas pero aún no tiene capacidad para verbalizarlas.

La falla que desencadenó el incidente descrito estuvo en la inconsistencia del padre que le dice a la niña "vamos" y luego "se va" solo: el padre no comprendió que para la niña, "vamos" es "ahora", por lo que su afirmación "vamos" es inconsistente, tal vez no para él, pero sí para la niña, y en la incapacidad del padre y de la madre, de ponerse "en los zapatitos de la niña", entendiendo la limitación del aparato mental de ella en esta etapa de su desarrollo, principalmente en la incapacidad, natural en esta edad, de aceptar esperas y frustraciones, de comprender las cosas del mundo de los adultos.

¿Cómo se entiende lo que pasó desde el punto de vista del funcionamiento de la mente de la niña? Toda rabieta es el producto de un desplazamiento por el que el infante desvía la rabia y la violencia que siente contra el adulto que lo frustró, y las descarga contra sí mismo, o más bien contra la imagen del padre o la madre internos.

Como me dijo un paciente en psicoterapia: "Un niño con ira no le arroja un cenicero a la cabeza de la mamá, sino que se da cabezazos contra la pared para golpear a la mamá de adentro".

Los padres tendrían que actuar como un "yo auxiliar", haciendo por él las funciones que su mente aún inmadura no puede asumir. En este caso, comprender por el niño, y ayudar al niño a comprender.

En esta etapa, la del niño pequeño, intentar "hacerlo razonar" es inútil y traumático, porque el pequeño aún no tiene con qué. Inclusive, pudiera darse el caso de que el niño empiece a razonar, pero se trataría de un desarrollo prematuro y traumático para el que la pequeña mente aún no está preparada.

En cambio, en el caso de los niños ya mayorcitos, el ejercicio de "hacer razonar" y "hacer entender" da muy buenos dividendos porque ayuda considerablemente al desarrollo de las funciones de pensamiento, lógica y juicio del pequeño, quien además ya se halla capacitado emocionalmente para tolerar la frustración momentánea que significa contener una reacción emotiva para ponerse a pensar.

En el momento de la rabieta, el adulto puede sentir a su vez cólera y frustración. Será necesario que logre postergar la expresión de estos sentimientos y presencie, con afecto y oído atento, las manifestaciones del niño mientras dura la rabieta. Pudiera ser que descubra cosas interesantes sobre los motivos reales del fenómeno.

Después de unos minutos, si la rabieta no se ha extinguido sola y el adulto considera que ya hubo una buena descarga de furia por parte del niño, y nota que va a continuar, hará bien en ofrecerle un límite con una actitud suave y firme a la vez, que deje traslucir autoridad y amor, y con un elemento adicional específico para esta situación: la explicación y el "hacer entender" en el caso de niños mayores, y la ya descrita actitud de explicar y de "yo auxiliar" en los niños pequeños.

En los momentos de transición de la etapa del bebé a la del niño, el infante empieza un proceso de independización progresiva y creciente que le permite transformar sus actividades, antes totalmente mediatizadas y organizadas por el adulto en actividades conjuntas con éste y más adelante, en actividades totalmente independientes.

Este proceso, cuyo desarrollo abarcará casi toda la etapa del niño, es posible sintetizarlo en la comprensión de que el bebé que va transformándose poco a poco en niño, de manera gradual irá tomando iniciativas para comenzar una actividad o para comunicar sus preferencias o necesidades.

Poco a poco dejará de someterse al adulto y más bien comenzará a solicitar su ayuda para explorar el medio que lo rodea.

En diversas ocasiones, la solicitud de ayuda se transforma en una necesidad de ser dejado jugando solo, ocasión que el adulto habrá de captar y percibir empáticamente, y que aprovechará para recuperar aún más su libertad respecto al niño. Así mismo, es la oportunidad para ofrecerle a éste la posibilidad de ser cada vez más independiente y de desarrollar la capacidad de estar solo, primero aprendiendo a estar solo en presencia de la madre, y sin la cual la creatividad y todo el desenvolvimiento del niño pueden verse obstruidos.

La capacidad de estar solo apoya el crecimiento de las aptitudes del niño para adquirir autonomía y promover separaciones. Todas estas capacidades y aptitudes apoyan y se apoyan a su vez con las relacionadas a los crecientes logros en las áreas motora y del discernimiento:

> ✓la capacidad para la locomoción (gateo al inicio) y la marcha (caminar, correr, saltar, etcétera);
> ✓el dominio y la discriminación acerca del uso apropiado de utensilios y artefactos "de los adultos" además de los juguetes y otros objetos "del niño";
> ✓la creciente capacidad de nombrarlos, actuar sobre ellos y darles diversos y creativos usos;
> ✓la adquisición de control progresivo sobre la motricidad fina que permite al niño manipular con destreza cada vez mayor objetos pequeños y delicados; y por último,
> ✓la creciente aptitud para el control del equilibrio, la postura corporal y la orientación en el tiempo y el espacio.

Con estos logros, la habitación de la "casa interior" que alberga a los habitantes que deliberan y toman decisiones, se afianza y asegura.

Lo anterior se refuerza recíprocamente con el aumento de la capacidad verbal, de diálogo y de conversación, con las que el niño entre otros logros, explora y descubre el nombre no sólo de cosas sino también de situaciones, conductas y estados interiores.

Al discernir sobre el significado, utilidad y destino de estos elementos empieza un proceso que poco a poco desembocará en el cuestionamiento de cosas y situaciones, de los demás, y si todo marcha bien, de sí mismo.

El grado de conciencia que el niño alcanza mediante todos estos logros, así como el afianzamiento y aseguramiento de sí mismo, son pasos de enorme importancia en el proceso de adquirir y tener conciencia de sí, bases para el establecimiento de la identidad.

Todas las funciones y logros analizados confluyen también en el desarrollo de la inteligencia, "capacidad para resolver problemas nuevos", desarrollo en el que el adulto participa ofreciéndose como patrón de identificación del que el niño aprende toda clase de conductas, recursos y soluciones en una red de interacciones que se irá haciendo cada vez más intrincada hasta el momento en que el adulto se encuentra, muchas veces para su sorpresa... ¡aprendiendo del niño!

Se cierra así un círculo creativo que contribuye al desarrollo ya no sólo del niño, sino de la especie.

Dirijamos ahora nuestra atención a otro aspecto de las necesidades y situaciones que caracterizan al niño. Me refiero a la revisión de las necesidades instintivas del infante, y sus vicisitudes.

La necesidad del bebé de succionar, en condiciones saludables habrá desaparecido en la etapa del niño. Si la necesidad persiste, y el niño a pesar de su desarrollo en otras áreas continúa chupándose el dedo o aferrándose al chupo o al tetero, se hará necesario un profundo cuestionamiento de sí mismos por parte de los adultos que lo educan, acerca de posibles interferencias en la relación de amor con el niño, especialmente las interferencias causadas por problemas de carácter de la madre o el padre, desavenencias conyugales y conflictos con otros miembros del grupo familiar.

Si a pesar de los cuestionamientos a sí mismos por parte de los adultos y de las medidas correctivas que la familia pudo haber tomado, la succión persiste, se hará necesaria la consulta con un especialista.

De ningún modo será prudente agobiar al niño con prohibiciones o castigos, y mucho menos recurrir a la burla, el sarcasmo o la ridiculización: tales maniobras no sólo no darán resultado, sino que se transformarán en inconvenientes graves para el desarrollo interior.

En el niño quedan remanentes de la necesidad que el bebé tiene de obtener placer mediante el acto de morder. Esta necesidad suele estar presente en los niños pequeños, y lo natural es que vaya extinguiéndose progresivamente hasta desaparecer casi del todo. Su persistencia más allá de cierta edad, así como la presencia de componentes de ansiedad o compulsión en esta conducta, ameritan la consulta con un profesional.

En el niño pequeño existen ciertas vicisitudes instintivas relacionadas con el placer de la defecación.

En una primera etapa, que empalma con la del bebé, el niño (como el bebé), obtiene abundante placer de la expulsión de sus heces y orina.

Respecto de esta primera etapa, valen para la comprensión del proceso del niño pequeño por parte de sus padres las consideraciones hechas para el bebé, especialmente en lo que se refiere a la relación que existe entre las actividades defecatorias y el desarrollo de los conceptos de lo interno y lo externo, y de los procesos de incorporación y expulsión.

La diferencia central es que, desde cierto momento (que habrá de ser inducido poco a poco), la madre y el padre desearán que el niño controle sus esfínteres y tendrá lugar la correspondiente enseñanza que será administrada en forma de ofrecimiento de límites, y será estudiada más adelante.

Una característica de las funciones defecatorias en el niño es que éste, en una segunda etapa, deriva su placer no de la expulsión de las heces sino de su retención.

Inicialmente, el infante descubre que la retención puede ser usada como fuente de placer en sí misma y también para incrementar el placer de la expulsión cuando por fin decide darle curso.

Antes de continuar con el análisis de la retención de las heces y sus consecuencias psicológicas, es pertinente en este punto una disgresión acerca de cómo la función de la defecación, tanto como las de succión y alimentación, conforman prototipos de lo que en el adulto serán la actividad sexual y amorosa.

El roce del pezón o el pulgar en la mucosa de la boca proporcionan placer instintivo; el roce del bolo fecal en la mucosa del recto y el ano, lo proporcionan igualmente. Ambos constituyen, en el inconsciente, antecedentes del placer instintivo (y ojalá también amoroso) obtenido por los adultos mediante el roce prolongado y repetido del pene en la mucosa de la vagina durante el acto sexual. ¿Por qué esto es tan importante?

Porque las actitudes y conflictos que se adquieran en la infancia hacia la succión, la alimentación y la defecación, contribuirán a matizar y determinar la plenitud o déficit de la sexualidad y la vida amorosa del adulto.

Un bebé frustrado por la madre en la lactancia tenderá a frustrarse en su sexualidad, la considerará fuente de problemas y conflictos, y la evitará, o incurrirá en relaciones de pareja conflictivas y frustrantes, padeciendo de lesiones en su capacidad de amar y de formar pareja.

Un niño convencido de que sus funciones fecales son "sucias", "malas" y "feas", sentirá sucia, mala y fea su sexualidad adulta y jamás conseguirá disfrutarla, perturbándose incluso su capacidad de experimentar amor y de vivir en pareja.

Volviendo a la retención de las heces, es necesario reconocer que, realizada con suma habilidad por el infante, se transforma también en la herramienta (¿o arma?) con la que el niño se opone a los esfuerzos de la madre por educarlo en el control de los esfínteres.

Algo así como si el niño inconscientemente le dijera a la madre "que ella quiere que no haga en el pañal como él desea sino en la bacinilla, y no en cualquier momento como él desea, sino en el horario que ella le establece... Entonces, no lo hará en el pañal, pero cuando lo ponga a hacer en la mica, la retendrá".

Especialmente cuando la relación entre el niño y la madre es tensa y conflictiva con escaso amor y contacto afectivo, físico y empático, o cuando están ausentes, el niño puede llegar a desesperar a su madre con la retención de las heces, movilizando su cólera y aun su violencia, que si la madre no controla (control posible sólo si se cuestiona toda la relación), puede contribuir a un círculo vicioso que empeorará las tensiones y conflictos ya existentes.

El niño pequeño deriva placer de la expulsión y más tarde de la retención de las heces. En sí mismas, éstas son un material con el que al bebé y al niño pequeño les encanta jugar, juego que por cierto será, desde muy temprano en el desarrollo, desalentado por la madre en pro de la limpieza.

Lamentablemente, muchas madres confunden las cosas y en lugar de hacer énfasis en las ventajas de la limpieza (comodidad, ausencia de olores desagradables, buen aspecto, etcétera), agreden al niño que se ensucia (con heces o con representantes atenuados de ellas, barro, tierra, mugre de todas clases que deleitan al niño por razones obvias), tachándolo a la vez de "sucio, malo y feo", enredando la categoría de "limpieza" con descalificaciones éticas y estéticas.

Esto determina que el niño distorsione su comprensión de las cosas y adquiera la convicción de que su encanto por las heces y sus impulsos a jugar con ellas o con sus equivalentes atenuados, hacen de él un sujeto "malo, sucio y feo": al tiempo que refuerza sus sentimientos de culpa, se ve perturbado uno de los elementos centrales de la autoestima, pues en lugar de sentirse "bello" y "limpio", se siente "feo" y "sucio".

No obstante semejantes descalificaciones, el encanto con la materia fecal subsiste latente en la mente.

Más tarde, durante la educación de los esfínteres, cuando el niño descubre que la madre está muy interesada en dicha materia y muy contenta cuando por fin emerge, el encanto se confirma.

Las heces, por estas razones, y por ser "lo primero que el niño hace y que sale de su interior", se vuelven algo muy valioso, algo que "le regala" a la madre como un presente de amor, o algo que "le niega" para frustrarla. Note usted el devastador contraste entre este sentimiento de "valioso" y los de "maldad", "suciedad" y "fealdad" analizados antes.

Como son algo "valioso" que el niño "posee" en su interior, y que puede "dar" o "negar y retener", las heces son el prototipo de lo que en el futuro serán las posesiones y el dinero. Las actitudes desarrolladas en la infancia hacia las heces marcarán las que en el futuro el adulto tendrá hacia las mencionadas posesiones y el dinero.

Aquí, el devastador contraste señalado cobra su tributo: las posesiones y el dinero se transforman en algo conflictivo, cosas que se desean, pero que frecuentemente no se pueden alcanzar, como si estuviesen "prohibidas" en el inconsciente.

Si quienes anhelan de modo desmesurado las riquezas desde ya se sienten inconscientemente "malos", "sucios" y "feos" por el solo hecho de anhelarlas, se comprende que si presentan ciertas alteraciones graves en la estructura del carácter, como la psicopatía, no vacilen en recurrir a la violencia, la corrupción y el delito para conseguirlas.

Mucha de la actual devastación de la ética, la crisis de los valores, la amoralidad y la corrupción se funda en este hecho.

Si de todos modos una persona se siente "mala, sucia y fea" por sus anhelos, así no transgreda su inconsciente "razona" oscura y confusamente, pero con efectiva fuerza para promover conductas desviadas: "mejor malo, sucio, feo y rico, que malo, feo, sucio y pobre...".

Por otro lado, cuando se alcanzan las riquezas, ya sea de modo legal o ilegal, muchas veces son retenidas y acumuladas en forma exagerada y egoísta, hecho que constituye una de las causas (la causa psicológica) de la injusticia social que agobia a la sociedad.

A medida que pasa el tiempo, la instintividad y el placer del niño se desplazan de la boca y el ano, donde se centraban antes, a la región genital de su cuerpo, determinando que desde el punto de vista físico el infante busque placer mediante el contacto, las caricias y las manipulaciones realizadas por él mismo en esa zona, y que, desde el punto de vista psicológico aparezcan una serie de anhelos, fantasías y actividades que revisaremos a continuación.

Según la explicación de Sigmund Freud, las actividades y fantasías genitales del niño no son todavía un modelo completo de la sexualidad del adulto: se trata de una sexualidad intermedia, es decir, que se encuentra a medio camino de lo que en el futuro, si todo marcha bien, será la sexualidad adulta.

La principal actividad instintiva de niños y niñas en esta etapa es la masturbación, que también estuvo presente en muchos casos en etapas anteriores, pero que en esta fase reviste especial importancia: queda en el foco del interés de los niños.

Como ya se vio, las actividades masturbatorias del infante despiertan agresivas y hasta violentas reacciones de los adultos, porque movilizan en su inconsciente los propios deseos conflictivos y prohibidos de masturbarse.

Por ello, madres y padres tendrán que permanecer en constante alerta durante esta etapa del desarrollo del niño para no interferir con esta natural actividad infantil.

Es necesario que el adulto se haga consciente de que se trata de una actividad perfectamente natural y necesaria para el despliegue de la fantasía del infante, y para que éste, varón o niña aprenda aspectos importantes del conocimiento del propio cuerpo y de su funcionamiento erótico.

Igualmente es necesario que el adulto tenga en cuenta que esta función se irá extinguiendo progresivamente en el niño hacia los seis o siete años de edad, para reaparecer más tarde en el adolescente, en quien esta actividad es también completamente adecuada y necesaria.

Sólo si la masturbación es compulsiva, acompañada de angustia u otros síntomas perturbadores y excesivamente frecuente, estará justificado consultar con un especialista.

En esta etapa, los niños y las niñas suelen tener mucha de su atención puesta en el pene. Desde que descubren que hay seres humanos sin pene (las mujeres), los varones pueden experimentar temores de perder el suyo. La niñas pueden desarrollar fantasías de que tuvieron un pene y lo perdieron, experimentando intensa envidia hacia los seres que aún lo tienen (los hombres).

Según Kohut, todas estas situaciones (y las que analizaremos a continuación) ocasionarán temores, fantasías y perturbaciones sólo en la medida en que la autoestima y la imagen que el niño haya desarrollado de sí mismo y de sus padres en su "casa interior", estén dañadas.

Si la "casa interior" ha quedado bien estructurada en la etapa del bebé y en las anteriores fases del niño, éste enfrentará las diferencias anatómicas, fisiológicas y psíquicas de los sexos, así como las vicisitudes del "enamoramiento infantil", como algo natural y sin demasiadas angustias.

¿"Enamoramiento infantil"?
¿Qué es eso?

Durante esta etapa, los deseos y fantasías provocados en el infante por la excitación sexual que estamos analizando se dirigen hacia una persona particular de entre quienes lo cuidan, satisfacen sus necesidades y lo educan. Generalmente es uno de los padres, el de sexo contrario al del niño, o quien le sustituya entre los adultos que existen en su ambiente.

El niño varón se enamora de la madre o de su sustituta, y la niña del padre o de su sustituto, con lo que se conforma un típico triángulo amoroso integrado por el padre, la madre (o quienes los sustituyen) y el infante. Este enamoramiento, compuesto de fantasías eróticas inconscientes (y a veces hasta conscientes), incluye deseos de formar pareja, casarse y sostener relaciones sexuales con la madre o el padre amados.

Estos deseos implican los de excluir al otro miembro del triángulo: el niño fantasea unirse con la madre y excluir al padre; la niña imagina ser la pareja del padre y desechar a la madre.

La situación triangular con sus vicisitudes fue detectada y descrita científicamente por primera vez por Sigmund Freud, quien la denominó *Complejo de Edipo*, en relación con la tragedia griega *Edipo Rey*, de Sófocles. En ella Edipo, el personaje central, se casa con su madre y asesina a su padre sin saber (al menos conscientemente) que ellos son sus progenitores.

En el desarrollo de la situación triangular descrita, las fantasías del niño varón de excluir y aun matar al padre, hacen que el infante desarrolle sentimientos de temor hacia aquél, por la posibilidad de que el padre, a través de las evidentes actitudes de apego del niño a la madre, se dé cuenta de las intenciones del niño, y lo ataque. Estos temores del niño hacia el padre incluyen el temor de que el padre lo prive de su pene, por aquello de que "por donde pecas, pagas": los deseos son sexuales, el castigo temido habrá de ser sexual.

Si la imagen de los padres internos es predominantemente "negativa", "mala", los temores descritos pueden llegar a ser pavorosos, manifestándose como insomnio, terrores nocturnos, miedo a la oscuridad, a los fantasmas y espantos, reaparición de la tendencia ya superada a orinar en la cama, síntomas psicosomáticos, perturbaciones del rendimiento escolar, etcétera.

Si la imagen de los padres internos es predominantemente "positiva", "buena", estos temores estarán ausentes o serán muy tenues, y el "enamoramiento infantil" será más bien una deliciosa fantasía que se resolverá con facilidad a través de los recursos psicológicos que analizaré más adelante.

La niña desarrolla temores hacia la madre ya que desea excluirla, e incluso puede llegar a tener la fantasía de matarla.

Siente miedo de que su apego al padre delate sus sentimientos ante la madre, a la que puede llegar a imaginar como una vengativa agresora.

Si las relaciones de la niña con su madre no han sido buenas en el pasado, especialmente en la etapa del bebé, y en la mente de la niña predomina una imagen interna de la madre "negativa", "mala", puede llegar a desarrollarse en ella la fantasía de que tenía un pene y que, como castigo por sus deseos incestuosos, la madre la mutiló, dando lugar a severos síntomas depresivos en la pequeña.

Temores a otros castigos atroces y venganzas de la madre pueden estar detrás de síntomas como los enumerados para el caso del niño varón.

Lo mismo que para el niño varón, si la madre interna es predominantemente "positiva", "buena", evidentemente esta temible y perturbadora fantasía no se producirá en la niña; como en el caso del niño, el "enamoramiento infantil" de la niña no pasará de ser una excitante aventura, resuelta mediante un final feliz, como veremos a continuación.

Si todo ha marchado bien tanto en las anteriores etapas como en ésta, el "enamoramiento infantil" se resuelve favorablemente. ¿Cómo? Veamos.

El niño renuncia a sus anhelos sexuales por la madre en beneficio del padre, es decir, desde el punto de vista instintivo se aparta de la madre para que ella sea sólo del padre. El niño alcanza este logro cuando, por su buena relación y su amor por el padre, consigue identificarse con éste, dando paso a la consolidación de su identidad sexual masculina.

El niño empezará a ser o continuará siendo sexualmente "como su padre", en especial en lo que se refiere a elegir (como el padre) una mujer como pareja y a que su órgano sexual predominante (aunque no excluyente) sea el pene, y no el ano o la boca, órganos estos últimos que, en la sexualidad adulta, conservarán una parte, a veces grande, de su importancia instintiva como base de los juegos precoitales, que son elementos decisivos para la plenitud y la satisfacción sexual.

Al renunciar a la posesión de la madre dejándosela al padre, el niño queda en libertad para, en su momento, elegir una mujer a la cual amar y desear en forma adulta. Cuando la renuncia no se produce, el varón queda inconscientemente aferrado a la madre, con la serie de inhibiciones y conflictos neuróticos que caracterizan a esta situación.

Por su parte la niña renuncia a sus anhelos y expectativas sexuales por el padre, apartándose por instinto de él para que sólo pertenezca sexualmente a la madre. Al igual que el varoncito, la niña alcanza este logro cuando, por su buena relación y amor por la madre, consigue identificarse con ella dando paso a la consolidación de la identidad sexual femenina.

La niña comienza o continúa el proceso de llegar a ser sexualmente "como su madre", sobre todo en lo que se refiere a elegir (como la madre) un varón como pareja, y a que su órgano sexual preponderante (aunque no excluyente) pase a ser la vagina, y no el clítoris, el ano o la boca.

La renuncia a poseer al padre dejándoselo a la madre pone a la niña en libertad para, en su momento, elegir un hombre al cual amar y desear en forma adulta. Cuando la renuncia aludida no se produce, la mujer queda inconscientemente aferrada al padre, con similares inhibiciones y conflictos neuróticos a los que caracterizan esta situación en el niño varón.

Las principales consecuencias del éxito o el fracaso en el proceso de resolución del "enamoramiento infantil", se dan en el campo de la consolidación de la identidad sexual en el niño y en la niña.

También hay fundamentales consecuencias de tal éxito o fracaso en el campo de la estructuración definitiva del carácter: la "casa interior", a raíz de las renuncias e identificaciones descritas, adquiere su forma definitiva. Por ello puede afirmarse que la resolución del "enamoramiento infantil" es, posiblemente, la vicisitud más estructurante (dadora de forma) de la historia del infante.

Es necesario puntualizar que la renuncia estudiada afecta sólo las áreas instintivas sexuales, no las del afecto.

Por ello, el niño que renuncia sexualmente a su madre no sólo no dejará de amarla sino que, impulsado y agradecido por la libertad obtenida, consolidará el vínculo de amor desexualizado, pleno de afecto y cariño hacia ella. Este vínculo será más fuerte y duradero cuanto más completa sea la renuncia instintiva.

Lo mismo ocurre en el caso de la niña respecto del padre. Debo mencionar en este punto una de las vicisitudes que contribuyen al éxito o fracaso del proceso estudiado.

Me refiero a una de las consecuencias, en esta etapa de desengaños graves sufridos por la niña con el padre, y por el niño con la madre.

La consecuencia en cuestión es que el niño puede dirigir su interés sexual instintivo hacia el padre y la niña hacia la madre, situación que se comprendería como uno de los puntos de partida para distorsiones graves de la identidad sexual, e incluso para la aparición de la homosexualidad.

El desvío del interés sexual hacia el padre del propio sexo es consecuencia de que, en el inconsciente, coexisten impulsos amorosos y agresivos hacia ambos progenitores, con disposiciones instintivas basadas en la bisexualidad, que es el hecho de que hormonal y neurofisiológicamente los seres humanos poseemos elementos de ambos sexos. Lo mismo ocurre en lo psicológico.

Esto significa que todo niño varón alberga principalmente como imagen de sí mismo la de un niño en su ser interior, pero también en parte la de una niña, mientras que en su caso, la niña alberga sobre todo como imagen de sí misma la de una niña, pero también parcialmente la de un niño.

Así, frente a los desengaños graves con el padre, se activan en la niña las cargas instintivas agresivas, rechaza al padre, y por una activación de los elementos bisexuales masculinos, se enamora eróticamente de la madre. Lo complementario ocurrirá con el niño varón frente a desengaños graves con la madre.

En el caso del niño y la niña, los desengaños graves suelen tener su origen en que se siente relegado, no merecedor de amar ni de desear a sus padres, y menos aún merecedor del amor de ellos, ya sea por haberse desarrollado en una situación de baja autoestima, o por estar afectado por una imagen predominantemente "negativa todopoderosa" de los padres internos.

Respecto a los padres, ellos pueden ocasionar desengaños graves en los hijos cuando en vez de una actitud empática, afectuosa, tierna y de cuidar y proteger al niño, tienen actitudes habitualmente perturbadas, violentas y frustradoras; cuando en vez de actitudes acordes con el propio sexo, la madre tiene actitudes hombrunas o el padre actitudes feminoides y, cuando según Kohut, por una desarmonía emocional grave no detectada, la madre o el padre ofrecen respuestas sutil o abiertamente seductoras, o agresivas hacia la seducción, o agresión que en forma pueril intentan el niño o la niña.

Si las cosas han marchado bien hasta aquí y el "enamoramiento infantil" ha encontrado un camino para su resolución, el niño y la niña entran en una fase que el Psicoanálisis denomina "de latencia", en la que las necesidades instintivas desaparecen del foco de la mente infantil y quedan, en efecto, latentes.

Durante la "latencia", las energías instintivas serán adecuadamente empleadas por el niño en sus actividades de aprendizaje, socialización, desarrollo de diversas aptitudes e ingreso en la creatividad. Es el período en el que la persona tiene la ocasión de desarrollar la sublimación, modo mental de funcionar en el que las energías instintivas infantiles son puestas al servicio de fines elevados.

Los niños que no pudieron resolver su "enamoramiento infantil" estarán afectados por una imposibilidad o, en el mejor de los casos, por un déficit en su posibilidad de ingresar en la "latencia" y acceder a la sublimación. Serán niños en los que las finalidades instintivas continuarán manifestándose, pero ahora en una forma perturbadora, característica de lo que más adelante agravará los trastornos de la estructura del carácter que existan.

El inicio de la pubertad se sitúa entre los 10 y los 12 años, y a continuación sobreviene la adolescencia. En estas etapas reaparecen, muchas veces de modo turbulento, las manifestaciones correspondientes a anhelos e impulsos sexuales.

Las manifestaciones sexuales aludidas, a diferencia de lo que estudiábamos a propósito del niño, ya tienen cierta similitud con las manifestaciones sexuales adultas, si bien todavía son inmaduras. Tal inmadurez se relaciona fundamentalmente con el hecho de que la sexualidad adolescente alberga todavía mucho de las finalidades inconscientemente incestuosas de la sexualidad infantil, lo que hace que predominen elecciones de pareja por lo general inadecuadas, y una notoria actividad masturbatoria.

La renuncia definitiva a los anhelos inconscientemente incestuosos, apoyada por las actitudes afectuosas y adecuadas de los padres, faculta al adolescente para redirigir sus anhelos sexuales y amorosos hacia una persona de sexo opuesto adecuada para él, hecho que marca el ingreso en la adultez sexual y amorosa.

En cambio, si las cosas no han marchado de manera adecuada, durante la pubertad y la adolescencia, se consolidarán y establecerán los problemas conocidos como inmadurez emocional severa y trastornos de la estructura del carácter.

***

Hasta aquí la revisión de las necesidades instintivas del niño; en el capítulo 9, correspondiente a la consolidación de la identidad sexual, volveremos sobre las necesidades sexuales, así como el manejo del "enamoramiento infantil".

Capítulo 8

El carácter y la identidad del niño

SU RELACIÓN CON LAS ACTITUDES DEL PADRE Y LA MADRE

Al lado del amor y del cuidado, considero el ofrecimiento de *límites* y *estímulos* como la actitud característica de la relación de los padres con el niño. Es necesario que esta actitud esté ausente en la etapa del bebé pero que, al lado de la siempre presente entrega de amor y cuidado, sea instalada poco a poco en la etapa del niño, es decir, entre el año de edad y la pubertad.

Los límites son series de transacciones o interacciones en las que los padres muestran al niño la visión de lo que para ellos es real, de lo que se puede o no se puede, de los "sí" y los "no" posibles.

Veremos cómo en ciertas etapas del desarrollo, el niño también toma la iniciativa de colocar límites a los padres, y sobrevienen las crisis de los "no" del niño hacia los dos años.

Los estímulos son conductas mediante las cuales los padres ofrecen reconocimiento, elogio y en algunos casos (ojalá no muchos) recompensas materiales por los logros alcanzados por el niño, y aun por los logros que desean que el niño alcance. Puede tratarse de una mirada, un gesto, una palabra y a veces un obsequio; con estos últimos, los padres deben alcanzar un razonable equilibrio para que no se transformen en un soborno del adulto o en un chantaje del niño.

A iniciativa de los padres, y dependiendo de la madurez y ecuanimidad con que ellos ofrezcan los límites y los estímulos, el niño incorpora o rechaza, a medida que avanza en edad, la visión que los padres tienen (y que le ofrecen al niño) acerca de la realidad.

Si el niño consigue incorporar en su mundo interno y en la estructura de su carácter una imagen de sus padres ofreciéndole, y él o ella mismos aceptando sin miedo, cólera ni sumisión esas visiones de la realidad, el niño crecerá emocionalmente y su estructura interna se desarrollará sin traumas ni conflictos, y sin perturbaciones de la identidad.

Educar sin traumas a un niño implica, por parte de los padres, la suficiente sabiduría como para que los "no" rotundos sean lo más escasos posible, y en su mayoría sustituidos por el afectuoso ofrecimiento de comprensiones acerca de por qué determinadas cosas deben ser evitadas o desechadas. También para que los estímulos ofrecidos sean adecuados, es decir, que no estén ausentes ni sean exagerados.

Con ello se cumplirá el muy sabio deseo expresado por Mafalda (personaje de Quino) cuando reclama: "Que nos urbanicen sin pavimentarnos la espontaneidad".

Para que tenga lugar la educación armoniosa del niño, por lo menos hay tres requisitos:

> 1. Que el límite o el estímulo ofrecido sea producto de una percepción real, es decir, que refleje una necesidad efectivamente existente y no un simple capricho o algo que se genera en la mente de los padres como una distorsión, producto de lesiones emocionales o de carácter que ellos sufran.

2. Que en una primera instancia, el límite sea ofrecido, no impuesto al niño. Para que este requisito se cumpla, el límite debe venir envuelto en una suave y amorosa firmeza. Si el niño no acepta el límite o la madre o el padre perciben que lo está acatando falsamente, a regañadientes, con cólera o miedo y aun rebelándose contra él apenas pueda, la segunda instancia no es la imposición, sino el establecimiento del diálogo con el niño acerca del límite y de su reacción al mismo, incluyendo la "actitud de explicar".

3. Cuando el diálogo no es posible por falta de comprensión por parte del niño o por rebeldía, entonces se hace necesaria la imposición. Ésta debe ser hecha igualmente con firmeza y con compromiso afectivo, sin displicencia ni crueldad, con amor, aunque no necesariamente vaya envuelta en una actitud amorosa. Algunas veces también puede necesitar ser agresiva. Pero, sin negatividad. La imposición deberá ser un elemento derivado del amor del padre, de la madre o sus sustitutos, al hijo... no del odio, de la rabia ni de la frustración.

Muchas veces los padres, consciente o inconscientemente usan las situaciones en las que se hace necesaria la imposición de un límite, o el reforzamiento de esa imposición mediante amenazas o aun castigo, para descargar en dicha acción frustraciones y conflictos, envidias, odios y rencores contra el hijo objeto de la imposición o el castigo, contra sí mismo, contra el otro miembro de la pareja, contra los otros hijos, e incluso contra personas y situaciones ajenas al grupo familiar.

El padre, la madre o sus sustitutos, al educar a un niño, necesitan cuestionarse cada vez que sea necesario, ojalá en cada momento en que la circunstancia se presente, sobre si el énfasis agresivo de su imposición o castigo es un instrumento para hacerle conocer al niño su percepción de la realidad, o un "truco", una coartada para descargar odio o frustración de diversas procedencias y matices.

Cuando se cría y educa a un bebé y a un niño, existe la necesidad de tener siempre presente que el papel de educadores morales que los padres han de asumir, tiene que estar enmarcado, y cuantitativamente superado con creces, por el papel de suministradores de amor, en especial a través del contacto afectivo, físico y verbal. Sólo así será posible que el infante incorpore verdaderamente las pautas y límites que los padres o sus sustitutos quieran inculcarles.

Como en el caso de los límites, es indispensable que los estímulos sean ofrecidos con amor, nunca como reemplazo del amor. También como en el caso de los límites, es necesario que sean la respuesta de los padres a hechos reales, no intentos de sobornar o compensar al hijo por carencias afectivas, poca presencia emocional, ausencia de diálogo, falta de tiempo para pasar con ellos, etcétera.

Veamos ahora las principales áreas de la vida de un niño en las que es necesario ofrecer límites y estímulos, establecer un diálogo acerca de ellos, eventualmente imponerlos, y cómo hacerlo en cada caso.

Propiedad. Es necesario que el niño, desde muy pequeño, desarrolle, una comprensión de que hay cosas que le pertenecen, que son de su propiedad, y otras que no lo son.

El sentido de la propiedad es complementario al sentido de la identidad. El afianzamiento del sentido interno de la identidad tendrá un asidero, un apoyo en la realidad externa si el bebé y el niño se sienten seguros de los límites de sus propiedades, es decir, si pueden ejercer derechos y tomar decisiones (aun la de destruir) sobre ciertas cosas "que son de él" (fundamentalmente juguetes, no objetos de uso personal que aunque sean "de él", no puede destruir).

Por el contrario, si el infante carece de claridad sobre los límites de lo que es suyo y lo que no lo es, podrían exacerbarse las fantasías distorsionadoras en dos sentidos:

> ✓ O que, con base en una desvalorización de sí mismo sienta que nada es suyo porque siente que "no lo merece", lo cual incrementaría la desvalorización en forma de un círculo vicioso: "no tengo porque no merezco, no merezco porque no tengo",
>
> ✓ o que, como reacción de "hinchazón" inconsciente del ego para defenderse de la desvalorización de sí mismo, desarrolle la actitud narcisista de que "todo es suyo", lo que incrementaría la "hinchazón" narcisista del ego también en la forma de un círculo vicioso: "Me lo merezco todo".

En ambos casos hay una pérdida del sentido de la realidad y un debilitamiento de la comprensión del sentido de la propiedad. Con ello estaría sembrada la semilla para el caos psicológico en un aspecto importantísimo: no poder comprender los alcances y límites del propio ser.

En tal caso, el niño perdería el sentido de su identidad y desarrollaría dificultades para entender ya no sólo qué objetos son de él y qué objetos no, sino que el problema se extendería a una pérdida del sentido de qué es él mismo, y qué son los demás. Detrás de esta pérdida, están las actitudes de aprovechar, utilizar y manipular a los demás como si fueran parte de uno, o simples cosas, utensilios.

Sería conveniente que el adulto a cargo de niños tenga muy presente la necesidad de auspiciar y modular el impulso, que de todas maneras se manifestará en el niño, de delimitar y hacer exclusivas y excluyentes sus propiedades.

No siempre que un niño se apodera de algo que no le pertenece está constituida la figura del robo. Por lo general, el hecho de que el niño se apodere de algo que no le pertenece puede ser entendido como que el niño aún no comprende bien, por falta de entrenamiento y de diálogo con el adulto al respecto, que hay cosas que no debe tomar.

También es cierto que muchas madres y padres intentan atenuar sus sentimientos de culpa por no ofrecerle suficiente afecto ni prestarle adecuada atención al niño, estableciendo una exagerada cantidad de reglas rígidas acerca de la propiedad (y también de otros aspectos, como veremos más adelante), reglas que el infante no está en condiciones de comprender, y mucho menos de cumplir.

Si las cosas marchan bien en el grupo familiar, y predominan el amor y el contacto afectivo, físico, verbal y empático, el niño podrá tener acceso a prácticamente todo lo que hay en el hogar, siempre y cuando lo cuide, lo deje luego en su lugar (si lo tiene) y evite su deterioro o destrucción.

Con relación a esto, los alimentos ocupan un lugar privilegiado: considero que es saludable y justo que los niños puedan tener libre y total acceso a consumir lo que deseen de la comida que exista en el hogar, siempre y cuando no se lesione el apetito antes de las comidas establecidas.

Sólo un límite puesto con afectuosa firmeza puede lograr que un niño prescinda de una apetitosa chocolatina un cuarto de hora antes de la cena.

Los padres emocionalmente armónicos y empáticos establecerán reglas claras y específicas sobre ciertas pertenencias de los adultos, dinero y joyas por ejemplo, que el niño nunca deberá tomar sin consentimiento de un adulto.

Será conveniente que los padres o quienes les sustituyen enseñen al niño que, en cuanto a las pertenencias de otros niños (los hermanos o los compañeros de juego y de la escuela), si el dueño desea que un determinado objeto de su propiedad no sea tocado, tal deseo debe ser respetado.

Quién sabe cuántos disgustos puede uno ahorrarse y ahorrarles a los niños si les ayudamos a establecer un pacto en el que la niña juega con sus juguetes, y cada uno de los dos jovencitos tiene derecho a los propios. Y que si uno quiere jugar con los juguetes de otro, siempre deberá pedir permiso.

También podrán organizar juegos de conjunto en los que Barbie o Kimberly van de compras al supermercado convenientemente escoltadas por las tortugas Ninja o por los Power Rangers: el respeto por el juguete del hermano y la hermana implica el desarrollo de facultades que, en el adulto, serán la preocupación y la responsabilidad por el otro.

Será necesario además establecer (y enseñar a respetar) turnos en el SuperNintendo, el Sega, el Family, la Multimedia y la Internet para todos, además de auspiciar pactos para decidir quién regula, y cuándo, el canal de TV que verán juntos, ojalá acompañados por un adulto.

En la medida de lo posible será bueno, también, desde luego que con prudencia y dejándole claro que el adulto respeta sus deseos, enseñarle al niño demasiado reticente a permitir que le toquen sus cosas (especialmente si es por otro de los hijos), que potenciales ventajas emocionales y materiales tiene la posibilidad de compartir.

La figura del robo infantil se constituye cuando el niño tiene conciencia de que lo que está haciendo, o ha hecho, tiene el significado de una transgresión, lo que se pone de manifiesto porque el niño, agobiado por los remordimientos, esconde el hecho.

También, desde luego, constituye robo el realizado por un niño que, con conciencia de lo que hace, por ausencia de remordimientos no lo oculta y hasta lo exhibe descaradamente.

Éste es un síntoma muy grave, ya que refleja que en el niño está estructurándose un carácter que en el futuro adulto posibilitará la presencia de rasgos psicopáticos. Esta clase de casos requieren de urgente e indispensable atención profesional.

¿Qué significa, cómo puede entender un adulto el significado del robo infantil? En la mayoría de los casos, es como un grito de auxilio que profiere el niño, un angustioso llamado de atención a los padres para indicarles que siente que no está recibiendo suficiente afecto, atención o cuidado.

Un ejemplo: Una niña de 9 años robaba dinero de sus compañeras de curso. Perteneciente a una familia acomodada, no necesitaba hacerlo para subsistir. Con el dinero, compraba galguerías para sus amigas del curso. La madre de la niña había fallecido hacía dos años, el padre tenía una nueva pareja y cantidades exorbitantes de trabajo, por lo que la niña tenía motivos reales para sentirse privada de afecto.

Una vez que esto fue comprendido por el padre, con el efecto de un pronunciado reacercamiento a la niña, ésta dejó de robar. Este padre pudo comprender que su enojo inicial al conocer la noticia del síntoma de la niña, era injustificado. Pudo sobreponerse a su orgullo herido y en lugar de hacer recriminaciones y reconvenciones de tipo moral, tuvo la capacidad de ofrecerle a su hija el cariño y la atención que ella pedía a gritos a través de su síntoma de robar.

Es necesario entender que el ejemplo suministrado representa un extremo, por la circunstancia de que la madre había muerto. Pero es igualmente válido para graficar lo que ocurre con frecuencia con niños cuyos padres viven, y viven con ellos, pero que por causa del trabajo, las preocupaciones, el desinterés o las distorsiones en el carácter, sólo están físicamente presentes pero establecen una dañina distancia afectiva, pudiendo desencadenar en los niños síntomas como el robo dentro del ámbito familiar o, más grave aún, fuera de él.

El robo que no se oculta, y aun es exhibido con descarado desafío, tiene un significado similar, pero en un niño (que desde luego no es aún un psicópata pero podría llegar a serlo en la edad adulta) que ya tiene una severa distorsión en su carácter que no puede ser manejada sólo por los padres, se requiere de ayuda profesional, tanto para él como para sus padres como pareja y para su familia como grupo.

En cuanto al robo infantil que se oculta por sentimientos de culpa, obviamente no puede resolverse (y más bien puede empeorarse) con regaños, castigos y represalias.

La única salida en este caso será promover un diálogo con el niño (si ya tiene edad suficiente), o adoptar la "actitud de explicar" analizada antes (si es aún pequeño), respecto de lo sucedido. En tal diálogo o explicación, la madre, el padre o quien los sustituya, hará comprender al niño que el adulto lo quiere, que siente afecto por él o ella y que, aunque quizá no siempre consiga transmitírselo, el afecto está.

El adulto puede aprovechar además el diálogo o la explicación promovidos para expresarle al niño que el incidente no tendrá como desenlace regaños, castigos ni represalias y que felizmente, lo sucedido ha podido ser utilizado por ambos para dialogar o explicar y promover un acercamiento, el que puede tener un final no sólo feliz, sino también útil para la salud emocional de ambos, adulto y niño: el contacto afectivo, físico, verbal y empático entre ambos, dado y recibido, al tiempo que ambos se reparan y perdonan uno a otro recíprocamente, es una excelente "vitamina" para su salud emocional.

El contacto afectivo, físico y verbal puede expresarse mediante abrazos, besos, caricias y diálogo, pero también en la cantidad y calidad de tiempo que puden pasar juntos padre o madre, o ambos, con el hijo después del incidente.

Independencia. Todo el desarrollo del carácter apunta hacia la obtención por parte del individuo, de aptitudes para cuidar de sí mismo, valerse por sí mismo, e implementar capacidades para discernir y decidir cuándo y de quién depender por causa de una relación amorosa o un válido compromiso institucional.

Tanto que se puede decir que entre los mayores logros de una persona adulta estarán la capacidad de ser independiente así como el desarrollo de la capacidad de depender en ciertos casos, como para formar una pareja y más adelante una familia, y para elegir instituciones adecuadas (como el empleo, la iglesia, el grupo de amigos, los socios) con los que establecer lazos de dependencia adulta (es decir, de compromiso, responsabilidad y confianza), incluido el desarrollo de la capacidad de discernir con quién, cuándo y cómo.

Esta capacidad se pondrá en juego también para disponer de aptitudes para la interdependencia, o sentido de cooperación y ayuda recíproca, y la corresponsabilidad.

Entendida de este modo, la dependencia no es algo perturbado sino un rasgo de adultez.

Como el sentido de la propiedad, el sentido de la propia independencia (y de la propia capacidad para depender e interdepender oportunamente), es complementario del sentido interno de la identidad, a cuyo afianzamiento contribuye de manera considerable.

El sentido interno de independencia se comienza a establecer cuando el bebé o el niño pequeño que empieza a gatear se aparta un poquito de la mamá y, al principio tímidamente, ensaya el mundo "por su cuenta".

Si el pequeño no logra, o bien la madre angustiada y posesiva no permite que se establezca la progresiva separación e independencia del niño, se producirán severas distorsiones en el carácter.

El pequeño desarrollará una dependencia perturbada, llamada "tendencia al aferramiento, o apego", como consecuencia de la cual, en la adolescencia y la adultez, tenderá a involucrarse en vínculos sin identidad, es decir, en relaciones en las cuales pierda la individualidad y se encuentre aprisionado en situaciones (especialmente relaciones de pareja) de las que desea salir, pero no puede.

En otras ocasiones, por el contrario se encontrará reiteradamente en situaciones de "pseudolibertad", imposibilitado para desarrollar un vínculo estrecho, de saludable dependencia amorosa, y por ello, incapacitado para amar y ser amado.

En ambos casos, la persona habrá perdido la posibilidad de vivir situaciones de vínculos saludables y adultos.

En el primer caso, se verá constreñida a repetir toda la vida, y con muchas de las personas que lleguen a ser significativas, esa relación de aferramiento con la madre, de quien no consiguió desprenderse en la infancia.

En el segundo, como consecuencia de una "hinchazón narcisista" del ego, se volverá "grandioso" y, desde una posición de "yo no necesito a nadie" inconscientemente rechazará todo posible vínculo, alegando que "no desea perder su libertad".

Por lo analizado, será necesario que toda madre, padre o sustitutos tomen conciencia de la necesidad de, sin descuidar al niño (ni al adolescente), permitirle alejarse y funcionar por su cuenta todo lo razonablemente posible.

Es necesario que la persona que educa a un niño comprenda que esos alejamientos y funcionamientos independientes no son, en modo alguno, señal de desamor, ni "desapego" mal entendido, sino la expresión de la necesidad natural y saludable del niño a desprenderse del adulto para poder llegar a ser él o ella mismos.

De modo que la presencia de un monto razonable de "desapego" bien entendido, es la mejor garantía de que el niño se está desarrollando convenientemente.

El apego exagerado del adulto al niño muestra necesidades insatisfechas en el adulto que lo cuida. Si usted observa algo de esto en su relación con el niño o el adolescente, haría bien en cuestionarse qué le sucede como adulto, si hay alguna falla o carencia en su vida amorosa, o alguna lesión no bien detectada en su propio carácter. El mismo cuestionamiento será conveniente cuando el adulto detecta en sí mismo un desapego que llega al descuido o el desamor hacia el niño.

Los padres con armonía interior establecerán límites firmes y claros a niños y adolescentes en proceso de independizarse. Veamos algunos ejemplos.

El niño que gatea lejos de la madre será objeto de un firme llamado de atención y aun de una reprimenda si reitera el intento de introducir una llave con la que está jugando en el tomacorrientes. En algunos casos será necesario proteger la toma con un tapón especial.

El niño que corretea por la casa y sus alrededores, sin excepciones y definitivamente no puede subirse al tejado ni al muro del jardín. Si sale a la calle, hasta dónde puede llegar será algo que estará delimitado por un acuerdo entre el adulto y el niño; sin ninguna excepción, le está prohibido que cruce la avenida sin la compañía de un adulto.

El niño podrá ver televisión preferentemente cuando lo acompañe un adulto con el que pueda dialogar sobre lo exhibido, y cuando sus tareas escolares estén cumplidas. Esta sugerencia tiene una excepción, el caso de un programa extraordinariamente atractivo para el niño: en este caso verá el programa, pero apenas termine dicho espacio, apagará el aparato e irá a cumplir con su asignación.

Los padres y el hijo o hija adolescente que empieza a asistir a fiestas y otros compromisos sociales, sostendrán diálogos esclarecedores y llegarán a acuerdos acerca de los límites que el adolescente mismo se impondrá, de acuerdo con la ética vigente en el hogar, respecto a elección de amistades, acercamientos amorosos y sexuales, consumo limitado de alcohol, rechazo a la droga, etcétera.

Es buena idea enseñar a los niños y adolescentes a no participar en situaciones que invadan los derechos de los otros, contando entre ellos a los hermanos, los amigos, conocidos, y aun desconocidos.

En la inmadurez emocional infantil severa, predomina el excesivo apego del niño hacia el adulto, y la incapacidad de dar pasos hacia la progresiva independencia. La manera más práctica de enfrentar esta situación, luego del cuestionamiento de los padres a sí mismos, es la consulta profesional con el psicoterapeuta de niños y ojalá también con el de adultos para los padres, individualmente y en pareja.

Caso opuesto al anterior es el del niño con rasgos de alteración de la conducta (que en la adolescencia y la adultez pudiera desarrollar síntomas psicopáticos si no son atendidos a tiempo), cuyo comportamiento es exageradamente impulsivo, no acepta límites ni sanciones de ninguna clase y exhibe, a veces con descaro, sus transgresiones. La consulta psiquiátrica o psicoterapéutica oportuna (es decir, cuanto antes) será siempre la mejor indicación al respecto.

Tanto la exagerada inhibición de la conducta con apego desmesurado a los padres (por lo general a la madre), como las alteraciones impulsivas y hasta desorbitadas de la conducta constituyen, como en el caso del robo, angustiosos gritos del niño expresando que siente que no está recibiendo suficiente afecto, atención o cuidado.

La conducta inhibida tanto como la impulsiva, no pueden ser resueltas (y más bien tienden a empeorar) con el uso de regaños, castigos y represalias. Sólo son eficaces el diálogo y la "actitud de explicar" envueltos en amor a través del contacto físico, afectivo y verbal. O si todo falla, la consulta con el profesional especializado.

Sexualidad. Ni el bebé ni el niño comprenden (y muchas veces tampoco los padres suelen hacerlo) que las necesidades instintivas analizadas en el capítulo anterior corresponden a la expresión de lo que el psicoanálisis estudia como "sexualidad infantil".

Los impulsos a succionar, morder, defecar, retener la defecación, a masturbarse y por último los impulsos a enamorarse el niño de la madre y la niña del padre, rara vez son entendidos como la expresión del instinto sexual del bebé y el niño.

Y todo ello a pesar de que el modo y aun el ritmo con que son realizadas las conductas instintivas, la pasión depositada en ellas, el éxtasis alcanzado mediante las mismas y el parecido de esas conductas instintivas del infante con los juegos precoitales del adulto, e incluso con las perversiones sexuales, son evidentes por sí mismos.

¿Por qué tal falta de comprensión? Porque la exteriorización descomplicada y a veces hasta descarada de dichos impulsos por parte del bebé y el niño, determina en el ánimo del adulto que contempla la conducta instintiva (a veces horrorizado), una movilización de los propios impulsos sexuales infantiles, generalmente reprimidos hace tiempo.

Esa movilización por lo general no es seguida de una comprensión por parte del adulto de que a él o a ella también les gustaría poder exteriorizar los propios impulsos sexuales infantiles reprimidos.

En lugar de esa comprensión, surge en el adulto la necesidad de negar la naturaleza sexual de los impulsos (los del infante y los propios, aunque estos últimos sean completamente inconscientes), y la tendencia a rechazar y muchas veces a reprimir la pueril exteriorización del bebé o el niño, descalificándola como "mala", "fea", "sucia" o "inmoral", y hasta haciéndola objeto de amenazas, regaños y castigos.

En el fondo, al reprimir al niño por sus muy naturales y para él necesarias exteriorizaciones instintivas, sin darse cuenta el adulto está poniendo en el niño las propias necesidades y anhelos sexuales infantiles inconscientes, descalificándolos y castigándolos en el infante.

Así pues, frente a la expresión de las necesidades y conductas sexuales instintivas infantiles, el adulto que cría y educa a un bebé o un niño necesitará echar mano de toda su comprensión para no interferir con dicha expresión: apenas lo necesario e indispensable para que ciertas pautas mínimas (pero muy realistas) de salud, orden, limpieza, disciplina y pudor no sean transgredidas.

El niño pequeño que succiona y muerde su dedo hasta hacerlo sangrar, deberá ser llevado de urgencia no sólo a la clínica pediátrica, sino también donde el psicoterapeuta infantil.

Paralelamente a ello, beneficiará también a los padres consultar con un psicoterapeuta entrenado en adultos. Lo mismo puede recomendarse acerca del niño que se masturba con gran inquietud y sin descanso.

El niño que tiende a ensuciarse y ensuciar con sus heces deberá ser inducido y aleccionado amorosamente para que adquiera un límite que le impida hacerlo (no así el que al jugar en el suelo coge un poco de mugre, lo que es perfectamente natural y por ello aceptable). Si el juego con heces persiste, se hará necesaria la consulta psicoterapéutica no solamente para el niño, sino para los adultos también.

Los niños que quieren tocar los genitales de la madre o el padre, deberán ser desalentados con firmeza y afecto. El niño o la niña que hacen una pataleta porque los padres quieren dormir solos en su cama matrimonial y desean que ellos duerman en su propia cama, deberán ser objeto de explicaciones afectuosas pero firmes que los desalienten de su anhelo de meterse en la cama de los padres. Si el niño o la niña alegan tener miedo, el padre o la madre pueden acompañarlo al lado de la cama del infante hasta que se duerma, sin caer en la trampa de meterlo en la cama de los adultos.

El niño o la niña que hacen una pataleta porque el adulto no se deja ver desnudo (lo que no tendría nada de perturbador para el niño si no fuera por el exagerado pudor del adulto), debe ser inducido con firmeza y afecto a comprender que el deseo infantil afecta precisamente el pudor de papá o de mamá.

Papá o mamá harían bien, por otro lado, en cuestionarse por qué tanto pudor, pero obviamente sería inconveniente que por complacer al niño se sientan obligados a darle gusto a costa del propio sufrimiento. Si las pataletas del niño o la niña sometidos a estos razonables límites persisten, será necesaria la consulta con el psicoterapeuta infantil.

Estas sugerencias no son un inventario de "reglas" para tratar con la sexualidad del bebé y el niño, sino apenas algunos lineamientos que sugieren actitudes que los padres pueden asumir de un modo saludable y adulto frente a las manifestaciones de la sexualidad infantil.

La actitud fundamental que sugiero es que los padres se cuestionen primero a sí mismos, si la reacción que están teniendo frente a tales manifestaciones infantiles intenta guiar al infante a adquirir límites saludables, o es una reacción que encubre o apacigua, en nombre de la "moral" por ejemplo, la angustia frente a su propia sexualidad infantil movilizada por la manifestación más o menos descomplicada o aun descarada de la sexualidad del infante.

Esta actitud fundamental incluye necesariamente la disposición al diálogo por parte de los padres o quienes los sustituyen en la crianza y la educación.

Tal disposición al diálogo será necesaria no sólo para explicarle al niño (y más tarde al adolescente) las situaciones que vayan presentándose en forma de respuestas adecuadas a las preguntas que surgen, sino que, si todo marcha bien, se manifestará como una seguridad que el niño adquiere de que papá y mamá, debido a su actitud abierta y comprensiva, están siempre allí, gentilmente preparados y determinados a dialogar.

La sexualidad de los niños tiene otra manifestación que es necesario reconocer y comprender. Los niños tienen juegos sexuales que son completamente naturales y necesarios para la formación de su carácter.

Así, pueden jugar "al papá y a la mamá" entre el niño y la niña, o desplazar tímidamente el juego al Hombre Araña haciendo pareja con Sirenita. Los adultos que presencian el juego suelen no tener inconveniente si "papá" y "mamá" juegan a que van de visita, o a que el Hombre Araña y Sirenita toman el té.

Pero si juegan a que hacen el amor, o ponen a hacerlo a los muñecos, entonces cunde el pánico entre los padres y se presentan tendencias a interferir, impedir el juego, descalificar, regañar y a imponer sanciones. Nada más equivocado.

Semejantes juegos son naturales y no deben ser objeto de prohibiciones ni agresión por parte de los adultos. Desde luego, tampoco deberán ser auspiciados ni promovidos, pero si brotan espontáneamente el adulto hará mejor en no intervenir, favoreciendo más bien con su actitud que el niño o la niña más tarde pueda acercarse a dialogar, cosa que de ninguna manera harán si perciben angustia, desaprobación o agresión en el adulto.

Las mismas consideraciones deben hacerse respecto de otros juegos sexuales, en los que los niños buscan apaciguar sus ansiedades y averiguar con natural curiosidad, cosas que los adultos no les han explicado o que no les ha sido posible averiguar espontáneamente.

Esto abarca desde el caso del niño que juega "al médico" con la hermanita haciéndole exponer sus genitales y luego correspondiendo con la exhibición de los propios, hasta el juego solitario con los propios genitales, incluyendo la masturbación.

¿Cuál es el límite entre la permisividad cómplice por un lado, y la represión angustiada y agresiva por el otro? Creo que no hay un límite, sino que es cuestión de criterio, de actitud ecuánime y libre de angustia, y hasta de buen gusto.

¿Cómo? Evidentemente descartada la represión angustiada y agresiva, puede evitarse con facilidad el extremo de la permisividad cómplice distrayendo la atención y proponiendo otros juegos al muchachito que está obligando a la hermanita a jugar "al médico", o al que se pasa horas seguidas manipulando sus pequeños genitales o lo hace con angustia. No así al que lo hace de vez en cuando, sin angustia y durante breves períodos.

Como dije, creo que incluso el buen gusto ayuda: sin agresión pero con firmeza, es natural distraer y llevar a su habitación para que se vista, a la niña que intenta exhibir sus genitales y aun orinarse ante la visita. Seguidas de una facilitación del diálogo respecto a lo ocurrido, éstas pueden ser actitudes muy útiles.

Si el niño se oculta temerosamente para realizar sus pueriles actividades sexuales, significa que siente vergüenza y culpa por su conducta. En tal caso, los padres o sustitutos harán bien en cuestionarse si ellos no estarán haciendo uso de actitudes avergonzadas, descalificadoras o culpabilizantes hacia la propia sexualidad, hacia la de otros y hacia "lo sexual" en general. Si descubren que es así, será necesario intentar una modificación. Si ésta no es posible por los propios medios, será bueno buscar ayuda profesional.

En este punto será conveniente que los padres aprendan a diferenciar entre el ocultamiento del niño, que es perturbado, y procurar privacidad e intimidad, que es perfectamente natural. Es necesario comprender que el niño tiene derecho a su propia privacidad e intimidad, logros que son completamente saludables.

Como en los demás asuntos relacionados con la sexualidad infantil, el adulto habrá de observar desde lejos y siendo lo menos visible posible, los juegos y masturbación del infante que no resulten chocantes según los criterios sugeridos, interviniendo para ayudar, dialogar y comprender sólo cuando advierta que la manifestación se hace compulsiva y angustiada, permanente, reiterada e imprescindible, casi o francamente adictiva. O cuando se acompaña de conductas que si bien desde luego todavía no son perversiones sexuales, se asemejan a éstas.

En este caso como en otros, si el diálogo no es suficiente para controlar la situación, se hace necesaria la consulta con el psicoterapeuta de niños, y también con el de adultos para los padres: algo perturbador puede estar pasando entre ellos, que se manifiesta como conductas sexuales ansiosas, compulsivas y aun desviadas en el niño.

Autoridad, jerarquía, respeto, obediencia, disciplina. El tema de la autoridad resulta siempre candente: la cultura contemporánea tiende a cuestionar todos los valores, los cuestionables y los que no resulta deseable, necesario ni conveniente cuestionar.

Y ello ocurre no siempre en un afán por mejorar las cosas, sino frecuentemente con el propósito inconsciente de hacer todo más "cómodo".

El asunto de la autoridad dentro del grupo familiar es uno de esos cuestionamientos no deseables, convenientes ni armónicos, ya que sólo tiende a hacer las cosas más "cómodas", es decir, más aptas para que se haga posible que cada quien se salga con la suya: es un cuestionamiento que proviene de la perturbación narcisista tan frecuente en el mundo de hoy.

No. Hay que reconocer que, para que el carácter de los niños se forme de un modo adecuado, los padres han de poseer la autoridad, y ella ha de ser objeto de debate y comprensión, pero no de cuestionamiento.

Ahora bien, autoridad no quiere decir "mandar" por "mandar". La verdadera autoridad produce órdenes y sugerencias basadas no en el "me da la gana", en el "yo sé que esto es lo que a usted le conviene" o en el "porque yo soy tu madre".

De nuevo, no. La verdadera autoridad actúa con lo que en Psicología Social se denomina "liderazgo democrático", que está muy lejos del blandengue "dejar hacer, dejar pasar" que caracteriza, desde el ángulo político, a muchas autoridades así autodenominadas "democráticas".

La democracia real se caracteriza porque su líder, elegido por el pueblo, gobierna mediante iniciativas fuertes, es decir, firmes y plenas de autoridad, que se basan en la percepción adulta, realista y ojalá amorosa que él tenga de las verdaderas necesidades de su pueblo.

Dentro del grupo familiar, el padre y la madre desde luego no son "elegidos" por los hijos (como quisiera Calvin, el diminuto héroe de una tira cómica), pero su autoridad, para que sea efectiva y sirva para promocionar el saludable desarrollo del carácter de ellos, tiene que ser una autoridad fuerte, basada en la percepción adulta, realista y amorosa de las verdaderas necesidades materiales, emocionales y espirituales de los hijos.

Sin duda usted reconocerá, en la anterior descripción, el saludable remanente en los padres de un niño, de lo que para los padres de un bebé era la empatía, la percepción empática de las necesidades del bebé. De un modo semejante a como lo hacen los padres de un bebé, especialmente la madre, los padres de un niño habrán de ser capaces de reconocer por percepción empática cuáles son las necesidades reales del niño.

Las iniciativas basadas en tal percepción serán las que den lugar a la autoridad con liderazgo democrático de los padres en el ámbito familiar.

Como en el caso de la real democracia política, para que esta autoridad funcione, deberá hacerlo mediante iniciativas, repito, fuertes, basadas en el amor y la firmeza.

Esto, y no la imposición revestida de rudeza, da pie al establecimiento de una verdadera jerarquía dentro del hogar, jerarquía que no se cuestiona en su esencia pero que puede ser objeto de infantiles o adolescentes discrepancias y rebeldías que, si todo marcha bien, serán afrontadas por los padres con respeto, firmeza, afecto y diálogo, sin que ello afecte para nada la jerarquía establecida: la autoridad es de los padres.

En este punto quiero aclarar que "fuerte" es un término mal comprendido en la cultura contemporánea.

Mucha gente confunde "fortaleza" con "dureza". La fortaleza se basa en el amor, que al comprender que se requiere de energía para inducir logros y obtener resultados, recurre a la firmeza, siempre en el marco del respeto. En cambio, la dureza se funda en el odio y en la ira contenida, muchas veces causadas por la propia debilidad, y se caracteriza por la imposición irracional y la ausencia de respeto.

Muchas veces suele decirse de las personas duras que son "fuertes". Nada más errado. La fortaleza es suave, capaz tanto de dulzura y comprensión como de enérgica y respetuosa firmeza. La persona dura, lejos de ser fuerte, es más bien un ser débil, que esconde su debilidad tras la máscara de la dureza. Por otro lado, la dureza es el alarido de una persona débil y encolerizada que reclama afecto.

De las personas dulces y suaves se dice que son "débiles". No siempre. Con frecuencia son seres muy fuertes. Depende de si la persona dulce y suave es capaz también de ser firme y comprensiva, o si por el contrario, frente a la frustración reacciona con colérica dureza.

Por carecer del criterio para distinguir la fortaleza de la dureza, mucha gente llama orgullosamente "fortaleza" a actitudes propias y ajenas que son crudas, y muchas veces crueles, manifestaciones de dureza.

La autoridad paterna y materna, revestida de afectuosa fortaleza y enmarcada en el respeto por el hijo, es la mejor garantía para el adecuado desarrollo del carácter de los niños, para la preservación de la jerarquía dentro del hogar y para la obtención de la armonía del grupo familiar.

Las iniciativas emanadas de la respetuosa y firme autoridad de los padres darán como resultado la obediencia que, para que el carácter del niño se desarrolle convenientemente, deberá estar libre de las manifestaciones de acatamiento y sumisión que se revisaron a propósito de la identidad.

Los padres harán bien en estar atentos para detectar si sus iniciativas (fíjense que deliberadamente no las llamo "órdenes") son aceptadas antes de ser obedecidas, o si más bien son objeto de rechazo, de ira o de pasivo acatamiento, en cuyo caso los padres habrán de discernir si el rechazo o la ira se deben a que la iniciativa paterna o materna choca con un propósito, consciente o no, del niño o el adolescente de "salirse con la suya".

Si éste es el caso, la situación tendrá que ser objeto de amorosa comprensión por parte de los padres, pero la iniciativa deberá ser reforzada con más firmeza, lo que contribuirá a modelar en el niño estructuras de carácter en lo posible libres de narcisismo.

En cambio, si la iniciativa del padre o la madre es rechazada o causa ira en el niño o en el joven por ser injusta, los padres harán bien en retractarse e incluso en pedir excusas.

Esta recomendación puede parecerles descabellada a algunos padres, pero no lo es: pedir excusas constituye una parte importante del respeto que los padres han de tener hacia los hijos si desean que éstos los hagan igualmente objetos de respeto. Para obtener respeto no basta exigirlo: es bueno empezar por darlo.

El irrespeto de los hijos, del que muchos padres se quejan amargamente, las más de las veces tiene su punto de partida en el irrespeto de los padres por los hijos.

Si la sumisión y el acatamiento son detectados por los padres, deberá recurrirse al diálogo y al intento de comprender qué está sucediendo. Si persisten, será necesario cuestionarse la posibilidad de solicitar ayuda psicoterapéutica: una psicoterapia del grupo familiar podría estar bien indicada en estos casos.

En cuanto a las normas y reglamentos que cobijen los principios aquí esbozados en forma de una disciplina, serán objeto del discernimiento de quienes detentan la autoridad jerárquica: los padres. Es indispensable que normas y reglamentos sean claros y explícitos. Además, será necesario que los padres comprueben que el niño ha entendido no sólo la norma, sino principalmente el porqué de la misma.

Es frecuente que los padres se pregunten qué hacer respecto a los castigos. Pues bien, si el diálogo y la comprensión no dan resultados frente a una determinada conducta del niño que viola las reglas y principios del hogar, será del caso aplicar castigos.

Nunca los castigos han de ser crueles. Creo que los más útiles son someter al infante a pequeñas privaciones, como irse a su cuarto sin televisión y sin la compañía de los hermanos, pero con la posibilidad de jugar solo, durante un período claramente limitado, digamos media hora. Y luego, oportunamente, sacarlo del castigo.

Si los intentos de diálogo, las explicaciones, los regaños y los castigos como el sugerido parecen no surtir efecto en el niño, será aconsejable la consulta con un psicoterapeuta de niños: podría tratarse de un problema de conducta que requiera de psicoterapia, tanto para el niño transgresor habitual como para el grupo familiar.

En lo posible, debe evitarse el castigo físico, especialmente las palizas porque éstas, si son repetitivas, tienden a insensibilizar al niño y aun a desarrollar en él formas encubiertas de masoquismo: si las palizas menudean, el niño puede llegar a disfrutarlas inconscientemente, aferrándose a ellas como una forma disfrazada de gratificación sexual desviada, sadomasoquista.

En cambio, en algunos casos de muy especial contenido de rebeldía o desafío, una actitud severa (como mandarlo a su cuarto o quitarle un permiso), administrada sin ira pero con firmeza y energía, precedida y seguida por intentos de diálogo y de explicación de por qué el adulto recurre a ese medio, puede ayudar a que el niño que reiteradamente está violando las reglas, se contenga.

Eso será útil para los padres que desean mantener el orden y una moderada disciplina, y también para el muchachito que podrá incorporar límites valiosos en su mente.

Sobre este punto en particular, unas cuantas recomendaciones extra.

*Nunca amenace si no está dispuesto a cumplir y a hacer cumplir el castigo impuesto. ¡Piense antes de amenazar! Si amenaza y luego se abstiene de ejecutar el castigo, el niño creará sentimientos de inseguridad, porque no sabrá a qué atenerse, y consecuentemente se presentará en él, o en ella, una tendencia a desarrollar su rebeldía, sintiendo que puede salirse con la suya sin consecuencias.

*En ningún caso golpee al niño. Además de que puede ocasionar lesiones, implica un acto de salvajismo y una humillación para el niño, y lo que usted quiere no es atacar su autoestima, sino ayudarle a incorporar límites en su carácter.

*Nunca castigue si está enojado. Cálmese, explique, y si el niño persiste en la transgresión, castigue en forma proporcional a ésta.

*Siéntase con el derecho de comunicarle verbalmente al niño el enojo que su conducta le ocasionó.

Como psicoterapeuta he recibido muchos relatos de auténticos y bárbaros maltratos, como sumergir al niño transgresor en la alberca; desnudarlo para aplicarle palizas indiscriminadas que incluían golpes en la cabeza y arrojar al infante contra las paredes; anunciarle una paliza para dentro de varias horas generando pánico por la expectativa ansiosa; encerrarlo en lugares oscuros; amenazarlo con hacerlo llevar lejos y para siempre por algún personaje real o mítico, como "el loco" o "la patasola", etcétera. Este tipo de castigos debería determinar que quien los aplica acuda de inmediato a consultar con un psiquiatra.

Una palabra sobre los estímulos o premios, entendidos como elogios, reconocimiento, y en algunos casos, obsequios materiales. En todo proceso educativo son necesarios y efectivos, tanto para impulsar logros como para formar la estructura del carácter. Tan necesarios y efectivos como lo son los límites y las sanciones.

Para ser genuinas conductas educativas impulsadoras de salud emocional, los estímulos y premios deberán ser, en primer lugar, justos y merecidos. Además de ello, proporcionales al logro que se quiere estimular: ni manirrotos ni mezquinos. Si van a ser estímulos materiales, deberán estar de acuerdo con la realidad económica de la familia, y por ello, no representarán gastos que dejen agotada la economía del hogar.

Para terminar el aparte destinado a la autoridad, ofreceré un ejemplo que grafica el conflicto que muchas veces se da entre la obediencia y la desobediencia, y en este caso, cómo influyó en el conflicto el problema de una inadecuada relación entre una niña y su madre.

En este relato, proporcionado por una persona en psicoterapia psicoanalítica, se ejemplifica también cómo influyen las deficiencias en la confianza del niño en el adulto.

Ella consultó por frigidez, rechazo angustiado hacia los hombres y fobias incontrolables a la oscuridad y a las arañas, entre otras. Al poco tiempo de psicoterapia vimos que había en ella, además, un profundo temor a enfrentar las situaciones nuevas y placenteras de la vida. Más bien las esquivaba tercamente.

De niña, había recibido el límite "no salir sola al parque". Pero, como a los nueve años, un día de tedio y soledad (agravados por ausencia de la madre), desobedeció y fue al parque. Allí, un vendedor de dulces, al verla, la amenazó con meterla en su caja de dulces y llevársela. La niña, presa de un gran susto, corrió de vuelta a casa. La madre llegó al poco rato, y la niña se cohibió de decirle algo de lo sucedido por temor de que su madre, en vez de apoyarla, la regañara por haber salido. El incidente quedó en el ánimo de la niña como una dolorosa huella que le confirmó permanentemente que no podía confiar en su madre.

Ella comentó luego lo diferentes que hubiesen sido las cosas si la madre hubiera tenido la capacidad de inculcarle que, por cierto, debía obedecer, pero que por encima de todo estaban su afecto, comprensión y apoyo.

¿Habría sido saludable para ella que la madre no le hubiese puesto límites? De ninguna manera.

El problema está en otro lado: la madre, por problemas de carácter, no consiguió transmitirle y hacerle sentir a la niña que podía confiar en ella, aun cuando la situación fuera difícil, con lo que seguramente la niña le hubiera contado el doloroso incidente.

La actitud armónica de una madre que ha fomentado la confianza de la hija durante toda la relación, desde la etapa de bebé, sería, ante la confidencia de la niña, tener la iniciativa de consolarla y hacerla sentirse protegida, y luego, cuando el susto hubiese pasado, reforzar el límite de no salir al parque, sin aprovecharse del incidente para sacarle en cara a la niña haciéndola sentirse avergonzada, evitando el más o menos habitual "te lo dije", o "eso te pasó por desobediente", actitud que con frecuencia esgrimía la madre de esta mujer.

Así podemos entender que la niña no hubiese tenido la suficiente confianza en su madre como para contarle algo tan perturbador para ella.

También podemos entender tal falta de confianza como que la imagen interna que esta niña había incorporado de su madre desde la etapa de bebé, era la imagen de alguien que no protege ni consuela, y que aún puede resultar amenazante, como una araña.

Una imagen que la hacía sentirse desprotegida interiormente, y que le impedía enfrentar con soltura los retos adultos de la vida: se había transformado en temerosa mujer que no se decidía a salir a ningún "parque", es decir, a ninguna situación nueva y atractiva en su vida. Imposible, la vida está llena de "arañas", peligros y amenazas.

Para ella "todo", especialmente "todo lo placentero" había quedado prohibido y era sin duda amenazante. Eso explica también la sintomatología por la que buscó psicoterapia psicoanalítica: miedo a la oscuridad, a las arañas, y principalmente a los hombres, lo que la había llevado a la frigidez.

Para terminar la descripción de este caso, es necesario aclarar que los factores que determinaron las dificultades de esta joven no se reducen a los revisados aquí. El caso tiene un desarrollo muy intrincado y los factores que intervienen son muchos, entre otros, los relacionados con el padre, y las vicisitudes de su relación con él.

Estos datos no se han reseñado aquí porque con los elementos ofrecidos es suficiente para que pueda entenderse con facilidad el conflicto enlazado a la obediencia: la desobediencia no tenía que ver con "indisciplina", "rebeldía" o "malas intenciones" de la niña, como muchos padres pudiesen creer, sino con la soledad y el vacío. Y la falta de confianza para exponer lo ocurrido se relaciona con temor hacia actitudes negativas reales, no imaginarias de la madre.

Tareas domésticas y urbanidad. Es necesario que el niño, incluso desde pequeñito, vaya desarrollando una comprensión de la importante necesidad de colaborar con los padres (aunque haya en la casa personal de servicio) en ciertas pequeñas actividades domésticas, por cierto muy pequeñas. Éstas le servirán para adquirir conciencia de que será necesario para su vida contraer responsabilidades y para que se vaya entrenando en asumirlas de a poquito.

Como en otras áreas, un poco de humor ayudará considerablemente: los adultos se encargarán de hacerle ver al niño cómo la ejecución de ciertas tareas domésticas puede ser divertida además de útil, y de que la urbanidad es conveniente no sólo para "quedar bien ante los demás", sino que es, principalmente, un recurso para hacer más cómoda la vida.

Desde luego, deberá descartarse el endilgar al niño grandes responsabilidades, como hacerse cargo del cuidado de los hermanitos, cosa que corresponde exclusivamente al adulto, o como la responsabilidad de producir dinero, cosa que ocurre casi inevitablemente en situaciones de extrema pobreza: es bueno que los padres sepan que la prematura adjudicación de responsabilidades demasiado grandes para el niño lesiona gravemente su carácter. Si no puede cuidarlos y mantenerlos, no tenga hijos.

A lo que yo me refería es a la adjudicación de pequeñas responsabilidades que el niño habrá de asumir en la medida de sus habilidades y desarrollo, como arreglar su cama, dejar su ropa sucia en el lugar señalado para ello, apagar la luz y cerrar la llave del agua cuando ya no necesite de estos elementos, llevar su plato al fregadero cuando haya terminado de comer, mantener ordenado su cuarto, en especial sus juguetes, y así sucesivamente. Todo lo anterior cuidando de no caer en el extremo inadecuado de impedirle jugar "para que no desorde": es natural que al jugar produzca un desorden impresionante, pero luego podrá ordenar un poco.

Como en el caso de la propiedad, sentirse responsable de pequeñas tareas así como ser capaz de guardar las normas de urbanidad que le inculquen sus padres, confiere al niño un profundo e intenso sentimiento de adecuación, acrecienta su autoestima y complementa el sentido de la propia identidad.

Por ello será conveniente que el adulto a cargo de la educación y orientación de niños tome aguda conciencia de la necesidad de modular las metas en cuanto al compromiso del mismo con las tareas domésticas y con la urbanidad: ni tanta presión que el niño se vuelva un rígido y angustiado realizador de tareas domésticas y acatador de normas de urbanidad, ni tan poca que sobrevengan la indolencia, la mala crianza, la grosería y el caos.

En este punto, una observación sobre "las groserías". Los padres necesitarán ejercer todo su poder de concentración en su propio lenguaje antes de exigirle al niño que en su discurso no use "palabras groseras" que el adulto mismo usa.

Por otro lado, el uso moderado de ciertas groserías por parte del niño debe ser considerado adecuado aun cuando los padres no hagan uso de ellas: el niño las adquiere en el colegio, y si llegara a prescindir de ellas por presión exagerada de los padres, se transformaría en un "extraño" en el grupo escolar. Cierto grado de tolerancia comprensiva será requerido por todo adulto en el manejo de este asunto.

No toda indolencia ni toda falta de urbanidad se constituye en un síntoma alarmante. La aplicación de una amable y afectuosa firmeza dará siempre el mejor resultado en esto, como en todo lo que atañe al niño. No así el regaño o el castigo.

Ante las transgresiones de las reglas respecto a tareas domésticas y urbanidad (inevitables por otro lado), los padres harán bien en promover el diálogo con él, o si es aún pequeño, adoptar la "actitud de explicar" analizada antes.

En un diálogo o explicación así, el adulto puede aprovechar la ocasión para transmitirle su afecto al niño, hacerle saber que no será regañado, castigado ni habrá represalias, y que el incidente es válido para promover un acercamiento físico y emocional.

Muchas veces los adultos caen en el extremo de establecer una exagerada cantidad de reglas rígidas acerca de las tareas domésticas y la urbanidad, reglas que el infante obviamente no está en condiciones de comprender y mucho menos de cumplir. Semejante actitud sólo puede dar lugar a disgustos, presiones y "desobediencia", reacción esta última que en este caso refleja no un problema del niño, sino un problema del adulto que lo educa.

Limpieza y cuidado del cuerpo, cuidado de la salud y protección de la vida. Más allá de discursos y "sermones", lo que ayuda a los niños a adquirir "buenos hábitos" en relación con estos asuntos es la identificación con el adulto. Lo que los adultos hagan consigo mismos en las tres áreas aludidas, será lo que hagan los niños.

Así pues, en estas áreas como en todas las demás, la "educación con el ejemplo" será el recurso que dé resultados positivos.

Además, será conveniente enseñarle al niño mediante juegos y bromas, lo divertido y útil que puede ser cuidarse a sí mismo. En la medida que el niño sienta que sus padres están interesados en cuidarlo, el cuidado de él, de su salud y de su vida viene a ser una continuidad del cuidado que recibe del adulto que lo ama.

El adulto le transmite: "No voy a permitir que te dañes porque eres mi hijo y te quiero". Esa será la actitud que el niño incorporará en su mundo interno y adoptará hacia sí mismo, por amor y como parte de su autoestima.

Esta actitud es preferible a la más frecuente pero distorsionadora de imponer normas o prohibiciones para frenar o combatir las transgresiones.

El adulto hará bien en modular las metas en cuanto a estimular al niño a adquirir compromiso con el cuidado de sí mismo, especialmente en lo que se refiere al cuidado de la propia salud, y más aún, de la propia vida, aplicando la presión suficiente para que aprenda a cuidarse y se interese por ello, pero no tanta como para que se vuelva rígido, angustiado y paralítico, incapaz de moverse y de tomar riesgos calculados, por ejemplo.

Las inevitables transgresiones en estas áreas deberán ser manejadas mediante el diálogo con los niños mayores y la ya analizada "actitud de explicar" en el caso de los pequeñitos, mostrando siempre el amor que existe en la relación.

Verdad y mentiras. Se hace necesario que, desde cierta edad en que ya puede entender el discurso verbal y dispone de alguna capacidad lógica, el niño vaya desarrollando la comprensión suficiente para diferenciar la fantasía de la realidad.

Cuando el niño "dice" algo que da por cierta una cosa que no lo es (en el sentido de que no es real), no necesariamente está incurriendo en mentira. En muchos casos puede que simplemente esté expresando una fantasía, función que aún no diferencia claramente de la realidad. Tampoco puede hablarse de mentira cuando calla algo que sería conveniente comunicarle al adulto. Puede que sólo sea que desconocía la importancia del hecho.

A medida que avanza la maduración y en diálogo con el adulto, el niño irá aprendiendo a realizar con éxito la diferenciación entre fantasía y realidad, y el aprendizaje para otorgarle su verdadero valor a los hechos.

Las dificultades importantes en la estructuración del carácter, como las estudiadas a propósito del desarrollo del bebé, pueden contribuir a distorsionar, retardar e impedir el desenvolvimiento del proceso mental necesario para lograr diferenciar la fantasía de la realidad.

La mentira se caracteriza por ser una acción del niño (y del adulto) que entraña una intención de engañar al interlocutor, o incluso a sí mismo. Semejante intención puede ser a veces consciente, y a veces inconsciente.

En la mentira inconsciente, el niño (y el adulto) que la profiere no sabe conscientemente que lo que está diciendo o callando involucra un engaño a sí mismo, o a otro. Su origen está en una necesidad, igualmente inconsciente, de ocultar algo, de protegerse de algo.

El origen de la mentira consciente es similar, pero la persona se da cabal cuenta de lo que está haciendo o dejando de hacer. ¿De qué está hecha la mentira del niño, sea consciente o inconsciente? De miedo.

Cuando un niño miente, está tendiendo una cortina que disimula la verdad, la cual (él imagina) podría mostrarle al adulto su debilidad o su dolor, y hacerlo avergonzarse. Eso da miedo. El niño miente por miedo.

Cuando el niño miente está levantando una pared que lo separa de la mirada y del contacto con el adulto porque, sintiéndose desvalorizado y desvalido, poco amado, imagina que de ese modo evita la dolorosa experiencia de que vean y conozcan cómo se siente.

Nuevamente el miedo, con el agravante de que la pared levantada le permite al niño presentar ante el adulto una falsa imagen de desafiante y altanera seguridad, o de retraído y temeroso pavor en la que él se siente protegido de su miedo.

Cuando el niño miente, está buscando amparo en un refugio blindado, que él imagina lo protege de la violencia que atribuye o percibe en el adulto, o de perder el amor del mismo. Una vez más el miedo.

También hay que considerar otra situación, la del niño que miente para crear en la fantasía lo que siente que no puede obtener en la realidad. En este caso, la función de los padres será escuchar y tratar de entender la mentira para descubrir cuál es la necesidad que el niño está expresando mediante la mentira, la que constituye un reclamo que no debe ser castigado sino reconocido, porque viene a ser un pedido de auxilio del niño para que se le repare.

La presencia de la mentira en el niño apunta más que nada a problemas del adulto, que no ha sabido granjearse su confianza, ni auspiciar el adecuado desarrollo de la autoestima, el amor propio del niño, ni manejar su propia violencia, de la que el niño sin darse cuenta se ha percatado y de la cual está atemorizado.

El sentido de la verdad refleja en el niño un adecuado desarrollo de la identidad, es decir, de saber claramente quién y qué es él o ella, cuál es su lugar en el hogar y en el afecto de los padres.

El niño que privilegia la veracidad refleja su autoestima, es decir, que se quiere, se respeta y gusta de sí mismo. El niño que suele decir la verdad da testimonio de que no siente violentos a sus padres, y que por lo tanto no les teme.

Si los padres desean que sus hijos sean veraces, no necesitan endilgarles conferencias ni "sermones" sobre tan importante tópico. Bastará con que hayan conseguido hacer que él se sienta amado y respetado; que sean verdaderos ellos mismos, especialmente dentro del círculo familiar; y que hayan logrado controlar y ojalá resolver su violencia como adultos.

Ahora bien, muchas veces el adulto miente por necesidad en relación con personas que no pertenecen al círculo familiar, y el niño lo percibe. En estos casos, el adulto hará bien en explicarle por qué fue necesario mentir, y hacerle saber sobre la conveniencia de desarrollar al respecto no una rígida e inflexible "moral" que lo apabulle, sino una inteligente y sagaz dosificación de su veracidad con las personas que no lo aman.

En el diálogo habitual y confiado con los padres, al niño le será posible profundizar y aguzar su comprensión de las diferencias entre la mentira y la necesaria sagacidad en el sentido de protección de sí mismo, desarrollando dicha sagacidad y aprendiendo a calibrar las devastadoras consecuencias de la mentira dentro del círculo de las personas que lo aman.

Un ejemplo: el niño deberá ser aleccionado respecto a desconocidos que puedan acercársele en la calle ofreciéndole un dulce.

Aunque el niño sienta deseos por la golosina, no debe decir la verdad ni actuar con veracidad aceptando el dulce, sino que, haciendo gala de sagacidad, mentir con descaro y decir que no tiene ganas, añadiendo, aunque no sea cierto, que unos metros detrás de él viene el papá.

En el extremo opuesto de la sagacidad, podemos ubicar a la mentira patológica, situación en la que el niño miente no sólo habitualmente sino con descaro, desafiante y haciendo caso omiso a los llamados de atención al respecto. Como en el caso del robo infantil examinado atrás, la mentira patológica requiere de ayuda psicoterapéutica, tanto para el niño como para los padres o quienes les sustituyan.

Rivalidad. Los sentimientos de rivalidad del niño respecto a otros niños, y también respecto a los mayores, tienen como puntos de partida tres hechos fundamentales característicos de la especie humana: 1. Territorialidad, 2. Envidia y celos, y 3. Enamoramiento infantil y enfrentamiento con el contendor en el triángulo del "Complejo de Edipo".

Comencemos por la territorialidad. En los lugares más recónditos de nuestro cerebro, los seres humanos tenemos rastros y remanentes de lo que en la escala zoológica fue el cerebro de un reptil.

Estos animales poseen fuerzas instintivas que los empujan a actitudes que por un lado privilegian los rituales y la demarcación y defensa feroz de lo que consideran su territorio, siendo muy capaces de destruir a otro animal que intente apoderarse del mismo.

Los rastros y remanentes de la mentalidad reptílica determinan que los seres humanos tengamos una similar tendencia instintiva a la posesividad, extendida al territorio de las personas: nuestra reacción ante la simple posibilidad de que alguien se apodere de la persona amada o deseada, nos hace reaccionar instintivamente con furia y posesividad, especialmente si tal reacción no ha sido objeto de una comprensión que la module, la humanice y la haga razonable y adulta.

Estos rastros y remanentes son la base para los sentimientos de envidia, y especialmente para los de celos.

La envidia abarca una serie de sentimientos negativos y dolorosos que contaminan una relación; se caracteriza por la participación de dos personas, la persona que envidia, es decir, el que siente ira, rencor u odio porque percibe o imagina que el envidiado es, tiene o hace algo que el envidioso quisiera ser, tener o hacer; y la persona envidiada.

Un niño puede sentir envidia hacia el hermano que con hábil velocidad realiza sus tareas, mientras que a él le cuestan un enorme trabajo.

Los celos abarcan una gama de sentimientos negativos y dolorosos que contaminan una relación de amor o de deseo, y se caracterizan por la existencia de tres personas: el niño o niña que ama o desea, y que experimenta los celos al sentirse interferido; la persona amada o deseada, por la que el primero siente celos y con la que desearía no verse interferido; y la persona que con su presencia hace sentirse interferido, o interfiere en realidad al que ama o desea.

Así, un niño ama a su madre y desea que ella le pertenezca exclusivamente. Si nace un hermanito, éste será "el tercero en discordia": el niño mayor experimenta celos porque se siente interferido en su amor y sus deseos posesivos por la madre, debido a que ella se dedica ahora al hermanito recién nacido, situación que lo hace sentir (aunque en la realidad no sea cierto) que ha quedado excluido.

El nacimiento de un nuevo hermanito puede desencadenar una reacción de celos también en el padre de la criatura, que se siente excluido y abandonado por la esposa, ahora dedicada al bebé con la preocupación maternal primaria.

Tanto la envidia como los celos tienen su origen en un estado interior de la mente del envidioso y el celoso que se caracteriza porque en sus primeras experiencias con la madre y el padre durante la etapa del bebé, no llegó a formarse la imagen de unos padres internos "positivos fuertes", y predomina la imagen de unos padres internos "negativos todopoderosos".

Por ello, dentro de su mente, y años después, el niño no se siente lo suficientemente amado, su autoestima es endeble, no se ama, ni se respeta, ni gusta de sí lo suficiente, pudiendo sentirse desprotegido y aun amenazado por dentro.

Teniendo en cuenta ese estado interior, es fácil comprender cómo siente envidia por lo que los demás son, hacen y tienen, y en sus celos se siente permanentemente amenazado de ser excluido y abandonado, acariciando sórdidas y dolorosas imágenes de cómo los demás obtienen atención y placer, mientras que él o ella no lo logran.

El "enamoramiento infantil" refuerza esta situación cuando el niño percibe que la madre amada y deseada pertenece al padre y no a él, y la niña, que el padre amado y deseado es de la madre y no de ella.

El niño envidia a su padre, que obtiene el placer y la atención que él quisiera para sí, y siente celos por su madre, que se entrega a otro y no a él.

La niña envidia a su madre porque obtiene el goce y las caricias que ella quisiera para sí, y siente celos por su padre, que pertenece a otra y no a ella.

En estas situaciones triangulares, es fácil ubicar el prototipo de lo que en la edad adulta serán los celos sexuales, motivados o no, que las personas sienten por su cónyuge.

El manejo de la rivalidad, la envidia y los celos de los niños por parte de los padres tiene su punto de partida en la crianza: si desde los primeros días de vida el bebé experimenta el amor de sus padres, especialmente el de la madre, y una consagración especial y dedicada, se desarrollará con sus imágenes internas de los padres y de sí mismo funcionando adecuadamente.

En tal caso, los rastros y remanentes reptílicos quedarán en una especie de limbo neurofisiológico y psicológico, y no se manifestarán en forma exagerada ni conflictiva en el funcionamiento del carácter, sino en forma creativa para defensa de lo que naturalmente es suyo.

Con ello, la aparición de la envidia y los celos quedará muy atenuada en el niño, limitándose a manifestaciones dentro de lo natural, es decir, que no ocasionan perturbaciones: un poco de envidia y celos es adecuado y hasta deseable, ya que pone en evidencia que el niño se siente lo suficientemente amado y seguro dentro de sí mismo como para manifestar y exteriorizar sus sentimientos negativos.

Algo de envidia y celos muestran una identidad en pleno proceso de autoafirmación. El manejo amoroso y firme, sin contraataques, de tales reacciones infantiles por parte del adulto, permite al niño afianzar su autoestima y adecuar la imagen de sí mismo, del mismo modo que lo hace el desarrollo del sentido de la propiedad que se analizó antes: el niño aprende a defender su territorio, sus propiedades y su vínculo con la persona que ama, no con violencia pero sí con firmeza, energía, decisión, iniciativa y saludable agresión.

La envidia y los celos del infante pueden desencadenar en el adulto que lo educa fuertes reacciones de angustia, contraataque y violencia. Los padres necesitarán por ello de una muy aguda toma de conciencia de la necesidad de modular dichas reacciones en el niño, sin reprimirlas con ferocidad, y sin retroceder amedrentados ante ellas.

Otra vez, una amorosa firmeza, diálogo y "actitud de explicar" serán las herramientas que ofrecen los mejores resultados.

Ante la firmeza amorosa, el diálogo y la "actitud de explicar", el niño reaccionará identificándose con el padre, la madre o el hermano que envidia o le produce celos, siendo llevado por tal identificación a crecer y madurar emocionalmente con lo que, con el tiempo y el desarrollo personal de él o ella mismos, podrá conseguir para sí, de un modo adulto y creativo, lo que envidia en el otro o lo que le produce celos, obteniendo de paso nuevas herramientas para continuar madurando.

Como se puede ver, ésta será una pieza fundamental en el proceso de crecimiento emocional y de estructuración del carácter del niño.

Todo lo contrario ocurre cuando predominan el contra-ataque, la angustia y la violencia del adulto: el niño se ve impulsado no a la identificación, sino a fantasías o incluso a actos intentando robar aquello que le produce envidia o celos, lo que conduce a serios bloqueos en la maduración emocional y del carácter.

Todo lo anterior funciona especialmente en las reacciones contra el adulto rival en los celos del triángulo que caracteriza al "enamoramiento infantil", situación en la que se hacen necesarias mucha atención y paciencia, tranquilizando al pequeño celoso con mucho amor, asegurándole, por ejemplo, que si la madre no duerme con él no es porque no lo ama, sino porque los adultos necesitan compartir el amor y la intimidad que él mismo obtendrá para sí con su propia pareja, cuando crezca.

Límites como éste son indispensables para que el niño aprenda a determinar los límites de su ser y de su territorio, comprendiendo hasta dónde puede y hasta dónde no puede llegar, y cuál es el territorio de los demás, lo que favorece la estructuración del carácter.

✳✳✳

En los capítulos correspondientes al bebé, especialmente en "Padres internos 'positivos' y padres internos 'negativos'", analizamos cómo las perturbaciones del desarrollo en esa etapa dan lugar a los trastornos en la estructura del carácter, y entre los más frecuentes revisamos la presencia de rasgos fronterizos y el narcisismo.

Cuando hay perturbaciones en la etapa del niño, tienen lugar problemas psicológicos que podemos ubicar como inmadurez emocional severa, entidad a la que también podemos llamar neurosis.

En ésta, no predomina la división en la imagen interna de los padres ni en la "casa interior", por lo que la persona no está agobiada por demasiadas contradicciones: no hay rasgos fronterizos; el ego y la autoestima se hallan bastante consolidados, por lo que la habitación que alberga a los habitantes deliberantes y a la imagen de sí mismo no está afectada por la debilidad; no necesita hincharse como en el caso del narcisismo.

En las neurosis predominan el conflicto y las prohibiciones internas. Los habitantes de la "casa interior" no pueden salir por puertas ni ventanas a buscar la satisfacción de sus necesidades, la comunicación entre habitaciones de la casa interior es frágil, y hay como una cierta falta de aire dentro de ellas.

¿Por qué ocurre esto? Porque si en la infancia predominaron actitudes de los padres como impedir, vedar en demasía, no autorizar ni permitir, y tales actitudes han sido incorporadas como tiránicas y opresivas, la imagen de los padres internos, si bien como se vio no está dividida, sí funciona dentro de la mente como exageradamente severa, prohibitiva, tiránica, despiadada y culpabilizadora.

La severidad, las prohibiciones exageradas y la despiadada tiranía de los padres internos es sentida por el niño, y más tarde por el adolescente y el adulto, como una situación interna que los cohíbe, los frena por dentro y los llena de culpa (me siento "malo"), lo que se manifiesta como constante malestar psíquico (me siento "mal"), una angustiada inhibición y dificultades más o menos serias para disfrutar de la vida.

Toda la vida mental del adulto afectado por estas prohibiciones y tiranía internas se ve agobiada por vagos temores y angustias; y en especial su vida amorosa se ve interferida por temores inconscientes a que, sin importar lo que haga, va a estar transgrediendo las mencionadas prohibiciones.

La persona se ve impedida de amar en forma adulta, y también de reaccionar con firmeza y cólera cuando sea necesario. Se bloquea y se empobrece interiormente, desarrollando actitudes rígidas y síntomas diversos como depresión, angustia, malestares físicos cuyo origen es psicológico, fobias, obsesiones, etcétera.

Capítulo 9

El afianzamiento de la identidad sexual durante la niñez

Pasada la etapa del bebé, llegamos a la etapa del niño, en la que se presenta la situación de apego o "enamoramiento infantil" del varón hacia su madre y de la niña hacia su padre.

En esta etapa, una relación adecuadamente amorosa del infante con sus padres le permitirá una buena identificación sexual con el de su mismo sexo, y una renuncia a los fines posesivos (sexualidad infantil) que el niño tuviera hacia el padre del sexo opuesto.

Hay que aclarar que la renuncia aludida nunca es completa, lo cual determina que hombres y mujeres adultos, al elegir pareja, habitualmente se acerquen a personas que de alguna manera les recuerdan a sus padres.

Así, la niña se identificará con su madre y renunciará a los fines sexuales infantiles con su padre, en favor de la madre.

El niño se identificará con su padre y renunciará a los fines sexuales infantiles con su madre, en favor del padre.

La renuncia que el niño alcance consolidará la adecuada identidad sexual que empezó a adquirir en la etapa del bebé.

Cuando hay una identidad sexual integrada, adquirida durante la etapa de bebé y consolidada durante la niñez, el individuo se siente satisfecho con su ser hombre o con su ser mujer, requisito para poder amar a un individuo adulto del sexo opuesto, para excitarse sexualmente y para mantener la relación.

Todo lo anterior determinará también que los niños, los adolescentes y luego los adultos de ambos sexos vivan con plenitud y alegría el hecho fisiológico de que sus genitales son más placenteros que el resto del cuerpo, incluso que la boca y el ano, ya que dan lugar a la experiencia del orgasmo. Vivir con plenitud y alegría tal hecho fisiológico se denomina "primacía genital".

Esta experiencia es posible sólo si el niño y la niña han logrado renunciar a sus expectativas sexuales respecto a los padres, renuncia con la cual se hace posible tener la suficiente maduración emocional y sexual como para alcanzar vivir con plenitud y alegría, y el hecho fisiológico de que el contacto con los genitales es sexualmente más placentero que cualquier otra experiencia sensorial.

Además, con esa renuncia el niño y la niña cancelan y superan el temor a ser dañados en sus genitales por un padre o una madre internos que, en la fantasía del infante, están celosos.

Para la maduración afectiva y sexual es necesario, además, que la experiencia de goce sensual en la piel y en la boca lograda en la etapa del bebé, se integre con la "primacía genital", de modo que el intenso placer sensual que el bebé sintió en su piel, boca, ano y genitales se concentre en estos últimos, desde luego sin anular la importancia del placer sensual y sexual en los otros órganos.

Toda esta comprensión desemboca en la alborozada experiencia de comprobar que el aspecto, la calidez, la humedad, el olor y el tacto de los genitales y la piel no sólo no son repugnantes ni vergonzosos, sino altamente excitantes y satisfactorios.

La renuncia a los padres como objetivos sexuales permite al niño y a la niña desarrollar en grado apreciable la ternura desexualizada y la gratitud, sentimientos que más adelante en la etapa adulta, conectados con la pasión y la fantasía compartida, permiten experimentar excitación sexual a largo plazo hacia la misma persona.

La ternura y la gratitud se conectan, en la persona emocionalmente adulta, con la preocupación afectiva, el cuidado por el otro y sus consecuencias: la dedicación y el compromiso a largo plazo. La preocupación afectiva, el cuidado por el otro y sus consecuencias son el resultado de una elaboración adecuada del odio: el bebé y el niño se sienten culpables de odiar a la madre y al padre, a los que también aman.

Como resultado, en el bebé y en el niño crece una saludable preocupación afectiva por las consecuencias del odio, desarrollando también sentimientos de cuidado por la madre y el padre (que en el adulto estará representado por el cuidado por el cónyuge y los hijos), una dedicación a ellos para cumplir con el propósito de cuidarlos y un compromiso para que el cuidado sea duradero.

Finalmente, el desarrollo de una relación de confianza del niño y la niña con sus padres, promovida por la seguridad que el infante adquiere a raíz de la renuncia antes descrita y por el afianzamiento del diálogo en el seno de la familia, abre paso a la confidencialidad y, como consecuencia de ella, a la capacidad de compartir fantasías sexuales.

Sólo si existe la capacidad de compartir las fantasías sexuales en el seno amoroso del diálogo, le es posible a la pareja alcanzar unos juegos sexuales adultos capaces de dar marco a la pasión.

En este punto, quisiera incluir una comprensión que debo a Kernberg y que se relaciona con estos factores. Kernberg afirma que el matrimonio adulto es, en el inconsciente, un triunfo sobre el tabú del incesto, que permite al varón identificado con el padre, casarse con la mujer que representa a la madre. Y a la inversa en el caso de la mujer.

Kernberg afirma que eso es un triunfo, una superación inmensamente gratificante, pero que a la vez encierra un peligro para la continuidad de la pareja.

¿Por qué? Porque al estar cada uno casado con alguien que parcialmente representa al padre o a la madre que amaron y desearon en la infancia, ambos pueden sentir en su inconsciente la reactivación de los temores y rivalidades infantiles, lo que pudiera ocasionar suficiente culpa y ansiedad para que uno, o ambos, huyan de la relación como autocastigo por haber consumado lo que en la fantasía representa un incesto. Una huida así es, muchas veces, la explicación de separaciones y divorcios "inexplicables". Es también el caso de parejas que llevan una excelente relación como amantes... hasta que se casan y todo se daña.

Las renuncias e identificaciones analizadas afianzan la identidad sexual de niños y niñas, de modo que un hombre, una mujer, se sienten contentos y estimulados por serlo también cuando acceden a la adolescencia con aptitudes para enfrentar las situaciones de esa edad, en la que todo tiene que consolidarse una vez más a través de determinadas experiencias de crisis, para luego llegar a la adultez con la identidad sexual adecuadamente formada.

En cambio, las "difusiones" de la identidad sexual que pudieron presentarse por insuficiencias y fallas en esta área durante la etapa del bebé, se afianzan también y se agravan si hay problemas, conflictos y barreras durante el "enamoramiento infantil".

Dichas "difusiones" pueden llegar, entonces, a manifestarse incluso como problemas sexuales específicos, incluyendo las así llamadas perversiones sexuales y la homosexualidad.

Los problemas, conflictos y barreras que agravan los "cortocircuitos" y asientan un problema de identidad sexual durante la etapa del "enamoramiento infantil", pueden originarse en tres grandes causas que, en los casos más perturbados se superponen y hasta actúan juntas:

✓ *Primera causa*: el niño, la niña, durante la etapa del bebé, no alcanzó una adecuada madurez e integración de las imágenes internas de sí mismos y de los padres, con la consiguiente escasez de autoestima. Debido a ello, cuando el infante llega a la etapa del "enamoramiento infantil" se ve afectado por una insuficiencia, una debilidad, digamos así, en sus aptitudes para vivir con ecuanimidad dicha etapa, la que se carga por ello de angustias, dudas y temores.

✓ *Segunda causa*: los padres del niño, de la niña, presentan ellos mismos problemas de identidad sexual y la identificación de los hijos será llevada a cabo con una madre o un padre sexualmente "difuso".

✓ *Tercera causa*: los padres del niño, de la niña, están afectados por inmadurez emocional o por trastornos de la estructura del carácter. Como resultado de ello tienen interferencias en la relación de amor entre ellos por un lado, y entre ellos y el niño o la niña por otro lado. La consecuencia de las interferencias mencionadas es que en la relación del adulto con los hijos, predominan los temores, la sospecha, la rivalidad, la posesividad, la envidia, la agresión y la violencia de los padres y, como reacción, también en la relación de los hijos con los padres.

La frustración de la relación de amor entre padres e hijos hace que se atenúe y aun desaparezca el "enamoramiento infantil", el que es reemplazado por deseos sexuales prematuros, distorsionados, exacerbados y predominantes en las fantasías del niño y de la niña hacia sus padres.

Esta clase de deseos aparecen teñidos no de ternura, afecto, pasión y capacidad de renuncia, como cuando predomina el "enamoramiento infantil", sino de agresión, violencia y posesividad marcadamente egoísta. Como consecuencia de esto, tales deseos se presentan llenos de pánico, fantasías de venganza, de daño emocional y corporal, y de destrucción.

Uno de los resultados de estas fantasías es que muchos niños de cuatro, cinco o seis años, viven aterrorizados por constantes temores y pánico a la oscuridad, a los fantasmas, los espectros y los asesinos, acosados por pesadillas, insomnios y terrores nocturnos.

Otro resultado es que resulta perturbado el sistema de enamoramiento, renuncia e identificación por la que el infante afianza su identidad sexual en esta etapa, con lo que la vida amorosa y familiar adulta sufre graves daños.

¿Cómo se perturba este sistema? Comencemos por el niño varón.

La primera vicisitud sería que el niño no se "enamora" de la madre, sino que se siente inconscientemente agobiado por deseos sexuales prematuros, distorsionados y exacerbados hacia ella, lo cual determina un apego exagerado a la madre y grandes temores, y hasta pánico, hacia el padre, al que el niño llega a imaginar como un personaje celoso, violento y vengativo. No hay posibilidad de renuncia a la madre, y el pánico con el padre interfiere y hasta anula la posibilidad de identificación masculina con él.

La segunda vicisitud sería que, para evitar la angustia y el pánico hacia el padre, el niño se siente sexualmente apegado a éste, tratando de "demostrarle" que a quien desea es a él, no a la madre. También pudiera ocurrir que el niño tenga una madre agresiva, dura, impositiva y dominante, y un padre de carácter débil, pasivo y sumiso al que el niño se apega sexualmente por rechazo a la madre.

Se bloquea la posibilidad de renunciar al padre, y pudiera desarrollarse una identificación femenina del niño con la madre. Vicisitudes como ésta dan paso al establecimiento de inclinaciones homosexuales.

La tercera vicisitud se relaciona con niños que en la etapa de bebé no consiguieron una integración de su mundo interno, y llegan a la etapa del "enamoramiento infantil" con una división interior.

Con una parte de la división experimentan apego sexual hacia uno de los padres, y odio y rivalidad hacia el otro, y con la otra parte de la división, a la inversa. Así, estos niños desean, odian y temen a ambos padres.

Se generan intrincadas confusiones en el mundo interno, la renuncia se vuelve imposible, y la identificación es con ambos, creando así tendencias ambiguas y caóticas que muchas veces desembocan en la bisexualidad, la promiscuidad y las perversiones sexuales.

La niña estará afectada por las mismas vicisitudes, planteadas en la forma inversa a la descrita para el varón.

Veamos ahora algunos ejemplos tomados de mi práctica clínica de la psicoterapia psicoanalítica.

Un profesional serio y responsable busca ayuda psicoterapéutica.

Como defensa contra un padre severo, violento y afectivamente indiferente, al que sentía agresivamente celoso de su infantil relación con su madre, se alejaba con temor de ella sin renunciar realmente a la misma. En su fantasía se aferraba a la madre, siempre sufriente y pasiva ante su esposo. Como consecuencia de su odio al padre rechazó identificarse con éste, con un doble resultado.

Por un lado, ha quedado fijado a la madre, atrapado en su fantasía con ella. Al no haber renunciado a la madre, ya adulto, la busca en las mujeres de las que se enamora. Al encontrarla, por temor al padre interno, desarrolla síntomas de impotencia sexual y rechazo afectivo hacia la mujer, problemas que se hallan detrás de sus, hasta ahora, tres divorcios.

Por otro lado, como consecuencia de una débil o inexistente identificación masculina con el padre, los elementos viriles de su carácter han quedado menoscabados. Además hubo una identificación femenina con la madre, como resultado de la cual, si bien no ha desarrollado una tendencia homosexual, se ve afectado por "debilidad de carácter", actitudes "femeninas" y tendencias a la pasividad y al sufrimiento, como pasaba con la madre.

Otro ejemplo. Una niña siente imposible "enamorarse" del padre porque es violento y distante, siempre ebrio y agrediéndola a ella y a su madre, la que está afectada por una severa depresión. La niña resuelve su conflicto aferrándose sexualmente de la madre y odiando al padre.

Obviamente de un "romance" así, no cabe esperar capacidad de renuncia alguna, y también será obvio que la identificación femenina con la madre estará ausente. De adulta, carece de una identidad sexual definida, tiene actitudes masculinas y muestra una marcada tendencia a enamorarse de las mujeres.

No acepta tener experiencias de lesbianismo porque se siente moralmente frenada para ello, pero también odia a los hombres. Como resultado, esta eminente científica y maestra ya mayor, es solterona y vive sola, encerrada, y padeciendo de una apabullante soledad y de una desgarradora vivencia de aburrimiento, vacío, hastío y futilidad.

Busca ayuda porque no desea que la vida se le vaya de las manos sin haberla vivido.

Un tercer ejemplo. Un renombrado artista durmió en la misma cama con su madre hasta los diecisiete años. El padre, juerguista y enamorado, era obligado por la madre a dormir en otra pieza. Este hombre sentía que su madre lo seducía contándole detalles de la intimidad que, pese a todo, sostenía con el esposo, y mostrándose muchas veces ante el confundido niño completamente desnuda y en actitudes insinuantes. Ya adulto, a pesar de su éxito social y financiero, permanece soltero y solo. En la psicoterapia se hace evidente que no hay claras tendencias homosexuales, sólo una pocas fantasías que lo inquietan y lo angustian.

Pero al mismo tiempo se siente incapaz de enamorarse de una mujer. Estas le encantan y las busca, pero siente como imposible acercarse e intentar conquistar a una de ellas. Está identificado con el padre y es bastante viril en sus actitudes, pero teme profundamente a la madre seductora que ve en las mujeres que lo rodean: no ha podido renunciar a su madre a favor del padre.

Un ejemplo más. Una dama de condición social alta se sentía muy amada por un padre severo y extremadamente austero. En cambio, sentía que su madre, una mujer de gran belleza y éxito social la dejaba sola con el padre para dedicarse a sus actividades y fiestas. Ya adulta se siente agobiada por una severa frigidez, y su matrimonio con su excelente marido está por irse a pique porque es áspera, ruda y rechazante con él, a pesar de que ambos se sienten muy enamorados.

Busca ayuda psicoterapéutica luego de una inesperada experiencia homosexual con la niñera de sus hijos, experiencia que inmediatamente la llena de angustia y rechazo al extremo de despedir a la niñera.

Avanzado el proceso psicoterapéutico, descubre que estuvo enamorada del padre y de la madre, lo que hacía imposible la renuncia, a la vez que sentía y siente un desesperado odio contra ambos. Quisiera ser como ambos, pero la identificación con el austero padre y la divertida madre es escasa.

Se siente como "hueca" por dentro, vacía, sola y con fantasías de suicidio, ya que predomina una ausencia de padres internos. Su drama es que no puede amar ni a hombres ni a mujeres, y en un momento de la terapia descubre con asombro que "odia a todo el mundo".

***

Aparte de distorsiones de la vida amorosa y familiar como las mostradas en los ejemplos anteriores... ¿cuáles son las manifestaciones, los síntomas de esta "difusión" o confusión en la identidad sexual en el adulto?

La confusión y difusión de la identidad sexual determina que la persona no se sienta conforme, y hasta puede sentirse infeliz con el sexo que tiene; alberga fantasías y anhelos sexuales correspondientes a ambos sexos o exclusivamente al otro, e inclusive anhela, consciente o inconscientemente, pertenecer al sexo opuesto.

Tal persona siente, en lo más profundo y recóndito de su ser, que sólo así podría obtener "algo" de lo que se siente excluido, y que atribuye ser privilegio exclusivo del sexo opuesto.

Así, y como pasaba con uno de mis pacientes, un varón puede desear ser mujer no sólo porque en su inconsciente desee tener una vagina, o senos con los cuales pudo haber atraído y aun seducido a la madre que, según él, lo rechazó cuando bebé por su condición de varón, sino porque adjudica que sólo así podrá tener acceso a la ternura, que cree es patrimonio únicamente de las mujeres.

Del mismo modo, y como lo comprobé con una paciente con inclinaciones homosexuales severas, una mujer pudiera anhelar ser varón no sólo porque desea poseer un pene o testículos para atraer, y por qué no, seducir a la madre que la rechazó cuando era una niña supuestamente por no ser varón, sino porque está convencida de que sólo así puede ser fuerte, valorizada, respetada, u obtener logros en la vida.

Muchas personas tienen una lesión en la identidad sexual, y no lo saben. Digamos que en el nivel entre leve y moderado de esta lesión anímica, todo lo que estas personas pueden percibir es una desadaptación más o menos seria en su vida amorosa.

Algunas personas, en las que predomina la inhibición, simplemente viven inquietas, inconformes y aburridas en su relación de pareja, además de sentirse así en muchos o en todos los restantes aspectos de su vida.

Personas que padecen de lesiones más severas en la estructura del carácter, sufren no de inhibición, sino por el contrario de un predominio de la impulsividad, por lo que se desbordan a extremos de seducción múltiple, infidelidad, prostitución, promiscuidad, y aun ciertas perversiones sexuales.

Estas personas experimentan severa infelicidad en sus vidas.

Pueden tener la apariencia de un varón excesivamente macho, que intenta convencer a todos de sus hazañas sexuales, o de una mujer muy exhibicionista o exageradamente femenina y seductora. En el otro extremo pueden estar ciertos varones afeminados y mujeres masculinizadas que no presentan ninguna conducta homosexual.

Cuando se analiza a estas personas se hace evidente que tienen dudas sobre lo que son por dentro, si hombre o mujer.

Parejas en psicoterapia psicoanalítica tienen ocasión de descubrir que, inconscientemente, cada uno ha elegido como pareja a una persona del sexo opuesto que por lo general también padece de lesiones en su identidad sexual, y desea inconscientemente pertenecer al otro sexo. De esta manera, como psicoterapeuta me encuentro con frecuencia frente a un hombre que inconscientemente desea ser mujer, unido a una mujer que desea, también inconscientemente, ser hombre.

Estas personas tienen frecuentes lapsus o equivocaciones al hablar, en los que de manera inadvertida se refieren a sí mismas como alguien del sexo opuesto, y sueños en los que se ven a sí mismas o a alguien a quien aman, con atributos del sexo opuesto. Son maneras inconscientes de intentar satisfacer los secretos anhelos de pertenecer al sexo opuesto, o de que la persona amada no pertenezca al sexo opuesto, sino al propio.

Por ejemplo, una mujer en psicoterapia psicoanalítica me trajo un sueño en el que le crecía un enorme pene y su esposo se lo succionaba.

Un hombre también en psicoterapia psicoanalítica soñó que su tierna amante tenía barbas y hablaba con grave y retumbante voz de hombre.

Lapsus y sueños son maneras inconscientes que la persona desarrolla para intentar satisfacer sus secretos anhelos de pertenecer al sexo opuesto, o de que la persona amada no pertenezca al sexo opuesto, sino al propio.

Así pues, consciente o inconscientemente, estas personas desean pertenecer al otro sexo, lo que de ninguna manera puede ser considerado como un cuadro de manifiesta homosexualidad. En todo caso, puede decirse que las personas que presentan una "difusión" o confusión de la identidad sexual tienen rasgos o tendencias homosexuales inconscientes, pero no son "homosexuales" en el sentido estricto.

Precisamente, el drama de estas personas es que no pueden ser homosexuales ni heterosexuales. Lo primero está descartado porque predomina la inhibición y por ello no son susceptibles de incurrir en conductas homosexuales. Y lo segundo, porque para ellos la heterosexualidad es también imposible: lo que anhelan es la "realización" homosexual que no pueden llevar a cabo.

Por otro lado, por su necesidad de identificarse con su propio sexo, estas personas requieren y fantasean con un estrecho contacto, a veces físico y hasta sexual, con personas del propio sexo. A pesar de ello, personas así no son estrictamente homosexuales, sino los angustiados protagonistas de una búsqueda de identidad sexual.

Para que sea posible el diagnóstico clínico de homosexualidad, tiene que estar presente la conducta real de sostener relaciones sexuales reales con alguien real del propio sexo. Esta perturbación será analizada más extensamente líneas abajo.

Muchos varones con esta pertubación se ven, como ya se dijo, agobiados por una vida sexual monótona, desapasionada e infeliz.

Ellos padecen de una prohibición inconsciente para gozar con plenitud de su relación heterosexual, que aunque la tengan suele ser monótona y sin pasión.

Estos varones disfrutan con especial placer de las fantasías y escenas de lesbianismo, lo que no es sorprendente ya que de ese modo, identificados con una de las mujeres de la fantasía o la escena, cumplen con el anhelo de "ser mujer", único modo, según ellos, de obtener el cariño, la confianza, la confidencia y el contacto físico íntimo y afectuoso de la madre.

Este anhelo se ve reforzado por el hecho de que muchas veces el niño varón contempla cómo las niñas comparten "secretos", "cosas de mujeres", y hasta una marcada intimidad física con la madre, mientras que él se ve excluido de "todo eso".

Estos varones tuvieron, durante la etapa del bebé, una importante carencia de contacto afectivo y físico con la madre, y experimentan esa carencia como una prohibición, una "orden de la madre, de no tocarla". Tal situación se agrava cuando, durante el "enamoramiento infantil" y por actitudes erróneas, excesivamente severas y autoritarias del padre, imaginan que éste reforzó la orden con un "no tocar a mamá".

También cuando la madre es seductora con el niño, y el padre con la niña, los infantes experimentan una terrible angustia por la posibilidad de que ella o él, con sus actitudes "incitantes", den "vía libre" a las fantasías eróticas que todo niño alberga en su inconsciente.

Las actitudes seductoras pueden ser manifiestas y hasta descaradas, pero pueden también ser solapadas y encubiertas. Guillermo Ballesteros, psicoanalista colombiano, hace una síntesis de estas últimas, tan perturbadoras como las abiertamente seductoras:

✓Comentar y detallar la propia actividad sexual a los hijos;

✓practicar una desnudez "descomplicada" ante los hijos, especialmente ante los adolescentes;

✓utilizar al hijo o a la hija como receptor de quejas, especialmente las relacionadas con la vida íntima, contra el otro miembro de la pareja;

✓incurrir con el hijo o la hija en ciertas "complicidades" a propósito de situaciones íntimas, como por ejemplo defecar u orinar con ellos en el baño, enviar a un hijo a botar a la caneca una toalla higiénica usada, o permitirle observar actividades sexuales de los adultos;

✓compartir con los hijos diálogos de doble sentido y chistes "verdes".

Los padres que educan a niños y niñas deberían prescindir de estas actitudes.

Retomando el punto de los niños que de bebés se sintieron rechazados por la madre por el hecho de ser varones, ellos albergan la convicción de que con sólo ser una niña hubieran podido obtenerlo "todo". Como varones, se sienten excluidos del placer sexual, exclusión que, reforzada luego por traumas durante la etapa del niño, vivencian como una prohibición inconsciente del contacto afectivo, físico y sexual con la mujer.

La mente dividida separa y corta en dos sus identificaciones sexuales: una parte de la mente se identifica a sí misma como hombre, y la otra como mujer.

En estos varones, cuando se encuentran enfrascados en fantasías o escenas de lesbianismo, la parte de la mente dividida que se siente mujer se identifica con una de las mujeres de la fantasía o la escena... e inconscientemente se siente y se percibe actuando y disfrutando como esa mujer. Ésta sería la única manera, según el problema que los agobia, de poder disfrutar y sentir la plenitud de su excitación y goce sexual con una mujer, sin que actúe la prohibición.

Es como si los varones en cuestión tuvieran que sobornar y confundir a la parte de ellos que les prohíbe el goce sexual con la mujer, diciéndole: "No, mira que no soy hombre... sino mujer, y como mujer no me está prohibido disfrutar de mi unión con la mujer, mi madre". Por otro lado, el varón con esta dificultad satisface inconscientes anhelos homosexuales imaginando o presenciando un acto homosexual, y de paso niega sus propias tendencias homosexuales inconscientes: "Las homosexuales son las mujeres de la fantasía o la escena, no yo".

Las mujeres con perturbaciones de la identidad sexual, aun las severamente afectadas por este problema, sólo en casos excepcionales son estimuladas sexualmente por fantasías o escenas de homosexualidad masculina.

Es natural. La dificultad en la identidad sexual de ellas se originó, al igual que en el varón, por intensos e insatisfechos anhelos de la bebé mujer de obtener intenso contacto afectivo y físico con la mujer madre. Lo que la mujer con problemas en su identidad sexual anhela inconscientemente es el contacto con mujeres, representantes inconscientes de la madre. No le interesan los varones homosexuales, sino en la mínima medida en que pueda verlos como mujeres.

Por ello, lo que se ve con frecuencia en estas mujeres es la presencia de fantasías y sueños de acariciar y succionar los senos de otra mujer, o de exhibir seductoramente sus encantos femeninos ante una mujer, que en el inconsciente representa a la madre frustradora de la infancia, y que ahora responde favorablemente a la seducción y al anhelante amor de la mujer afectada por esta clase de dificultad, ofreciéndose generosa y afectiva. La aparición de fantasías, impulsos y conductas en las que ellas sostienen relaciones homosexuales con compromiso de los genitales, corresponde a niveles más graves de perturbación.

Aparte de las inhibiciones y descalificaciones culturales, que contribuyen a desalentar prácticas como las mencionadas por parte de la mujer, parece que para ellas resulta más factible y cómoda la satisfacción de sus impulsos homosexuales inconscientes mediante el pronunciado e intenso contacto físico amistoso con otras mujeres, culturalmente aceptado mientras no tenga evidentes connotaciones sexuales.

Para los varones, el pronunciado contacto físico amistoso con otros varones está agresiva y despectivamente descalificado por la cultura, y sujeto a vergüenza, amenazas, terribles prohibiciones y feroces sentimientos de culpa en el mundo interno.

En un nivel de mayor gravedad, las personas con una perturbación de su identidad sexual tienen con horror y placer, fantasías conscientes en las que realizan actos sexuales con personas del propio sexo, o en las que ellas mismas pertenecen al sexo opuesto, y se sienten profundamente infelices y culpables por dichas fantasías, las que muchas veces repudian de un modo obsesivo, pero que se les repiten en la mente sin poder evitarlo.

En estos casos muchas veces está presente la masturbación, también repudiada pero furtiva y culposamente disfrutada, en la que el centro son las aludidas fantasías de ser alguien del otro sexo, o alguien que disfruta sexualmente con una persona del propio.

Más grave aún es el nivel en que la persona se siente empujada, de manera irresistible y contra su voluntad, a tener conductas homosexuales que rechaza conscientemente y de las que luego se horroriza, abrumada por graves sentimientos de culpa.

El nivel más grave al que llega la perturbación de la identidad sexual es el de la homosexualidad manifiesta, en el que la persona funciona desde furtivamente bisexual pasando por la placentera aceptación de la propia homosexualidad disimulada en lo externo, hasta la actitud homosexual exclusiva, abierta e incluso desafiante y exhibicionista.

Un extremo que grafica bien lo que pasa por dentro de la persona, se ve en los homosexuales que practican el travestismo, en el que la persona hace uso de ropa, arreglo personal y actitudes de alguien del sexo opuesto, y en el transexualismo, en el que la persona recurre a la cirugía para "transformarse" y adquirir algunos rasgos anatómicos externos del sexo opuesto.

He destacado las causas y componentes psicológicos de la homosexualidad. Ciertos factores biológicos, principalmente bioquímicos y genéticos que parecen relacionarse con la generación de cuadros de homosexualidad, son objeto hoy de muy serios estudios de investigación médica, que aún son incipientes. En todo caso, incluso existiendo determinantes biológicos, con toda seguridad ellos se harán evidentes y producirán problemas en la conducta de la persona con mucha más intensidad si están presentes los factores distorsionadores psicológicos, emocionales, de relación inconveniente con la madre y el padre durante las etapas del bebé y el niño, que si no lo están.

En mi opinión, si éstos últimos factores están ausentes, es poco probable que los determinantes bioquímicos y genéticos tengan, por sí solos, la fuerza distorsionadora suficiente como para producir trastornos graves de la identidad sexual, visibles en la conducta en forma de homosexualidad.

Capítulo 10

Síntesis

Un bebé bien criado es, en síntesis, un bebé
pleno, amado, satisfecho.

Un niño bien educado es el que en su primera
infancia fue un bebé pleno, amado y satisfecho,
y el que durante su educación ha sido suficientemente protegido.

En el caso del bebé, su madre y su padre privilegiaron su
cuidado por encima de toda otra preocupación y le ofrecieron
permanente e intenso contacto afectivo, físico y verbal.

Como consecuencia, se ha volcado en forma natural
hacia sí mismo para realizar la construcción de su mundo
interno, y no se ha visto prematuramente empujado a
lidiar con el mundo externo para protegerse y desarrollar
defensas que lo dañen.

Por estar volcado hacia sí mismo, es un bebé muchas
veces ensimismado, generalmente tranquilo, capaz de
sonreír y coquetear, capaz también de ser exigente y reclamar con energía las pocas veces que resulte necesario.
Su madre y su padre se sienten dispuestos a reparar sus
errores cuando los cometieron.

Llegada la etapa del niño, la idea no es que esté en una
burbuja, aislado de todo estímulo y peligro externo, sino
que, guiado por sus padres, haya aprendido a considerar
la realidad con altura y equilibrio.

Un niño bien educado cuenta con unos padres pendientes de lo que le suceda, para evitar que sea golpeado y dañado por elementos de la realidad que son inevitables.

Los padres de un niño así han suavizado su experiencia, modulándola, explicándola, brindándole consuelo, previniendo y curando.

Al mismo tiempo, tales padres han estado pendientes de lo que sucede en el mundo interno del niño, captando cómo sintió las experiencias que le tocó vivir, que escuchan con afectuosa atención sus descripciones de lo que pasó en el juego con otros niños, en su interacción con maestros y compañeros en el colegio, con amigos del barrio, familiares, etcétera.

Un niño en estas condiciones ha adquirido la suficiente madurez emocional y estructura del carácter proporcionadas por los padres y fortalecidas desde su creciente mundo interno, como para estar protegido interiormente de las experiencias dolorosas que resultan inevitables y que, en otras circunstancias, hubiesen sido distorsionadoras.

Cuando un niño educado en estas condiciones enfrenta en la realidad un hecho desafortunado, los padres externos evitan o atenúan sus consecuencias y protegen, y los internos también. En niños así, los padres externos e internos amortiguan las secuelas de los eventos dolorosos; en estas condiciones, el amor es un bálsamo externo e interno que cura las heridas del niño.

Esto ejerce un efecto protector, no sólo en el momento sino proyectado hacia el futuro: cuando más adelante en la edad adulta ocurran sucesos igualmente dolorosos, los padres internos serán capaces de consolarlo y curarlo como antaño.

***

Síntesis de orientación. En prevención a que, después de la lectura de lo que hasta ahora va del libro, no haya quedado del todo claro cuáles son las actitudes que se hacen necesarias para la delicada tarea de la crianza y educación de bebés y niños, este capítulo pretende ser la síntesis de una orientación, aunque no contiene una guía exhaustiva ni un completo inventario de consejos acerca de los aspectos psicológicos de la crianza y la educación: es imposible abarcar todas las situaciones que pueden presentarse en la crianza de un bebé y en la educación de un niño.

Esta síntesis de orientación contiene más bien las bases para una adecuada actitud de crianza y educación cuyo propósito es que, tomando esas bases como punto de partida, consigamos incorporar, desarrollar y darle forma en nuestra mente a dicha actitud como una convicción y ojalá como un tema para la construcción de un rasgo de identidad, algo personal, propio, integrado y que funcione bien en nuestro mundo interior.

Lo que ha sido ya explorado y comprendido en los capítulos precedentes, pudiera sintetizarse en tres actitudes fundamentales:

1. La primera se relaciona con la comprensión de una actitud: es la referente al aspecto que, según creo, es el más importante y que en cierto modo los abarca a todos.

Me refiero a la necesidad de sentir y expresar amor a través del contacto afectivo, físico, verbal y empático de la madre y el padre con el bebé, del padre con la madre, y de ambos con el niño.

Contacto intenso, emocionalmente comprometido, en el caso del bebé con las mínimas interrupciones posibles, en el ambiente de mayor calidez y armonía que se pueda lograr, haciendo énfasis no sólo en el contacto de la piel con la piel, sino también en el contacto de la mirada con la mirada, el contacto de las voces, el de los olores y el de la intuición.

2. La segunda actitud estriba en la posibilidad de comprender la necesidad de que, llegada la etapa del niño, se establezca un amoroso y firme ofrecimiento de límites y estímulos en interjuego con las actitudes, necesidades y conductas del niño, siempre dentro del marco de amor expresado a través del contacto afectivo y físico.

3. La tercera se refiere a la sugerencia de cuestionarse uno a sí mismo todo el tiempo, y tratar de localizar y delimitar cuál pudo haber sido la propia contribución al problema frente al cual estamos.

Esta actitud se complementa con la actitud de abstenerse de acusar.

Tales actitudes generales encierran y sintetizan todo el conocimiento y las comprensiones ofrecidas hasta aquí.

Consolidar e integrar estas actitudes generales como rasgos de identidad propios, o al menos como convicciones profundas, es algo que no puede ocurrir de la noche a la mañana.

Tiene que ser el resultado de un proceso, cuyos pasos podría esbozar de la siguiente manera.

El proceso comenzó con la forma más o menos adecuada como nuestros padres fueron criados y educados, y el grado de madurez o inmadurez emocional que adquirieron, así como la adecuación o los trastornos de la estructura del carácter que ellos desarrollaron, lo que también determinó que nuestros padres se unieran y formaran una pareja.

Según lo anterior, es decir, según la madurez y estructura alcanzadas y la pareja que formaron, nuestros padres nos ofrecieron una más o menos equilibrada crianza y educación, lo que establece el grado de madurez emocional y la estructura del carácter que hayamos alcanzado.

El proceso continúa cuando conformamos una relación de pareja más o menos equilibrada, con una mayor o menor base asentada en el amor, y que ha evolucionado hasta el día de hoy.

En el marco de esa relación, han nacido y crecido unos hijos, que son por lo general el motivo por el que llegamos a ocuparnos de temas como los tratados aquí.

Estas comprensiones no pueden introducir modificaciones en nuestra madurez emocional ni en nuestra estructura del carácter, pero sí pueden:

✓ Ofrecernos suficiente información acerca de la crianza y la educación como para afinar nuestra percepción y detectar posibles fallas.

✓ Determinar en nosotros tal vez no rasgos de identidad, pero sí convicciones profundas, de las que dan lugar a nuevas actitudes y conductas en relación, en este caso, con la crianza y la educación.

✓ Desarrollar en nosotros pautas para discernir cada uno inmadurez o alteraciones del carácter que pudieran estar perturbando nuestra maternidad o paternidad, e inducirnos a buscar ayuda profesional.

✓ Comprometernos en iniciativas y acciones a nivel social, tendientes a la necesaria prevención en la comunidad, de problemas como los analizados.

Capítulo 11

Un capítulo para los varones: ¿qué es "ser padre"?

En lo que va del libro me he dirigido a madres y padres simultáneamente. Ahora voy a dirigirme específicamente a los lectores varones que son o van a ser padres.

Lo hago porque, apoyado en una serie de actitudes irracionales y tradicionalistas, está bastante extendido el prejuicio machista de que la crianza y la educación de bebés y niños son "cosas de mujeres", y que "ser padre" se limita a ser buen proveedor, dar algunas órdenes en tono áspero y regañar duro si no se cumplen.

Si tal prejuicio machista persiste en su mente, mucho me temo que el mensaje expresado anteriormente en este libro tal vez no le haya llegado con la suficiente claridad.

Por eso he elegido hablar más específicamente "de hombre a hombre" con los lectores varones.

Empecemos por aceptar que "ser padre" sí se relaciona, en parte, con el ser un adecuado proveedor, pero nada tiene que ver con la aspereza y los regaños.

"Ser padre" es una función primordialmente afectiva relacionada con la ternura. La participación del varón en la crianza y la educación de los hijos ha sido ampliamente redimensionada y redefinida en la actualidad.

Para el padre de estos tiempos, es fundamental el participar y compartir con la esposa desde el embarazo, e incluso desde la concepción misma, los aspectos de la atención y la crianza.

El padre no puede amamantar, pero sí puede administrar la ternura: dar amorosamente un tetero, cambiar un pañal, bañar al bebé (y luego también al niño pequeño), acariciarlo, besarlo, arrullarlo y ponerlo a dormir, consolarlo si está afligido, tranquilizarlo si tiene miedo. Hacerlo jugar de manera diferente a como lo hace la madre es extremadamente provechoso para el pequeño.

Es necesario desalentar firmemente la creencia de que el amor, las caricias, los abrazos y los besos del padre pueden promover distorsiones en la identidad sexual, e incluso homosexualidad.

Nada más falso, pues sucede todo lo contrario. Muchas veces es la ausencia del padre lo que determina la homosexualidad: lo que con frecuencia el varón homosexual busca en su pareja suele ser un padre amoroso. El amor afectivo y físico del padre promoverá más bien que el infante y el adolescente modelen y afirmen saludablemente su identidad sexual masculina, y su futuro como miembros de una pareja adulta.

Por otro lado, es con la colaboración entre la madre y el padre como el bebé aprende a caminar, a hablar, a manejar objetos, a escuchar, a jugar organizadamente, a descansar relajado, a comer con cuchara y así sucesivamente. Por ello, en relación con estos aprendizajes, la presencia y la acción del padre son indispensables.

El padre representa tradicionalmente la fuerza de la autoridad. Sí, y es saludable que así sea. La autoridad es necesaria, siempre y cuando la firmeza que usa (completamente diferente a la dureza) vaya envuelta en suavidad y combinada con el amor y con la expresión de éste a través del contacto afectivo, físico, verbal y empático.

La autoridad dotada de tal fuerza es un elemento indispensable en la tarea de ofrecerle límites al niño.

Esto no significa que la madre esté excluida de la tarea de poner límites, pero es evidente que por tradición sus funciones se relacionan más con la autoridad basada en la dulzura y la comprensión afectiva. Y verla ejercer su autoridad con firmeza, lo que a veces resulta indispensable para el niño, no es extraño. Sin embargo, el padre usará la firmeza siendo más coherente con su identidad tradicional.

Hasta aquí me he referido a funciones que la mayoría de los varones puede reconocer con facilidad como correspondientes a un padre amoroso.

Pero hay más. "Ser padre", en el más adulto y creativo sentido de la palabra, consiste en estar consciente de las necesidades emocionales tanto del hijo como de la madre del pequeño, y también en procurar tener una permanente disposición de ánimo para satisfacerlas de la mejor manera posible.

Corresponde al padre satisfacer parte de la necesidad del bebé y el niño, y *toda* la necesidad de la madre, con un amor ofrecido mediante el contacto afectivo, físico, verbal y empático.

También corresponde al padre satisfacer la necesidad que bebés, niños y madre tienen de ser reconocidos y respetados al mismo tiempo que amados, y de que alguien cercano y significativo se sienta orgulloso de ellos como personas, como individuos legítimos de la especie humana, significativos e importantes, como interlocutores válidos con quienes se dialoga afectiva y efectivamente, y como personas dotadas de una significación especial, de unos derechos en el caso del bebé, y de unos derechos y obligaciones en el caso del niño y la madre.

Si este reconocimiento es ofrecido y hecho sentir por el padre en una atmósfera en la que el amor es la presencia privilegiada, será efectivamente captado y recibido, lo que le permitirá al infante y al futuro adulto desarrollar, y a la madre preservar, una adecuada imagen de sí mismo y una buena autoestima para quererse, respetarse y gustar de sí.

El padre debe ser consciente de que la labor de ofrecerle al bebé y al niño la satisfacción de estas dos necesidades, la de contacto afectivo y físico y la de reconocimiento, amor y respeto, no puede quedar relegada a la madre.

Es importante recalcar que este contacto brindado por el padre es de una cualidad distinta al otorgado por la madre. Un varón acaricia de manera diferente que una mujer. El niño y la niña necesitan de esta caricia distinta que proviene del padre.

Tanto el niño como la niña requieren de la caricia paterna, que no sólo transmite afecto sino diferenciación sexual.

En la niña, porque esta caricia paternal otorga el estímulo para separarse de la madre.

En el niño, porque refuerza su identidad masculina: él descubre que es posible recibir y dar caricias amorosas a un varón, sin volverse homosexual. Ésta es la base de la amistad, la fraternidad y el compañerismo entre hombres.

Es indispensable que el padre asuma la tarea con el bebé y el niño, mediante su presencia y usando el contacto afectivo y físico y el diálogo, de ofrecerles continua satisfacción de dichas necesidades.

Veamos otra necesidad afectiva en la que el padre tiene funciones irremplazables. Es principalmente una necesidad de la madre, y consiste en que el padre de la criatura, su compañero, haga de "madre de la madre".

Esta necesidad está presente principalmente durante la etapa del bebé, hasta los diez o doce meses de edad.

Para desarrollarse emocionalmente, el bebé necesita hallarse en una situación en la que obtenga una satisfacción lo más completa e inmediata posible de sus necesidades, dada por una madre que, cobijada, amada y ayudada por el padre, goza proporcionándola.

Para ofrecer al bebé una satisfacción así, la madre tiene que utilizar una enorme cantidad de energía instintiva, que la impulsa a abstraerse de las obligaciones y preocupaciones cotidianas para abocarse casi únicamente al cuidado del bebé.

En esta etapa, además de las funciones vistas antes, el padre tendrá su papel principal en relación con el cuidado, protección y afecto a la madre mientras ella, abstraída de todo lo demás, se consagra al cuidado del bebé.

Partes importantes del papel del padre en esa etapa serán:

> ✓ Liberar a la mujer, hasta donde sea posible, de otras preocupaciones, incluyendo las tareas domésticas;
> ✓ calmar sus propios celos porque el recién nacido recibe casi toda la atención, el afecto y el tiempo de su compañera, la madre de la criatura, lo que puede hacerlo sentir desplazado;
> ✓ contribuir a calmar los celos que, por el mismo motivo, experimentarán los hermanos mayores, y
> ✓ apoyar a la madre en las iniciativas que ella tenga respecto a las necesidades instintivas y emocionales del bebé, y los modos y lineamientos que ella decida utilizar para satisfacerlas, ayudándola a descartar con firme delicadeza las opiniones de "los intrusos" que quieran imponer otra cosa, especialmente las de las respectivas abuelas.

La energía afectiva que la madre necesita para ofrecer amor al bebé, proviene del contacto verbal, afectivo y físico (es decir, del amor, el diálogo y la sexualidad) con el compañero, el padre del bebé o su sustituto. De tal contacto la madre obtiene el alimento emocional e instintivo que le permite consagrarse a la crianza, y tener aptitudes de contacto y afecto suficientes para dárselos al bebé.

La relación de pareja que sostengan mamá y papá como esposos o compañeros, es otro de los factores fundamentales en el establecimiento saludable, o no saludable, del proceso de formación del carácter del infante.

Si la madre obtiene del padre suficiente amor, satisfacción y plenitud afectiva y sexual, tendrá hacia su bebé una actitud mucho más saludable y creativa que en el caso contrario: eróticamente satisfecha, no se aferrará con frustrado apasionamiento al bebé varoncito, ni lo rechazará por su parecido con el padre. Tampoco rechazará a la niña por su semejanza con su propio ser de mujer tan dolorosamente frustrado.

Así, si las necesidades amorosas y eróticas de la madre están satisfechas en una buena relación de pareja, tenderá a darle a su bebé, varón o mujer, el trato natural necesario para el desarrollo de una adecuada identidad sexual.

Otra función que el padre desempeña para el niño y la niña, en la que no puede ser reemplazado sino por otro varón importante en la vida de la mujer, es la función de contribuir a quitar del camino de la criatura la excesiva presencia de la madre. Esta acción es insustituible para que el bebé supere el apego a la madre cuando ya sea tiempo de hacerlo, y desee y pueda separarse de ella, logrando así su independencia emocional.

Veamos ahora qué significa el padre para el niño mayorcito y el adolescente.

En primer lugar, el padre es para el niño un factor de balance emocional, que compensa los momentáneos estados negativos de ánimo de la madre (y ésta los del padre), ofreciéndose al niño como alguien a quien acogerse: si hay dos adultos, y la actitud de uno falla momentáneamente, el niño puede recurrir a aferrarse del otro por un momento.

El "enamoramiento infantil", en el que el niño varón se enamora de la madre y la niña del padre, se resuelve cuando el varón renuncia al romance con la madre a favor del padre, y se identifica con éste, confirmando su condición de varón. La niña renuncia al enamoramiento con el padre y prescinde de él a favor de la madre, con la que se identifica confirmando también su condición de mujer. Sin la presencia del padre, sin su afecto y contacto, esta situación estaría incompleta.

El padre es fuente de autoridad, pero no en el sentido de que la madre no lo sea, como se cree erróneamente en muchas familias, sino en que si ambos ejercen la autoridad en forma compartida y complementaria, él con afecto y firmeza y ella con dulzura y comprensión, y suelen estar de acuerdo y apoyarse el uno al otro, el niño crecerá seguro, libre de confusiones y sabiendo a qué atenerse.

El niño no crecerá con "uno malo" y "uno bueno", sino con "dos amorosos y justos".

El padre se ausenta por su trabajo. A su retorno no debe ser el ejecutor de sanciones y castigos; la autoridad de la madre se apoya en la de él, que confirma y apoya las decisiones de ella suavizándolas con delicadeza si fueron ásperas o extremas. De la misma manera, la madre contribuye a suavizar las del padre en el caso citado.

Muchas veces la madre representa la realidad cotidiana y el padre encarna el ideal. No estará mal si con frecuencia estos papeles se invierten.

En síntesis, creo que "ser varón" consiste no en ser "macho", sino en desarrollar las habilidades de "esposo o compañero", y de "padre" en el sentido aquí expuesto.

Así que, por lo visto, "ser varón" coincide de muchos modos con "ser padre".

Por último, es necesario tener claro que para ser un varón en tal sentido, se hace indispensable cierto monto de salud y madurez emocional y de adecuada estructura del carácter.

Es una buena idea que los varones (al igual que las mujeres), como parte de su preparación para ser padres, se cuestionen sobre su madurez emocional y su carácter.

Si surgen dudas acerca de ello, el mejor regalo que puede hacerle a sus futuros hijos, además de leer este libro en forma meditada, reflexiva y en conjunto con su pareja, será buscar ayuda profesional para adquirir la suficiente madurez emocional, ojalá antes de ser padre.

Capítulo 12

La madre sola
(y el padre solo)

La persona (la madre, y eventualmente el padre) algunas veces tiene (algunas veces elige) que hacerse cargo de una criatura en ausencia del otro miembro de la pareja.

Ya vimos que el bebé y el niño son seres que absorben cantidades ilimitadas de energía afectiva, es decir de amor, paciencia, tolerancia, firmeza y determinación del adulto que los cría y educa. Y resulta necesario y deseable que sea así, ya que es de esa energía de la que se nutre el desarrollo emocional y la estructura del carácter del pequeño.

Cuando están presentes los dos miembros de la pareja, cada uno proporciona una parte importante de la energía afectiva que el otro necesita para alimentar la demanda del bebé y el niño, principalmente a través del amor que se brindan uno a otro.

En dicha situación, la fuente central de este ofrecimiento recíproco de energía amorosa está situada en el amor y el goce que cada uno pueda dar y recibir en el marco de unas relaciones sentimentales y sexuales adultas y apasionadas.

Desde luego, esta afirmación incluye el acto sexual, pero no se circunscribe a él, sino a la totalidad de la relación entre miembros adultos de una pareja, que incluye la dulzura, el cuidado, la fantasía compartida, el romanticismo, la tierna preocupación del uno por el otro y los esfuerzos que cada uno hace porque el otro exista de un modo pleno y se desarrolle al máximo de sus potencialidades.

Pero... ¿cuál es la situación cuando falta uno de los padres?

Comenzaremos nuestro análisis por la madre sola, porque su caso es mucho más frecuente que el del padre solo. En este punto es importante llegar a un acuerdo sobre qué es lo que entendemos por "madre sola". Hay diversos casos.

El más doloroso es el de la madre viuda, que además de tener que enfrentar las consecuencias de haberse quedado sola, que analizaremos luego, también tendrá que elaborar su duelo y lidiar con su depresión.

Otro caso es el de la madre que se separa o se divorcia de mutuo acuerdo con la pareja. De todos modos, a pesar del acuerdo, hay un duelo que elaborar y sentimientos depresivos que interfieren. Desde luego, las cosas no serán tan graves para los hijos si el padre separado se mantiene lo más presente posible, tanto en lo afectivo como en lo económico.

Diferente al anterior es el caso de la madre abandonada por el esposo, situación en parte similar a la viudez porque el duelo y la depresión revisten especial intensidad y son agravados por la cólera, y a veces por los deseos de venganza.

Caso distinto sería el de la madre soltera, que tendrá que enfrentar cierto grado de rechazo familiar, social y hasta laboral. En estos casos, el padre podrá simplemente haber desaparecido del mapa o, como sucede con frecuencia, tener una presencia limitada, además de un magro cumplimiento afectivo y económico.

Está también el caso de la mujer que, viviendo sin pareja, decide concebir un hijo con la colaboración de un amigo o conocido.

Ellas tienen una motivación completamente válida, sólo que harían bien en cuestionarse por qué no desean (o no pueden) acceder a una relación de pareja. Sus dificultades con la crianza y la educación coincidirán con las que afectan a las demás clases de madres solas, y las revisaremos más adelante.

Las mujeres solas que con propósito similar optan por la inseminación artificial, elección que muchas veces racionalizan en nombre de la dignidad, con frecuencia inconscientemente repudian al hombre.

En ellas pueden detectarse actitudes inconscientes de autosuficiencia, omnipotencia narcisista y competencia con el varón, en especial si existe la fantasía de que "fácilmente" pueden ser padre y madre a la vez.

Sería necesario que estas mujeres se cuestionaran muy seriamente, ojalá con ayuda profesional, acerca de cuál es su actitud hacia la maternidad y cuál sería su actitud hacia la criatura, especialmente revisando lo correspondiente a la identidad sexual.

En todos estos casos, la primera recomendación es que la madre sola llegue a tener conciencia de que la situación que le toca o elige vivir, está sujeta a limitaciones. Ahora analizaremos dichas limitaciones.

La primera y más importante de esas limitaciones es que cuando el padre de la criatura está ausente, la madre se ve despojado de la posibilidad de recibir suministros de energía afectiva, y tendrá que arreglárselas para funcionar únicamente con la energía afectiva que ella sola tendrá que producir. Eso desgasta, complica y conduce a la fatiga y la depresión.

El mejor regalo que una madre sola puede hacerle a su pequeño, es rehacer su vida con un hombre que no sólo la ame y la respete, sino que además favorezca a la criatura proporcionándole a la madre la comprensión amorosa, la energía afectiva y las satisfacciones sentimentales y sexuales que necesita para tener suficiente amor y energías para darle al hijo.

Durante la etapa del niño, ambos padres tienen roles de definida y similar importancia, pero en la etapa del bebé es principalmente a la madre a quien le corresponde hacerse cargo de las enormes demandas emocionales de éste.

Por ello, en el caso de la madre sola, la recomendación de buscar fuentes alternativas de energía emocional se hace más urgente.

Otra limitación se relaciona con el hecho de que a la mujer que le toca o que elige ser madre sola, le corresponderá asumir muchas de las funciones del padre, y estar consciente de que muchas veces eso es difícil, y en ocasiones hasta imposible.

La madre sola necesita llegar a tener conciencia de que muchas veces tendrá una tendencia inconsciente a reemplazar el afecto, el contacto y en ocasiones hasta la seducción y la sexualidad de la relación de pareja ausente, usando al bebé y al niño.

Un ejemplo de esto es el de la madre sola que duerme en la misma cama con la criatura, en ocasiones hasta cuando es ya un caballero de pelo en pecho de dieciocho o veinte años, o una bien desarrollada y atractiva dama.

Una situación como ésta, distorsiona gravemente la armonía interior del hijo o de la hija, en especial en lo que se refiere a la identidad sexual y a la independencia que el ser humano necesita para desarrollarse emocionalmente.

Hijos en esta situación llegan a asumir funciones de esposo y hasta de padre, erigiéndose en el consejero y en el "paño de lágrimas" de la madre, permitiéndose regañarla y acosarla para que ella le "obedezca". No creo necesario explicar por qué esta situación es destructivamente perturbadora para el desarrollo emocional adecuado del hijo. Y para el de la madre.

Otra situación emocional es la de la madre sola, agobiada quizá por sentimientos de culpa inconscientes de no haberle dado un padre a la criatura, que intenta "compensar" dándole "más", pero no de lo que el niño necesita para desarrollarse emocionalmente, sino de lo que ella cree que él necesita.

La madre sola puede intentar "compensar" a su hijo ofreciéndole demasiada comida, un exceso de objetos materiales dentro, o peor fuera de su alcance económico, privilegios innecesarios y aun perturbadores y, lo más grave, intentar volverse laxa y "permisiva" dejando de lado la fijación de límites que son indispensables para la construcción de un carácter saludable.

Esta situación se agrava para el niño varón, que en este caso tendría, aparte de una débil o inexistente identificación masculina ya que falta el padre, una doble identificación femenina: su identificación natural con la madre presente, y una sobreidentificación con la madre que "da" de más.

Si el padre hubiese estado presente éste no habría "dado de más" de lo que la madre dio, sino que hubiera dado otra cosa, realmente necesaria para el niño y para la niña: autoridad firme, límites, y principalmente su contribución a quitar a la madre del camino de la criatura, elemento indispensable para que el niño supere el apego natural con la madre, y desee y pueda separarse de ella, alcanzando así la independencia.

Respecto a lo anterior, la madre sola tenderá más bien a aumentar la dependencia del niño y la niña, ya que no hay quién contribuya a separarlos, o incurrirá en el error opuesto, el de rechazar y de ese modo frustrar exageradamente a la criatura, en un esfuerzo inadecuado por separarla. Lo que realmente queda ausente en la situación de la madre sola es el balance, inmejorablemente ofrecido por la presencia del padre.

La madre sola, consciente de estos peligros, debe tener en cuenta además que respecto al hijo varón es necesario no atemorizarse por la posibilidad de que "se le vuelva marica". Si ella consigue mantener un equilibrio suficiente y evita reforzar el machismo del hijo sin empujarlo ni exigirle que sea "más hombre", tal peligro quedará conjurado.

La presencia de una suficiente identificación con su propia madre y su propio padre, es decir, una identidad sexual integrada en la madre sola, con presencia de figuras femeninas y masculinas en su "casa interior", será suficiente para promover en el muchachito una adecuada identidad sexual, aun en ausencia del padre.

Lo mismo puede afirmarse para la hija de una madre sola: si la identidad sexual de la progenitora está debidamente integrada, la de la niña no tendrá que sufrir menoscabo alguno.

Veamos otra situación. La madre sola, generalmente agobiada por toda clase de presiones, en muchos casos tenderá a permitir que se le agrie el carácter y que su ofrecimiento de límites se transforme en un opresivo sistema de imponerse de manera seca y autoritaria, circunstancia en la que el desarrollo emocional de los niños se verá igualmente perturbado.

Las cosas se complican bastante cuando la madre sola trabaja, y muchísimo más si lo hace no por vocación, sino por necesidad económica. En este caso por lo general estará muy escasa de tiempo, de energías y aun de motivación para intentar el indispensable proceso de recuperar su vida sentimental y sexual con otro hombre.

Ahora, unas palabras acerca del padre solo, una situación que no es muy frecuente. Consideremos los casos del padre que, abandonado por la esposa, se queda con los hijos, y el del padre prematuramente viudo que queda a cargo de hijos pequeños.

La situación de estos padres solos es en todo similar a la de las madres solas, y el análisis realizado para éstas es adecuado en todo para ellos.

Pero en donde deseo extenderme un poco más es en el caso del varón que, por separación conyugal, sólo funciona como padre durante los fines de semana, durante las vacaciones o durante el tiempo asignado para que él tenga a los hijos. El primer problema en estos casos es la frecuente "guerra por el hijo" que se da entre cónyuges cuya separación no fue suficientemente aceptada por los dos.

En ambos se presentará la tendencia a "ganarse" al hijo durante los períodos que lo tengan en su poder, desprestigiando cada uno al otro, ofreciéndole a la criatura toda clase de privilegios y gratificaciones inadecuadas, incluyendo un relajamiento perturbador de los límites con los que está siendo educada, en un esfuerzo por quedar como "el bueno (o la buena) del paseo".

En esta situación, un padre rencoroso y vengativo tiene "ventaja" sobre la madre, ya que por lo general tiene a los hijos durante los fines de semana y durante las vacaciones, épocas en las que le resulta más fácil que a la madre gratificarlos inadecuadamente para "ganárselos".

La madre los tiene durante los períodos "habituales", y además suele ser consciente de la necesidad de, si no ofrecer, al menos imponer límites, con lo que suele quedar como "la mala del paseo".

Es fácil deducir las distorsiones interiores que pueden ser consecuencia de actitudes así.

Para el varón solo que se encarga de sus hijos durante los fines de semana y las vacaciones, las criaturas pueden ser sentidas en algunos casos como "interferencias" en el proceso que él haya iniciado con el objeto de enamorar a otra mujer para rehacer su vida. Eso puede conducir a actitudes inconscientes, y a veces hasta conscientes, de rechazo a los hijos.

Todo esto... ¿significa que los padres en desavenencia grave "deben" quedarse unidos "por los hijos"? Desde luego, la respuesta es no.

Si hay desavenencia grave, los padres necesitan separarse, no sólo por ellos sino porque los hijos estarán mejor con unos padres separados pero satisfechos con su vida, o al menos con la posibilidad de rehacerla, que con ellos falsa y forzadamente "unidos" en una situación de permanente conflicto, sufrimiento, agresión, silencio, soledad y vacío.

Pero es indispensable que los padres separados hagan, con mucho más énfasis que los padres en una situación convencional, un agudo cuestionamiento de sí mismos para evitar lesiones irreparables en el mundo interior de los hijos.

Capítulo 13

El hijo adoptado y los padres adoptantes

La situación de adopción es siempre problemática, y nunca se resuelve fácilmente.

Mientras que para los padres biológicos relativamente armónicos en lo emocional, de aceptar, amar, criar y educar al hijo es algo que por lo general hacen de manera intuitiva y sin pensar mucho, para los padres adoptantes muchas veces son tareas que requieren de honda reflexión, suficiente preparación emocional y, muchas veces, de ayuda profesional.

El primer problema de la madre y el padre que adoptan a un bebé es la necesidad de enfrentar sus temores a no darle a la criatura lo que ésta necesita en términos de cuidado y afecto, especialmente por la frecuente fantasía en estos casos de que la madre y el padre biológicos hubiesen hecho mejor las cosas: ¡quién sabe! Puede que sí, pero esa situación ya fue imposible y, a la vista de los hechos, nunca se dará.

Para la atención a su bebé, la madre biológica dispone del mecanismo instintivo denominado preocupación maternal primaria, que le permite a la madre biológica "desconectarse" de casi todas las preocupaciones que no se relacionan con el bebé, y abocarse a éste.

La madre adoptante, si está debidamente informada y motivada, podrá evocar en su ánimo una preocupación maternal primaria suficiente con base en el amor que sienta por su bebé, y en la reflexión y comprensión emocional de estos asuntos.

Así, la primera tarea de las personas que se disponen a adoptar un bebé será la de persuadirse a sí mismas de que el hecho afortunado de su disposición a hacerse cargo de la criatura confluye con el hecho igualmente afortunado de que dicha criatura se encuentre disponible... y de que la reunión de los padres adoptantes y el bebé adoptado es lo mejor que podía ocurrirles a los tres, aunque ambos hechos afortunados puedan haber tenido su punto de partida en anteriores sucesos infortunados, como la infertilidad de los padres adoptantes y la ausencia de posibilidades de los padres biológicos para hacerse cargo del pequeño.

Si esta tarea de descubrir lo afortunado de la situación fracasa, pueden ocasionarse graves consecuencias, como por ejemplo dañinas y distorsionadoras fantasías tanto en los padres adoptantes como en el hijo adoptivo de que, con otras personas, empezando por los padres biológicos, les hubiese ido mejor.

De producirse, estas fantasías reforzarían y agravarían otros problemas de la relación de adopción, como los que veremos a continuación, ocasionando severa infelicidad en los padres adoptantes, y lesiones emocionales y del carácter en el hijo adoptivo.

Los padres adoptivos tienen una característica que los pone en ventaja sobre los padres biológicos, quienes muchas veces conciben hijos sin desearlos, o por motivos manipulatorios como el intento de "salvar el matrimonio".

Esa característica es que para adoptar tienen que haber deseado mucho, muchísimo, tener un bebé, y haber atravesado, a veces durante años, por experiencias con el angustioso y frustrante sistema burocrático de los funcionarios encargados de administrar el proceso de adopción, y por costosos y dolorosos tratamientos contra la infertilidad.

Ese inmenso deseo por tener un bebé puede reemplazar las motivaciones instintivas que desencadenan la preocupación maternal primaria en la madre biológica, y determinar una muy adecuada preocupación maternal primaria en la adoptante.

Así, muchas veces el simple hecho de adoptar apunta hacia la posibilidad de que en la relación con el hijo adoptivo va a haber mucho amor.

Claro que muchas madres y padres, tanto adoptivos como biológicos, pueden experimentar dificultades para sentir amor por la criatura apenas la reciben, pero estas dificultades generalmente son superadas con el paso de los días.

Si la imposibilidad de sentir amor por el pequeño continúa, tanto la madre adoptiva como la biológica harán bien en solicitar ayuda profesional. Lo mismo funciona para el padre.

Para prevenir tal situación, es recomendable que los futuros padres, tanto adoptivos como biológicos, recurran a alguna forma de orientación psicológica antes de embarcarse en su hermosa pero difícil tarea.

Otro problema de la relación de adopción es el relacionado con la creencia, especialmente de la madre adoptiva, de que "no sabe" qué hacer para atender y cuidar de la criatura. Lo mismo le sucede a la madre biológica primeriza.

Surgen, por ejemplo, dudas y temores acerca de si estará atendiendo adecuadamente al bebé, si estará captando sus necesidades, si se habrá dado cuenta de que algo le pasa, y de qué le pasa, si lo está entendiendo bien, las dudas respecto a qué hacer si el bebé no puede dormir o no quiere comer, y así sucesivamente.

La madre adoptiva suele tener el fantasma permanente de que la madre biológica de la criatura "sí sabría", pero no necesariamente es así. Estos temores y dudas no deben ser motivo de especial preocupación por parte de la madre adoptiva, sobre todo si sabe que comparte ese fantasma con toda madre biológica primeriza: biológica y adoptiva tendrán que pasar por el proceso de aprender de su propia experiencia.

Ambas poseen "instinto maternal", y la criatura, con sus necesidades de atención, cuidado y amor, activará automáticamente las manifestaciones de dicho instinto.

Esa activación estará perturbada por igual en madres biológicas y adoptivas, si éstas sufren de alteraciones emocionales y del carácter.

Otro problema inherente a la situación de adopción es el relacionado con la necesidad de comunicarle, oportuna y adecuadamente al niño adoptado, la verdad acerca de su origen.

Sin que llegue a ser algo que se transmita al pequeño en forma angustiada, impulsiva u obsesiva, se hace necesario comunicarlo. En su inconsciente, el niño dispone de información genética acerca de que sus padres biológicos no son aquellos con quienes vive. Él "sabe algo". Y ese "algo" promueve una exacerbada curiosidad acerca del asunto.

En determinada época, empiezan a menudear las preguntas que encierran una duda y grandes temores: "Si yo fuera adoptado, ¿me querrías igual?" Una respuesta evasiva, temerosa e insegura de los padres negando la realidad, confirmaría en el niño que algo terrible pasa, y que ser adoptado debe ser horrendo, ya que mamá o papá reaccionan de ese modo ante las preguntas.

Por otro lado, todo niño crea fantasías acerca de su origen. Sobre todo si llega a sentirse maltratado o tratado injustamente por sus padres. Es entonces cuando aparece la fantasía de ser hijo de otros padres. Sólo que en el caso del adoptado, semejante fantasía es realidad. Por ello, conocer la verdad es indispensable para el proceso de aprender a diferenciar la fantasía de la realidad.

Y por último, todo llega a saberse. Por mucho que los padres adoptivos hagan uso de toda su discreción y habilidad para ocultar el hecho, nunca falta el comentario indiscreto de un pariente, la frase medio escuchada furtivamente por una puerta entreabierta, y aun la explosión violenta de un vecino, crispado de venganza porque el niño rompió un vidrio de su casa con un pelotazo.

Y sobreviene la catástrofe, porque pocas cosas pueden dañar tanto la confianza de un niño adoptado en sus padres, que enterarse de la verdad por otros.

Por el contrario, tal información deberá serle comunicada en forma prudente y progresiva, pero clara e inequívoca. El momento para iniciar ese proceso informativo coincide, por lo general, con el inicio de las preguntas acerca de "de dónde vienen los bebés". No después. Una sencilla, prudente y progresiva información relacionada con "la semillita de papá en la barriguita de mamá, que es donde crecen los bebés... sólo que tú no creciste en mi barriguita, mi amor...".

Y poco a poco, el pequeño podrá ir siendo enterado del proceso a través del cual fue adoptado, haciendo mucho énfasis en el enorme deseo de mamá y papá de tener un bebé a quien amar y cuidar, deseo que los llevó a adoptarlo a él o ella.

Winnicott recomienda la técnica del cuento, usando uno de esos que se repiten una y otra vez, y se desarrollan un poquito cada noche con variaciones sobre el tema de un animalito o una criatura que se perdió y alguien muy amoroso que la encontró.

A los niños les encantan estos cuentos, y bastará con que sean ofrecidos con cuidado, riqueza y amor para que pronto llegue el momento en que se le pueda insinuar progresivamente al niño que el cuento tiene una aplicación especial en su caso: "...y algo así es lo que te pasó a ti, mi amor..." Winnicott sugiere que después de repetir esta maniobra algunas veces, la historia empiece a seguir líneas cada vez más verdaderas y menos imaginarias.

Dueño de esa información, el pequeño podrá ir por la vida sin estar expuesto a la lacerante vulnerabilidad que proviene de una situación falsa, y sus padres podrán llevar adelante su maternidad y su paternidad libres de la punzante y constante ansiedad que sentirían si trataran de llevar adelante el engaño.

Lo anterior tiene una consecuencia que aparece en el niño mayor, o en el adolescente, y es la necesidad, en algunos casos angustiosa, de saber quiénes fueron sus padres biológicos y, en algunos casos, de buscarlos y conocerlos.

Si la relación entre el niño adoptado y sus padres adoptivos ha sido buena, especialmente en términos de contacto afectivo, físico y verbal, no habrá ninguna perturbación como consecuencia de esta necesidad, incluso si la búsqueda tiene éxito y el joven encuentra y conoce a sus padres biológicos.

Luego del encuentro, si las cosas marcharon bien entre adoptado y adoptantes, por lo general el hijo adoptado elige continuar su vida con los padres adoptantes, a quienes reconoce como sus verdaderos y únicos padres.

Si los padres adoptivos están en poder de la información requerida por el o la joven, o saben cómo podría conseguirla, lo más aconsejable es ayudar. Si, como es frecuente, la información es retenida por la institución que actuó de intermediaria en la adopción, los padres adoptivos podrán ayudar al joven en las acciones necesarias, incluso legales, para que la institución provea la información.

Consideremos ahora dos elementos que pueden determinar interferencias. Por una parte los sentimientos de culpa, y por otra, la herida en el "ego" que representa, para personas con rasgos narcisistas en el carácter, el no haber podido tener un hijo biológico.

Los sentimientos de culpa son por lo general inconscientes, y una reacción del mundo interior a los reproches y acusaciones de los padres, ahora incorporados en forma de padres internos: la persona, como consecuencia de los sentimientos de culpa, se "siente mal" y "mala".

Los sentimientos de "ser mala" hacen que la persona se crea merecedora de castigo. Para una persona en las condiciones que estamos estudiando, la imposibilidad de tener un hijo biológico puede ser tomada como un "castigo", incluso como un "castigo divino" por su imaginaria "maldad".

Con frecuencia estos sentimientos de culpa son reforzados por hechos reales, como por ejemplo el caso de la madre que se sometió a abortos y que, como un "castigo" que se aplica a sí misma por sus sentimientos de culpa inconscientes, cuando desea quedar embarazada no lo consigue. Y se resuelve a adoptar.

Entonces el hijo adoptivo puede ser tomado inconscientemente como parte del castigo. Y nadie puede amar un castigo, salvo que sea masoquista, en cuyo caso ya estamos frente a una relación establecida sobre bases endebles y alteradas.

En su momento, estos sentimientos de culpa pudieran incidir en un agravamiento de los sentimientos conscientes o inconscientes de los padres adoptivos, de que son "malos padres", sentimiento que hasta podría destruir sus mejores posibilidades reales de ser "buenos padres". La realidad es que los padres adoptivos ya son "los mejores padres" que el bebé adoptado pudo encontrar. El mejor padre, la mejor madre es quien quiere a sus hijos y cuida de ellos.

Veamos ahora la herida narcisista, que se relaciona con la lesión en la autoestima, en el "amor propio" infligida en el ánimo de la persona que, deseando ser padre o madre, "no puede" serlo.

Si el padre adoptivo es un varón machista, la herida narcisista es doble, ya que ante la infertilidad, el varón machista suele albergar serias dudas sobre su potencia como hombre.

El hijo adoptado puede ser tomado como un representante de dicha lesión, y en consecuencia como alguien que representa un sufrimiento. Y nadie puede amar a quien lo lesiona y lo hace sufrir. Esto es especialmente válido cuando la persona que desea adoptar siente que el "no haber podido" ser padre o madre biológico representa una "prueba de su fracaso" como persona.

Frente a vicisitudes frustradoras pueden presentarse, tanto en padres como en hijos adoptivos, distorsionadoras fantasías narcisistas en las que cada uno exacerba su odio contra el otro pensando en que "si fuera mi hijo (o mi madre o mi padre) biológico, sería mejor, me querría más y yo lo (la) querría más".

¿Por qué es narcisista esta fantasía? Porque la persona considera de manera inconsciente, y a veces hasta consciente, que las personas "de su propia sangre" son necesariamente mejores, y más amorosas.

Un último comentario acerca de la culpa. Pueden existir sentimientos de culpa por no haber concebido y alumbrado biológicamente a la criatura, en cuyo caso la crianza y la educación pudieran estar perturbadas y distorsionadas por actitudes sobreprotectoras, exacerbándose las tendencias a que la madre y el padre se sientan culpables si al bebé o al niño le pasa algo negativo como una enfermedad, una caída, etécetera, o incapaces de ponerle límites firmes y oportunos en un afán desmedido de consentimiento y sobreprotección, y a que se sientan impulsados a darle a la criatura más de lo que necesita en términos de cosas materiales, juguetes, regalos, comida, concesiones, privilegios, etcétera.

Si los bebés y los niños, biológicos o adoptados, son saludables, "son unos pesados", dice Winnicott. Efectivamente, muchas veces no quieren comer, se despiertan a medianoche llorando y les quitan el sueño a los padres, gritan, exigen, se portan mal, rompen algo.

En muchos casos los padres adoptivos se enredan al sentirse culpables por la cólera natural que desarrollan frente a estos comportamientos de la criatura, y pueden confundirse sintiendo que no deben poner límites.

Eso sería un completo error, porque perjudicaría considerablemente el desarrollo del carácter del infante.

El hijo adoptado suele darse cuenta en forma intuitiva de este conflicto de los padres. Si eso ocurre, ya tiene el punto de partida que necesita para manipularlos a su gusto y prevalecer sobre ellos, sometiéndolos de paso a "probarle su amor". Como es evidente, estos conflictos serán mucho más severos en los hijos adoptivos que en los biológicos, ya que estos últimos tienen menos necesidad de recibir "pruebas de amor".

También puede suceder en los padres adoptantes la reacción opuesta, es decir, una exacerbación de la cólera, fantasías de cambiarlo, de "devolverlo" o botarlo, y la aparición de actitudes de crueldad vengativa contra el bebé o el niño.

Consideremos ahora algunas otras situaciones relacionadas con la adopción.

La cuestión de la lactancia es una de ellas. Las madres adoptivas pueden amamantar a su bebé. Para ello, bastará con que estimule masajeando y pellizcando sus pezones (labor en la que el padre adoptivo bien puede colaborar con placentero entusiasmo, añadiendo el erótico ejercicio de la succión) desde uno o dos meses antes de recibir a la criatura.

Apenas recibe al bebé, la madre lo pone al pecho. Por lo general estos estímulos bastan y se inicia la producción de leche, lo que pone al bebé adoptivo en situación de recibir todos los beneficios del amamantamiento que fueron estudiados en el capítulo correspondiente.

Si, a pesar de todo, no viene la leche, el ginecólogo dispone de un arsenal bioquímico y mecánico suficiente como para ayudar en la situación.

Y, si finalmente no se obtiene producción de leche, caso más bien excepcional, el bebé adoptado se beneficiará enormemente si la madre adoptiva lo pone al pecho desnudo y lo invita a mamar juguetona y amorosamente después de haberlo alimentado con el tetero.

Aquí es necesario diferenciar a las madres adoptivas que no han podido tener un hijo biológico por razones físicas, ya se trate de una condición anatómica u hormonal, de la madre que no ha podido concebir por una interferencia psíquica, o un rechazo emocional a la maternidad. En el segundo caso, la posibilidad de poner al bebé adoptivo al pecho puede ser objeto de rechazo por parte de la madre, la que en este caso requerirá inevitablemente de atención psicoterapéutica.

Este segundo caso tiene una derivación muchas veces inesperada: es frecuente ver que después de adoptar (y de ese modo descubrir que puede y merece ser madre) la mujer con un rechazo emocional a la maternidad lo resuelve en su inconsciente, y queda embarazada. Es fácil comprender que muchas veces, tal situación dará lugar a serios conflictos, especialmente para continuar sintiendo amor por el hijo adoptivo.

Otro problema: el bebé adoptado puede ser sentido, consciente o inconscientemente, como un extraño, porque no ha estado durante los nueve meses del embarazo presente en el cuerpo de la madre y en el ámbito del hogar.

La madre adoptiva no ha vivido los cambios corporales y psíquicos, ni las experiencias inherentes al embarazo, las pataditas, los movimientos, las náuseas, la dificultad para cambiar de posición y caminar... Si hasta las madres biológicas primerizas se sienten ante un extraño, ¡cuánto mas afectará este sentimiento a la adoptiva!

Es tan distinto tener un bebé afuera, que ya llora, come, se orina y defeca, que tenerlo dentro moviéndose y pateando un poco: adentro es al mismo tiempo un gran conocido y un perfecto desconocido.

La madre adoptiva a la que le traen el bebé que nunca ha sentido dentro, puede reaccionar, con mayor razón que la biológica, sintiendo que es un extraño, con el que no sabe qué hacer y frente a quien el desconcierto supera por momentos toda su necesidad y capacidad de amarlo y atenderlo. Ella puede verse agobiada por la fantasía de que si lo hubiese tenido dentro nueve meses, sí sabría qué hacer y podría amarlo con facilidad. Esto, como se ve, no es del todo la realidad. La madre biológica, especialmente la primeriza, tiene en este caso las mismas dificultades que la adoptiva.

Hay una condición que debe cumplirse para que la situación del bebé adoptado sea la más favorable posible: es la necesidad de que el encuentro entre el bebé adoptado y sus padres adoptivos suceda lo antes posible, ojalá inmediatamente después del nacimiento.

Porque un bebé que no va a ser recibido por su madre biológica, sino que va a reposar en la salacuna o la guardería de una institución de adopciones durante semanas o meses, o peor aún, que va a pasar unas semanas o unos meses en poder de una madre biológica y una familia que lo rechaza abiertamente para luego llegar a la institución de adopciones, viene de una condición emocional muy precaria.

Esto es así sobre todo porque en la institución de adopciones va a ser cuidado por una atareada madre sustituta o por una auxiliar de enfermería que, por muy bien intencionada que sea, la verdad es que está a cargo de varias, o peor, de demasiadas criaturas al tiempo, y así es imposible reaccionar con preocupación maternal primaria.

Una situación así acarrea toda clase de carencias afectivas, deprivaciones emocionales, e incluso de atención física para el bebé, con las esperables consecuencias en términos de desarmonías interiores.

Si resulta inevitable que el bebé adoptado pase al cuidado de sus padres adoptivos después de semanas o meses de vivir en tales condiciones, la madre y el padre adoptivos tienen que desarrollar con el bebé una doble tarea, la de padres y la de psicoterapeutas.

Esta última se refiere a que los padres adoptivos tendrán que ofrecerle al bebé un tratamiento psicoterapéutico hecho por ellos mismos, un proceso reparatorio para resarcirlo de todas las privaciones emocionales que necesariamente le habrá tocado vivir durante el tiempo con la madre biológica, en la salacuna o la guardería.

Los padres adoptivos pueden aplicar con el bebé la psicoterapia que recomendé cuando describía la necesidad de reparar al bebé después de una separación: cantidades ilimitadas de amor ofrecido en forma de contacto afectivo, físico y verbal, mucho tiempo en brazos, ojalá sobre la piel desnuda de la madre y del padre, caricias, y consentimiento de todo tipo.

La aplicación de esta clase de psicoterapia al bebé requiere de la madre y del padre adoptivos una dotación especial de paciencia, amor y generosidad, ya que estarían corrigiendo errores de otros y no los propios: si corregir los propios es difícil, cuánto más lo será enfrentar y tener que corregir los ajenos.

La buena noticia es que si se dan las tres condiciones mencionadas, suficiente amor y reconocimiento, suficiente atención y el mínimo tiempo posible entre el nacimiento y el encuentro, los padres adoptivos pueden estar seguros de que la historia de su hijo adoptado tenderá a ser muy similar a la de uno no adoptado, y los padres adoptivos podrán usar sin reservas todo lo comprendido en el resto de este libro para criar y educar a su hijo.

Otro problema a abordarse a propósito de la adopción se relaciona con las posibles actitudes, abierta o encubiertamente seductoras, que los padres pudieran albergar hacia sus hijos y viceversa. En la situación de adopción, en ausencia de un equilibrio en el carácter de los padres pudieran exacerbarse las tendencias seductoras, especialmente durante la pubertad y la adolescencia del hijo o la hija adoptiva.

La ausencia de vínculos de sangre pudiera contribuir a que se refuerce en la mente de los padres adoptivos (y también en la de los hijos adoptivos), la natural impulsividad incestuosa. Si uno de los padres nota alguna señal en esta dirección, el grupo familiar y la persona afectada requerirán de ayuda inmediata.

Un último factor sería la necesidad de hacer una selección de las personas que son candidatas a ser padres adoptivos, ya que la selección que actualmente se hace sólo abarca consideraciones sociales y económicas, mas no psicológicas.

Me refiero a la necesidad de explorar quizá no tanto el nivel de madurez emocional y la estructura del carácter (desde luego, habría que descartar a las personas que presentan grados extremos de perturbación mental), sino fundamentalmente las motivaciones que la persona o la pareja tienen para adoptar.

¿Quiere la persona o la pareja rellenar un sentimiento de vacío ocasionado por perturbaciones interiores? Pues resuelva primero su problema emocional y luego adopte.

¿Quiere uno de los miembros de la pareja, o ambos, un "pegante" que "salve" una relación de pareja que se derrumba? Busque primero ayuda para su vínculo de pareja, resuélvalo, y luego, si el matrimonio sobrevivió y se asentó sobre bases de disfrute y comprensión, entonces adopte.

Soy consciente de que estas recomendaciones pueden sonar duras, pero creo que son necesarias si la pareja adoptante quiere ver crecer y desarrollarse un niño y un adolescente emocionalmente armónico, y no un manojo de problemas que lejos de alegrarles la existencia y ofrecerles significado y plenitud, les proporcione innumerables dolores de cabeza.

Capítulo 14

La pareja de padres

El que madres, padres o sustitutos estén o no en condiciones de proporcionar una crianza feliz al bebé y una educación también feliz y sin traumas al niño depende, en primer lugar, de la salud emocional de que ellos dispongan como individuos.

Eso, a su turno, habrá dependido de la salud emocional de los padres de los padres o sustitutos. Y así sucesivamente. Sólo la información, la educación y la prevención a los padres podrán modificar y hacer más favorable esta cadena de generaciones.

Pero... aparte de la salud emocional individual de las madres, los padres y los sustitutos, ¿hay otros factores que influyan en el desenvolvimiento de una mujer como madre y de un hombre como padre? ¡Sí! El estado de las relaciones conyugales.

Una esposa desdichada, un esposo frustrado, tenderán a no funcionar como buenos padres, capaces de dotar a los hijos del ambiente necesario para desarrollarse con felicidad y sin traumas.

Para un padre frustrado como esposo será imposible hacer de "madre de la madre", función que, como hemos visto, resulta indispensable para que la mamá se dedique a su bebé en forma consagrada y sin interferencias.

La madre, desconectada parcialmente de la realidad por la preocupación maternal primaria, al no contar con el apoyo del esposo en esta situación se encontrará indefensa e incapacitada para enfrentar al mismo tiempo sus propios problemas psicológicos y las exigencias de atención del esposo, de los demás hijos, de los inconvenientes económicos y laborales, y así sucesivamente.

Todo ello llevará a la madre hacia la reacción que ya analizamos: la madre huirá de su maternidad y se volcará a privilegiar y atender los restantes desafíos y demandas de su propia vida privada.

Además, es obvio que en los casos en que la desavenencia conyugal lleva a la pareja hasta la separación, el cónyuge que conserve los hijos se verá en serios problemas para cumplir con sus funciones afectivas, especialmente si la separación es agresiva, o al menos no bien aceptada por uno de los miembros de la pareja, con todas las consecuencias adversas de ser una madre sola o un padre solo.

En semejante situación, el cónyuge que conserva los hijos estará privado del alimento emocional indispensable para nutrir su propia capacidad de ofrecer amor incondicional para las criaturas, y más bien estará lleno de todas las demás preocupaciones y desafíos, sumados al de tener que lidiar con su propia agresión e inconformidad, o con las del ex cónyuge, el otro progenitor de los hijos.

Por esto, los casos de separación o divorcio de parejas con hijos requerirán urgente asesoría profesional para el manejo de las desavenencias que suelen agobiar a la mayoría de las parejas separadas, especialmente para descubrir cómo llevar adelante una separación adecuada, adulta y civilizada, y cómo arreglar una buena relación de ambos con los hijos.

Sólo así quedaría más o menos asegurada una crianza y una educación adecuadas para los hijos.

Así, ¿sería mejor que una pareja con serias desavenencias no se separe... "por los hijos"?

De ningún modo.

Como vimos antes, en mi opinión, frente a una grave y prolongada desavenencia conyugal que no puede ser resuelta ni por los esposos por sí mismos, ni por la intervención de un psicoterapeuta debidamente calificado, será más beneficioso para los hijos tener unos padres separados, medianamente satisfechos y poniendo rumbo a rehacer sus vidas con otras personas, que unos padres falsamente unidos, insatisfechos, rabiosos y frustrados, llenos de acusaciones del uno contra el otro, que no podrán proporcionar a los hijos un mínimo de genuina atención ni de suficiente contacto verbal, afectivo y físico por estar inmersos en sus problemas de pareja.

Además, esta situación perturbada proporciona a los hijos una imagen distorsionada de lo que es una relación de pareja.

Es necesario que las parejas de padres que se separan descubran cómo llevar adelante una separación adecuada, adulta y civilizada, y cómo arreglar una buena relación de ambos con los hijos.

Con el objeto de aportar a una comprensión de las principales vicisitudes de una relación de pareja que determinan la armonía o la desavenencia conyugales, ofreceré un resumen de los principales aspectos psicológicos que caracterizan un vínculo de pareja.

Comprender la estructura emocional de una relación de pareja y el ambiente que ella genera a su alrededor depende, fundamentalmente, de la capacidad que el observador tenga para comprender que toda pareja funciona como una unidad que es más que la suma de sus partes. Esto quiere decir que la salud emocional y la armonía que una pareja alcance no es igual a la simple suma de la salud emocional y la armonía interior de cada uno de sus componentes: las de la pareja son el resultado de multiplicar la salud y la armonía de cada miembro por las del otro.

Eso significa que en la medida de su salud emocional y su armonía interior, cada uno de los cónyuges aporta estímulos que mejoran la salud emocional y la armonía del otro, y viceversa, generándose un círculo de retroalimentación favorable.

Es como si la salud emocional y la armonía interior de cada miembro de la pareja lo motivasen a tener iniciativas y conductas que "curan" en cierto modo las dificultades psicológicas del otro, y lo ayudan a sacar y a dar de sí lo mejor que tiene.

A su turno, el otro miembro de la pareja, "mejorado" por la condición descrita, proporciona también estímulos que "mejoran" al primero. Y así sucesivamente. Hasta que se genera el mencionado círculo de retroalimentación favorable.

Pero... ¿qué ocurre cuando en los miembros de la pareja predominan una precaria salud emocional y una falta de armonía interior?

En esos casos, el círculo descrito se desarrolla como un círculo vicioso en el que cada uno de los miembros, con sus iniciativas y conductas, estimula al otro a "perturbarse" aún más, anulando su poca armonía interior y empujándolo a sacar y a dar de sí lo peor que tenga. Y viceversa.

Así, lo negativo en el seno de la pareja es también más que la suma de sus componentes: un hombre y una mujer sólo medianamente perturbados, es decir, sin mayores dificultades individuales, pueden transformar su vida juntos en un verdadero infierno, con llamas, demonios y atroces tormentos.

Las dificultades de cada uno se multiplican por las del otro.

Lo mismo puede decirse de lo positivo, que en las parejas bien avenidas se multiplica con entusiasmo hasta lograr una relación dichosa.

Cuando predomina lo negativo, la pareja no sólo afronta su relación sino la maternidad y la paternidad, con las consecuencias antes analizadas.

Veamos ahora qué hace que la unión conyugal llegue a ser dichosa o desdichada.

Una relación de pareja convencional comienza, como todos saben, por el enamoramiento.

El enamoramiento inicial es indispensable: un hombre y una mujer se encuentran y se sienten atraídos. La atracción es una reacción emocional, instintiva y bioquímica más o menos automática, enormemente placentera y que al cabo de unas semanas o meses empieza a sufrir determinadas transformaciones.

En los mejores casos la atracción inicial se transforma en amor, forma de relación en la que el vínculo se caracteriza principalmente porque en vez de colocar en el otro expectativas idealizadas, exageradas y utópicas, cada uno se permite percibir al otro tal cual es, en su verdadera dimensión de ser humano, de persona real.

En la medida en que cada uno de los miembros de la pareja que se establece en la relación de amor tiene integrado y armónico su ser interior y está bien dotado de autoestima, percibe, tal vez sin darse cuenta claramente, qué clase de potencialidades existen en el otro miembro.

En medio de la ternura, el sentimiento de una compañía significativa y una vida sexual intensa y armónica, la motivación principal de la pareja con vínculo de amor es el deseo de ayudarse el uno al otro a realizar dichas potencialidades: "Te amo toda (todo) tú, tal como eres, y por lo que puedes llegar a ser...".

Así, el propósito del amor adulto de cada uno de los consortes sería posibilitar y ayudar al desarrollo de las potencialidades de la pareja (y de los hijos), apoyando e impulsando tal desarrollo en la propia y personal dirección que el otro (no uno mismo) elija, de modo que la libertad personal quede debidamente preservada.

Efectivamente, en este tipo de relación la libertad personal del otro es la guía de ambos miembros de la pareja. Eso significa que cada miembro de la pareja habrá de tener un respeto inmenso por la libertad de su compañero o compañera, incluyendo la responsabilidad que cada uno asume de dejar partir al otro, si éste lo considera necesario para su propio bien.

La única posibilidad de que cada uno ayude realmente al otro es que el primero, con la ayuda, desarrolle la "mirada interna", es decir, la capacidad de verse interiormente, de conocerse, conocer y reconocer las propias contribuciones a las dificultades de la relación.

La "mirada interna" desemboca en la confidencialidad: cada miembro de la pareja, conociéndose bastante a sí mismo, llega a confiar en el otro lo suficiente como para hacerle confidencias y cada uno se va volviendo progresivamente el mejor confidente del otro.

Así, cada uno se siente en condiciones de mostrarse al otro tal cual es. Eso permite, a su vez, que pueda reforzar la "mirada interna" del otro: de una manera cuidadosa, tierna, cálida y firme a la vez, cada uno podrá mostrarle al otro aspectos de su ser interior que éste por el momento no puede ver.

La aceptación y el reforzamiento de la "mirada interior" del otro, y el desarrollo de la "mirada interior recíproca", son lo opuesto de la agresiva, desconsiderada e invasiva "acusación recíproca".

En este tipo de relación, "yo te permito ver mi mundo interno así como tú me permites ver el tuyo", a la inversa de lo que ocurre con las parejas en conflicto, donde menudean la falsedad, las máscaras y los ocultamientos.

La relación de confidencialidad tiene que crearse poco a poco, con mucha paciencia y cuidado, ya que una brusca "confidencialidad" descuidada podría hacer estallar muchos matrimonios. La confidencialidad real, verdadera, es amable, comprensiva y tolerante y no deja lugar para la represalia ni para la explosión de violencia frente a la confidencia que pudiese chocar. La confidencialidad hace desaparecer la cólera, la soledad, el vacío y el miedo, de modo que la pareja y la familia se vuelven el lugar de reposo que están destinadas a ser.

Ninguno de los miembros de una pareja así cuestiona al otro o es cuestionado por él, pero se cuestiona y se mira a sí mismo, a sí misma, con mucha agudeza.

Predominan la presencia y la gratitud, fuentes primarias de la ternura y la excitación sexual. Estos elementos, reforzados por el intercambio de fantasías eróticas (posibilitado por la confidencialidad), hacen de la pareja estable el espacio ideal para la satisfacción sexual plena, apasionada y duradera.

Una situación así posibilita el desarrollo de sentimientos de que la vida "vale la pena", sentimientos que son la base de la riqueza interior, la profundidad y la significación afectiva de la experiencia de vivir.

Todo ello facilita que la pareja y los hijos se aproximen, a través de la recíproca comprensión que cada uno adquiere de los demás, a la verdadera cercanía emocional, y al significado, el júbilo y la plenitud que caracterizan, según Kohut, la salud emocional, y con toda seguridad la capacidad de criar bebés felices y educar niños sin traumas.

Veamos ahora lo que ocurre cuando el enamoramiento inicial se transforma no en amor, sino en la relación de conflicto que he dado en llamar el divorcio sin divorcio: los miembros de la pareja están emocional e instintivamente separados, pero insisten en vivir juntos sin una relación de amor entre ellos, situación en la que pueden durar décadas, e incluso toda la vida.

El punto de partida de la relación de divorcio sin divorcio se sitúa en la tendencia que mucha gente tiene a poner sin darse cuenta, es decir, inconscientemente, en la persona de la que se ha enamorado una serie de expectativas idealizadas, muchas veces exageradas y utópicas.

Así, el enamorado pone en su amada (y ésta en él) anhelos y exigencias de ser gratificado y complacido en una serie de anhelos y exigencias, muchas veces infantiles. A diferencia de lo que ocurre en la relación de amor que se caracteriza por un impulso a dar, el enamorado que se desliza hacia el divorcio sin divorcio espera (y exige) recibir.

Debe quedar claro que los anhelos y exigencias del enamorado y la enamorada son remanentes de anhelos y exigencias que quedaron insatisfechos en las etapas del bebé y el niño. Por ello, es fácil entender que el enamorado espera y anhela que la amada actúe con él como una mamá, y tendrá una confusión al sentirla inconscientemente como una madre, mientras que la enamorada deseará que el amado la trate como un padre trataría a su hija, cayendo víctima de la confusión correspondiente al sentirlo como un padre.

Esos sentimientos, anhelos y confusiones inconscientes determinan que al principio de la relación cada uno atribuya al otro ser una persona "maravillosa, increíble y deslumbrante", porque lo ha idealizado. Pero ninguno podrá llenar las expectativas ni satisfacer los anhelos y exigencias idealizados del otro, por lo que en relativamente corto tiempo, aparece la desilusión.

Para contrarrestarla, cada uno se esfuerza en mostrarse agradable y gratificador de un modo deliberado, más bien forzado, y en vez de un franco y decisivo diálogo sobre lo que les ocurre, los miembros de la pareja prefieren la vía fácil y "cómoda" del encubrimiento de lo que sienten y piensan. Ha empezado la falsedad.

En gran parte, la falsedad se basa en el miedo de cada uno a perder al otro si hay una apertura y se confían recíprocamente. La situación persiste. El siguiente paso para contrarrestar la desilusión es la manipulación, actitud inconsciente por la que cada uno intenta movilizar al otro, hacerlo sentir, pensar y reaccionar de acuerdo con sus propias expectativas y anhelos infantiles, desde luego sin conseguirlo.

Ninguno se abre, porque si lo hace teme ser ridiculizado y hasta rechazado por el otro. Además, como ninguno se conoce bien a sí mismo ya que no practica la "mirada interna", tampoco sabe a ciencia cierta, y con precisión, qué anhela y necesita, qué "quisiera" del otro.

Se establece el malestar, y ambos intuyen que algo anda mal, pero no aparece el diálogo. Se ponen en guardia y eso los aleja aún más. Ambos ensayan "máscaras", es decir, comportamientos inventados, forzados y falsos con los que intentan persuadirse a sí mismos y al otro de que "todo marcha bien".

Las personas reales, la identidad de cada uno desaparece tras las "máscaras", dejando solo al otro. Así, cada uno empieza a sentirse solo, especialmente en presencia física de su pareja. De la soledad pasan a la frustración, a la cólera inconsciente y a la irritabilidad.

La frustración y la cólera son todavía sutiles, pero como se trata de una situación cotidiana, cada vez se hacen más daño el uno al otro, y cada uno a sí mismo: no por estar oculta, dicha situación deja de atenazar y oprimir el corazón, sin que los miembros de la pareja consigan darse cuenta de qué les pasa.

La frustración y la cólera destilan irritabilidad, que se manifiesta en una sensación casi física de "no me toques".

Se afecta el comportamiento sexual y afectivo. Aparece la distancia y campean la frialdad y la indiferencia. Las fantasías y los deseos sexuales específicos de cada uno no se expresan, y con ello disminuyen hasta desaparecer el apasionamiento y aun el deseo sexual. Los contactos íntimos se van transformando poco a poco en algo que se hace "por costumbre" y casi "por deber", instalándose la monotonía y el aburrimiento.

El temor a la propia agresión contribuye a lo anterior: el apasionamiento es la forma adulta de descargar agresión saludable. Si la persona teme el desbocamiento de la propia agresión contra su cónyuge, inconscientemente contendrá su apasionamiento y su aproximación sexual se transformará en algo chato, sin gracia, calor humano, brillo ni fuerza.

Muchas veces todo lo anterior desemboca en impotencia, frigidez, fantasías y actos de infidelidad, celos, aspereza... etcétera.

Ambos miembros de la pareja se sienten desdichados, solos y frustrados. Aparece la sospecha y sobreviene la "acusación recíproca" en la que cada uno trata de convencer al otro, mediante cargos y reproches, de que es él (ella) el (la) causante único (única) de todas las dificultades, quedando cada uno imposibilitado de percibir la propia contribución a los conflictos.

Llenos de rencor, ninguno es capaz de ver que el otro es tan víctima de lo que les sucede como él (ella) mismo (misma). Cada uno pierde la capacidad de ver las cualidades positivas y las necesidades del otro, e insiste terca y agresivamente en ver sólo las propias.

Como consecuencia, la pareja evoluciona poco a poco hacia la violencia, bien hacia la indiferencia, y cuando no hay deserción manifiesta (es decir, divorcio), esta clase de relación se transforma en el divorcio sin divorcio que describí antes y que es más dañino para la pareja y para los hijos que el divorcio mismo.

Las presiones sociales, las tradiciones, los usos y costumbres, los patrones morales establecidos, el miedo a la soledad y a la pérdida de la reputación contribuyen a perpetuar esta situación. La relación se ve progresivamente agobiada por el silencio, el vacío, la soledad y el aburrimiento, interrumpidos por esporádicas o frecuentes peleas y enfrentamientos, muchas veces usando como pretextos, coartadas, armas, aliados o enemigos... a los hijos.

Las personas que viven su relación de pareja de este modo, atrapadas por el divorcio sin divorcio, sufren una existencia superficial, vana, sin significado, júbilo ni plenitud, apegadas a la búsqueda casi adictiva de bienestar material, éxito financiero, intrascendentes aventuras sexuales, figuración social o poder político o institucional: puede decirse que más que vivir, están "durando". El vínculo está "muerto", pero se ha perpetuado.

Es obvio que las personas inmersas en esta forma de relación tendrán interferida su capacidad de criar bebés y educar niños, porque nadie puede dar de lo que no tiene: la pareja en conflicto se ha transformado en una familia en conflicto.

Capítulo 15

La familia considerada como grupo

¿Cómo funcionan los grupos familiares que, dirigidos por una pareja en conflicto, cobijan el desarrollo de bebés, niños y adolescentes poco felices y bastante traumatizados?

Abrumados por las dificultades interiores adquiridas en la infancia, por la desinformación y la frustración de sus expectativas, anhelos y exigencias idealizadas, los cónyuges ahora padres frustran a su vez a los hijos, tanto en la etapa del bebé como en la del niño y la del adolescente, ocasionándoles inmadurez emocional severa y trastornos de la estructura del carácter.

Como cada miembro de la pareja de padres, los hijos son también objeto de idealizaciones ("tan divino"), falsedad y manipulaciones. A su vez, ellos colocarán en los padres expectativas, anhelos y exigencias idealizadas e intentarán, cada vez con mayor ahínco, movilizarlos mediante la falsedad y la manipulación.

Eso conduce a la frustración, a la cólera encubierta y a la irritabilidad, elementos emocionales que enturbiarán progresivamente la atmósfera familiar.

Brotan los conflictos y los enfrentamientos entre los padres como esposos, entre padres e hijos, y entre los hermanos.

De pronto uno de los miembros del grupo familiar, posiblemente el más propenso o el que tiene una estructura del carácter más débil que la de los demás, "enferma", es decir, empieza a mostrar manifestaciones de su desarmonía interior, conductas alteradas, síntomas psicosomáticos, psicopatía y adicciones más o menos graves. Y se transforma en el "problema" de la casa.

Puede tratarse del papá, que fue visto entrando en una residencia del brazo de "la moza". O de la mamá, que todas las tardes llora amargamente en su habitación a oscuras y no permite que nadie se le acerque. O de Gabrielito, que "se porta mal" y maltrata a la empleada de servicio o a sus hermanitos. O de Milena, que tiene dificultades académicas en la universidad. O de Jaime, que contrajo asma. O de María Fernanda, que quedó embarazada del noviecito y desea abortar. O de Arley, a quien echaron del empleo y está acusado de desfalco. O de Pedro, a quien ayer cogió la policía porque se estaba drogando en el parque con sus amigos del barrio. O de Juan, que se encierra en su cuarto a gritar quejándose de que escucha voces que lo llaman y lo insultan.

En cada uno de tales casos, el resto de la familia como grupo se apresurará a enfilar sus baterías contra el afectado, acusándolo de "ser el problema" y de que "por culpa de él (ella) la familia sufre". Es generalmente el afectado quien viene (o es traído) donde el psicoterapeuta en calidad de consultante.

Lo que estas familias no perciben es que el problema es de todos y que todos, sin darse (mucha) cuenta, contribuyeron a causarlo.

Tampoco perciben cómo cada uno está afectado por problemas psicológicos que, no por ser menos evidentes o más sutiles, resultan menos graves.

Cuando recibo en mi consulta a una persona con problemas psíquicos, suele serme fácil comprender que el origen de tales problemas no está solamente en el mundo interno del consultante, sino que el grupo familiar con el que éste vive está contribuyendo a causarlo o agravarlo.

En otras palabras, comprendo que la alteración del consultante corresponde no sólo a un problema individual de él o ella, sino a una alteración colectiva que tendría que ser enfrentada y resuelta por todos los miembros del grupo familiar.

Lamentablemente, como terapeuta muchas veces debo lidiar con la reticencia del grupo familiar para abordar el problema de ese modo: la familia se niega con frecuencia a participar en un tratamiento de conjunto, y alega que "el del problema es el consultante", con lo que se pierde una poderosa herramienta para ayudarlos a todos, incluso al consultante.

Éste deberá entonces enfrentar solo, con el terapeuta, en una psicoterapia individual, la búsqueda de soluciones para sus conflictos.

La persona que presenta inmadurez emocional severa o alteraciones visibles en la estructura de su carácter está afectada por una deprivación, o mejor dicho por una pérdida o una carencia de ciertos elementos, como por ejemplo el amor expresado mediante contacto físico, afectivo y verbal.

Tal pérdida o carencia fue experimentada por el que hoy es el consultante durante su temprana infancia, en su niñez o adolescencia, o en el marco del grupo familiar en el que vive actualmente.

Según Winnicott, la sintomatología de la persona con un trastorno de la estructura del carácter es "un grito del corazón". El miembro afectado de la familia, continúa diciendo Winnicott, está "pidiendo a gritos" la reparación del daño que sufrió a raíz de la pérdida o la carencia de amor.

Es más, para Winnicott la sintomatología del individuo con trastornos del carácter es la expresión de que en él está viva la esperanza de que quienes le deprivaron "se den cuenta de la falla específica que produjo los desperfectos, y que tomen las medidas necesarias para subsanarla".

En una psicoterapia individual, yo como psicoterapeuta represento a quienes deprivaron al consultante durante su infancia. Tomo conciencia de la deprivación ocurrida y adopto las medidas necesarias para subsanarla.

Pero en una psicoterapia del grupo familiar, especialmente si el consultante es niño, adolescente o adulto joven, se presenta la hermosa posibilidad de que no sólo el terapeuta tome las medidas necesarias para subsanar la falla sino que, después de reconocerla, tales medidas sean tomadas también por las personas que fallaron, y que al tomar conciencia de dicha falla, puedan contribuir a reparar lo dañado en el consultante con su presencia y su amor.

Las crisis familiares en las que emerge un aparente miembro-problema o "chivo expiatorio" ponen de manifiesto la esperanza, ya que interrumpen el habitual estado de indiferencia, desesperanza, depresión y caos que frecuentemente caracterizan a estas familias en las épocas en las que no hay crisis.

En tal situación, aparece la posibilidad de que la familia acuda como una unidad en busca de ayuda. La psicoterapia del grupo familiar tiene por objeto suministrar el espacio y las herramientas para que los miembros de una familia tomen conciencia de sus fallas con los miembros restantes, y se den a sí mismos la oportunidad de repararlas mediante el reconocimiento, la comprensión, el diálogo y el afecto, elementos que, a medida que avanza el proceso, van suplantando progresivamente a las actitudes de "a mí qué me importa lo que le pasa a él (o a ella)", y las de acusar al miembro afectado de ser el único causante de todo el problema.

Es mas fácil depositar el problema en este miembro de la familia que asumirlo proporcionalmente cada uno. El reconocimiento, la comprensión, el diálogo y el afecto en una situación de psicoterapia de familia son los elementos mediante los cuales va a producirse la reparación de las fallas.

Los miembros de una familia en psicoterapia psicoanalítica dan inicio a su descubrimiento de que, lejos de ser las "víctimas" del "mal comportamiento" del afectado, lejos de su percepción de éste como "el diferente" o "el enfermo" del grupo, cumplen otro papel. Desarrollan la capacidad de reconocerse a sí mismos como parecidos al afectado en cuanto a su estructura del carácter, así las manifestaciones de tal estructura sean mucho menos visibles, más sutiles.

Los miembros de la familia descubren que inconscientemente utilizan recursos y defensas, modos y maneras de reaccionar manejando la ansiedad y la culpa o esquivando la propia responsabilidad... sutiles pero muy similares a los que el afectado usa de un modo más visible y hasta escandaloso.

A medida que avanza el proceso de psicoterapia familiar, el miembro afectado, que al inicio era "el motivo" de la consulta, empieza a ser descubierto y visto como alguien que representa al grupo familiar afectado, como alguien que se ha constituido en el síntoma de toda la familia.

Una familia en psicoterapia descubre también que, en realidad, hay un problema grupal que los afecta a todos, y que el papel que le corresponde al afectado en el drama es el de alguien que con sus evidentes y hasta escandalosas manifestaciones, está como impidiendo el derrumbe de un dique resquebrajado.

Si el derrumbe se produjera, ello equivaldría a que muchos, quizá todos los miembros de la familia se perturbarían y el caos y la destrucción prevalecerían en el grupo, si no se da una verdadera y profunda resolución del conflicto.

Una característica central de los grupos familiares perturbados es que en ellos ninguno de sus miembros, incluyendo al afectado, quiere asumir su parte de responsabilidad en lo que ocurre: todos se culpan unos a otros, y todos al afectado.

Cada uno de los miembros de la familia intenta, a su manera, salirse con la suya; todos tienden a no ver y a negar su personal contribución al sufrimiento del grupo. Se culpabilizan y se acusan rabiosamente el uno al otro, tratando de utilizar y manipular con voracidad a todos los demás.

Al mismo tiempo, el grupo alcanza cierto precario equilibrio basado en las distancias que cada uno mantiene agresiva e inculpatoriamente ante los demás: como el miembro afectado absorbe la mayor parte de la agresión y la culpa, la furia inconsciente de los demás entre sí se aplaca, con lo que la atmósfera emocional del grupo se mantiene en un nivel que podríamos llamar "inestablemente estabilizado".

Esta precaria estabilidad se rompe si el miembro afectado madura emocionalmente por su lado, por ejemplo en una psicoterapia individual.

En cambio, si la familia madura como grupo y cada uno de sus miembros llega a hacerse consciente y a reconocer su contribución al malestar colectivo en el marco de una psicoterapia de familia, ésta puede alcanzar una estabilidad menos precaria, más sólida, y ser capaz de funcionar adecuadamente sin que ninguno de los miembros de la familia, o ésta como grupo, se descalabre.

Cuando por otro lado, el miembro afectado empieza a presentar conductas ya demasiado evidentes de su problema, al punto que daña la imagen social de la familia, ésta suele acudir casi de emergencia a la consulta con el psicoterapeuta.

Si se recurre a una psicoterapia individual y el miembro afectado empieza a mejorar, se desestabiliza el precario equilibrio que había, y el grupo familiar siente que lejos de mejorar la situación, la psicoterapia la empeora.

Éste es el punto en el que la familia, si no toma conciencia de lo que está ocurriendo, puede llegar a presionar hasta retirar al miembro afectado de su tratamiento individual: la problemática de este individuo se hace indispensable para seguirlo utilizando, claro que inconscientemente, como un útil y sufriente "chivo expiatorio".

Lo mismo puede ocurrir cuando se elige una psicoterapia del grupo familiar y los otros miembros, no el afectado, empiezan a descubrir su contribución y su responsabilidad en lo que ocurre, y no son capaces de tolerar la ansiedad que promueve ese descubrimiento: la familia tiende a huir del tratamiento. La preocupación se volvió alarma y el resultado puede ser la estampida.

Para evitar ese inconveniente desenlace, le corresponde al terapeuta del grupo familiar tomar las necesarias precauciones, que consisten en advertir a los miembros de la familia, desde el principio de la psicoterapia, que precisamente existe la posibilidad de ese desenlace, y que el mismo podrá evitarse si cada uno de los miembros hace un esfuerzo por comprender lo que sucede, y principalmente por comprenderse a sí mismo en el marco del desarrollo del proceso.

La comprensión a la que aludo se posibilita en gran medida cuando el psicoterapeuta consigue analizar la relación que los miembros de la familia tienen con él. En ese análisis, cada uno puede comprobar vivencialmente cómo repite con el psicoterapeuta la clase de relación y de conflictos que establece con alguno o algunos de los miembros del grupo.

En síntesis, cada miembro empieza poco a poco a tomar conciencia y a reconocer su contribución y su verdadera responsabilidad.

Progresivamente el grupo va dejando de lado la culpabilización del miembro afectado y también la culpabilización que cada uno esgrimía contra los demás, asumiendo cada vez más su propia parte.

Esto alivia las cargas de ansiedad y culpa que pesaban sobre el afectado, el que puede empezar a recuperarse. Del mismo modo, la comprensión de las propias actitudes y reacciones facilita el crecimiento emocional de los miembros del grupo, y de éste como unidad.

La atmósfera afectiva va perdiendo densidad, y cada vez se hace más respirable y grata.

Segunda parte

La violencia. Las adicciones.
La ética y los orígenes de la crisis de los valores.

Capítulo 16

Ética y mirada interior

DIFERENCIAS ENTRE ÉTICA Y MORAL
EL LIBRE ALBEDRÍO
LA "EDUCACIÓN MORAL"
Y LA EDUCACIÓN EN EL AMOR

Es claro que en esta cultura, la ética, los valores y la moral se han transformado, desde hace ya mucho tiempo, en palabras huecas.

Otro tanto ha sucedido con el honor, la justicia, la lealtad, el servir, la dignidad, la sabiduría, la comprensión, la bondad y el amor, para no mencionar valores institucionales como la seriedad, el compromiso con la tarea, la corresponsabilidad, la puntualidad, la búsqueda de la excelencia, la satisfacción por la tarea cumplida y por la ganancia honesta fruto del esfuerzo.

En cambio, ideas como dinero, poder, arrogancia, amoralidad, corrupción, impunidad, "aprovecharse", "salirse con la suya", facilismo e imagen han cobrado una creciente, inflada y avasalladora importancia.

El deprimente y por momentos aterrador panorama de la política es muestra elocuente de lo anterior, y cada día aumenta la urgencia pública, en especial entre quienes buscamos asideros para ir en contra de esa corriente.

¿Cómo y por qué hemos llegado a tales extremos?

Para responder a esta pregunta es necesario empezar por comprensiones acerca de los factores que están detrás de esos cómo y por qué.

En especial de los factores psicológicos y microsociales (psicosociales), porque ellos son susceptibles de modificaciones favorables, incluso a corto plazo, mientras que otro tipo de factores como los biológicos y los macrosociales carecen, por el momento, de un ángulo desde el cual pudieran ser modificados a corto o mediano plazo.

Estas comprensiones, y las acciones psicológicas y psicosociales que de ellas puedan derivarse, constituyen uno de los varios asideros necesarios para empezar a ir en contra de la corriente de la amoralidad y la corrupción.

Estas comprensiones son parte de mi intento para promover en la comunidad, en las instituciones y en la empresa, una toma de conciencia de que, si bien la psicoterapia no es posible para todos, por lo menos sí lo es un permanente y riguroso cuestionamiento de sí mismo por parte de cada persona, para alcanzar una ética y un sistema de valores que sea la realización de las aspiraciones primarias del instinto de vida (Eros): la bondad, el contacto, el amor, la vida... todo ello tan contrario a las aspiraciones del instinto de muerte (Tanathos) que muchas, demasiadas veces, se deslizan en los intentos seudomorales por coartar la vida y el amor.

Así pues, en síntesis, uno de los propósitos centrales de esta parte del libro es ofrecer comprensiones acerca de los factores psicológicos y psicosociales que están detrás de tal situación, y herramientas para que las personas emprendan acciones que den lugar a un comienzo en el proceso de recuperar los valores tanto en el ámbito de lo personal como en el conyugal, familiar y ciudadano.

Un paso indispensable en pos de este propósito es una permanente y rigurosa toma de conciencia, y un honesto cuestionamiento de sí mismo por parte de cada persona, que son el primer evento para comprender y modificar el presente estado de cosas.

Tradicionalmente los valores se analizan en vista de los factores culturales de la desorganización de la sociedad.

Mi enfoque incluye tal análisis pero se funda en la comprensión de cómo los factores estructurales (sí mismo y padres internos), emocionales e instintivos de cada individuo, desde el mundo interior contribuyen a determinar la crisis de la cultura y por lo tanto, la crisis de los valores.

Este enfoque incluye comprensiones sobre el origen psicoafectivo de esta crisis, en la cultura y en mí mismo: ciertos errores y fallas en la crianza y la educación de bebés y niños dan lugar a perturbaciones emocionales y caracterológicas que sintetizo en el concepto de desarmonía interior; las personas adultas con rasgos –así sean leves– de esta desarmonía, casi siempre sin conciencia de ello, tienen afectada en mayor o menor grado la autoestima y desarrollan tendencias hacia la desvalorización de sí y de los otros, la división interior, la hinchazón narcisista del ego y finalmente hacia el debilitamiento de la moral y la transgresión ética.

El primer paso para iniciar estas comprensiones hay que darlo dentro de uno mismo: se requiere empezar el análisis de la crisis de los valores utilizando la mirada interior.

Así, mi primera tarea para realizar una adecuada comprensión del porqué de la crisis de los valores, la amoralidad y la corrupción, será echar una mirada cuestionadora dentro de mí.

¿Cómo está mi propia ética? ¿Qué valores suscribo? ¿Qué diferencias existen entre los valores que suscribo en público y los que suscribo en privado? ¿Cómo explico –para mí mismo (mí misma)– esas diferencias? ¿Hasta qué punto discierno si mis conductas están motivadas por el interés personal o por mi respeto a una escala de valores? ¿Suele corresponder mi comportamiento cotidiano con los valores que suscribo? ¿En qué casos sí y en qué casos no?

Estos cuestionamientos son el instrumento idóneo para dar inicio, en cada persona, a la comprensión de sí, al desarrollo de la toma de conciencia, el cuestionamiento de sí y de la propia escala de valores, descubriendo cómo usar la mirada interior con eficacia, pero sin angustia ni culpabilidad.

Esta toma de conciencia debe luchar contra el principio más o menos vigente en esta cultura de que "de eso no se habla". Ni siquiera con uno mismo.

El uso general, basado en la etimología, hace que las palabras "ética" y "moral" tengan un significado popular casi equivalente: suelen referirse a los usos y costumbres de una cultura, e incluso al carácter de alguien.

Ética es un término que apunta a lo teórico, lo filosófico y lo científico.

Moral se refiere a la calificación de conductas prácticas, cuando éstas son evaluadas como buenas o malas, se supone que mediante lineamientos éticos.

Sin embargo, estos significados han adquirido cierto sesgo.

"Ética" se ha llegado a relacionar con una ciencia laica, normativa de la conducta, que incluye el discernimiento de los juicios de valor de acuerdo con pautas no religiosas ni canónigas, sino más bien relacionadas con la ciencia y el conocimiento filosófico secular.

"Moral" es un término que ha llegado a tener más un regusto religioso, canónigo, derivado de la "teología moral", que es el discernimiento de los juicios de valor según las reglas religiosas contenidas en los libros sagrados, interpretadas por los clérigos y transformadas por ellos en reglas de conducta.

En este libro usaré estos términos, así:

> ✓ *Ética*: disciplina filosófica, científica, *teórica*, una filosofía de la moral.
> ✓ *Moral*: la aplicación *práctica* de dicha disciplina a la evaluación de la conducta en términos del bien y el mal.

En este punto me gustaría darle al asunto una mirada desde otra perspectiva. De acuerdo con Adela Cortina, filósofa española, "[...] la ética[...] es un tipo de saber práctico[...] que pretende orientar la acción humana en un sentido racional".

Esta concepción suena, por un lado, como un intento práctico de sacar de en medio la cuestión del "bien" y el "mal", más teórica y susceptible de caer en las garras de los fundamentalismos, los totalitarismos y las ideologías, que la cuestión, más benigna y apartada de los apasionamientos, de "lo racional".

Y por otro lado, involucra en un solo concepto la ética y la moral, poniéndole fin, al menos desde el punto de vista práctico, a la necesidad de diferenciar entre las dos disciplinas.

Por último, el libre albedrío. Usualmente esta expresión se entiende como la potestad de obrar por reflexión y elección. Pensar el libre albedrío hace necesario cuestionar el concepto e intentar describir sus alcances y limitaciones, de acuerdo con una comprensión científica del funcionamiento de la mente, más certera y profunda que la habitual.

Como esta comprensión pasa por el estudio de la pérdida de la autoestima y la inflación de los sentimientos inconscientes de culpa, así como por la diferenciación entre ética autoritaria y ética natural, la postergaré para más adelante, cuando ya tengamos las comprensiones para pensarla con propiedad.

***

Deseo comenzar este segmento afirmando que una crianza y una educación como las analizadas en la primera parte de este libro, desarrollarán los rasgos y capacidades de ética natural que existen potencialmente en el bebé y el niño, lo que desembocará en tener un sentimiento moral (concepto intuitivo del "bien" y el "mal"); experimentar amor, preocupación saludable y responsabilidad hacia sí mismo y hacia los seres cercanos; legitimar a los extraños como seres humanos (ética del diálogo: todo ser humano es un legítimo interlocutor); fijarse un ideal y unos valores y creer en algo (confianza, fe).

Los humanos somos seres que, en nuestro mundo interior, contamos con todas las potencialidades del bien y el mal. En las personas con cierto equilibrio y armonía interiores, estas dos potencialidades se balancean y determinan tendencias moduladas tanto hacia el bien como hacia el mal. La persona puede entonces, de acuerdo con sus valores naturales, elegir su comportamiento.

La desarmonía interior, especialmente como consecuencia de los sentimientos de culpa, hace que la persona se sienta "mala".

Los sentimientos de culpa tienden a crecer y acumularse, y cuando alguien se siente definitiva e irremediablemente "malo", sus tendencias a actuar de forma "mala" se acentúan: ya no tiene nada que perder, se cree incapaz de llegar a sentirse "bueno" y sus posibilidades de reflexión y arrepentimiento se banalizan y finalmente expiran.

Según Donald W. Winnicott, la así llamada "educación moral", extrajo lo que había de bueno en el interior del individuo-niño, y lo puso "fuera" (en "Dios", o en "el cielo"). La "educación moral" hizo esto basándose en las ideas de la "naturaleza malvada del hombre", el "pecado original" y la existencia real e indiscutible de la destructividad y el odio en el corazón del ser humano.

Winnicott afirma que luego de extraer y poner "fuera" lo "bueno" del niño, la "educación moral" estableció un esquema artificial para inyectarle desde fuera lo que antes le quitó: el bien. De este modo, la "educación moral" no reconoce que en el hombre exista naturalmente el "bien".

Dice Winnicott: "...si la criatura y el niño son cuidados de manera estable y digna de confianza, va creciendo en ellos una creencia en la estabilidad, a la que cabe sumarle la percepción infantil del padre, la madre, la abuela. La idea de la bondad y de un Dios Padre o Dios personal, estable, bueno y justo, es aceptada de forma natural por un niño que haya empezado la vida de este modo".

Winnicott continúa: "al niño que no vive experiencias suficientemente buenas durante las primeras fases, no se le puede inculcar la idea de un Dios personal a modo de sustitución del cuidado infantil".

Así pues, la "educación moral" no constituye un sustituto del amor, ni del cuidado afectivo y físico de la madre, del padre o de quien los reemplace en los primeros meses.

La función de los padres es amar y comprender.

La función de la "educación moral" es aprobar o censurar.

Evidentemente, es necesario que los padres actúen también como educadores morales, pero ello será eficaz sólo si su función de amar y comprender predomina largamente sobre las funciones de aprobar y censurar.

La mayor parte de la "educación moral" al bebé y al niño, es decir, la mayor parte de la aprobación o censura recae sobre la relación que el bebé y el niño establecen con su propio cuerpo, especialmente si ello tiene que ver, siquiera remotamente, con la sexualidad y con las secreciones y emanaciones corporales.

Cuando la función de aprobar o censurar se inscribe como un contenido del marco de amor y comprensión, se constituye la ética interna o natural, basada en la presencia de "algo" interior (que además, luego, puede ser "colocado fuera" y establecido como "algo" exterior en lo que se cree y se tiene fe), "algo" interior que pone límites, pero que no destruye y que insinúa con benevolencia el "comportamiento correcto" sin imponerlo por la fuerza.

Ese "algo" interior son los padres internos "positivos fuertes", integrados.

Estas estructuras interiores, puestas "fuera", dotan de vida y presencia a ese "algo" (que se vuelve "alguien") exterior benevolente en el que algunas personas creen (y éste puede ser el origen de una fe adulta, ecuánime y creativa), "alguien" a quien podemos llamar Dios.

La óptima educación moral será, entonces, una educación en el amor, que consistirá no en impartirle al bebé y al niño normas y prohibiciones arbitrarias respecto a su propio cuerpo y a la sexualidad infantil, sino en permitirle que se descubra, tome contacto consigo mismo, se sienta, guste y se enamore de sí mismo, no en el sentido narcisista, sino en el sentido de amarse: la autoestima tiene una base corporal.

Es necesario que los padres renuncien a "enseñarle" al bebé y al niño lo que debe y no debe hacer con su propio cuerpo, sus secreciones y emanaciones y su sexualidad y, en cambio, le permitan que aprenda de sí mismo.

Los embates distorsionadores de una sociedad y una cultura perturbadas nada podrán hacer para dañar la armonía interior de un niño educado así: una educación moral en el marco de una relación de amor, comprensión y respeto recíprocos.

Esta educación origina en el niño las bases para que en él se inserte, de un modo natural, un código moral natural (que incluye vertientes estéticas e higiénicas igualmente naturales), tanto en lo que se refiere a su propio cuerpo, sus secreciones y emanaciones, y su sexualidad, como a la propiedad, la agresión, la jerarquía, etcétera.

Posibilitará también que el futuro adulto pueda cuestionar los códigos morales (y estéticos e higiénicos) autoritarios, impuestos y antinaturales que predominen en su cultura.

Llegado a la relación de pareja adulta, será capaz de desarrollar una ética interna natural y una ética natural –consensual– de la pareja, que rija de un modo adulto, adecuado y armónico sus comportamientos conyugales.

La ética y la moral durante largas etapas históricas se basaron en la religión, en "lo sagrado".

A través de la historia, los clérigos de las diversas religiones se hicieron poco a poco con la dirección de la aprobación o censura de la conducta de colectividades y personas, logrando y acumulando el enorme poder sobre la humanidad que han detentado hasta hace muy poco.

En efecto, desde hace un tiempo ha venido ocurriendo una progresiva secularización de la cultura, que ha avanzado hacia posiciones cada vez más laicas y desacralizadas a través de la pérdida del contacto de la sociedad con el paternalismo moral de los clérigos que, con su tutelaje, mantenían a la mayoría de las personas en un estado de "enanos morales", incapaces de discernir por sí mismos y, como consecuencia de ello, privados de una sustancial herramienta para crecer y desarrollarse como seres humanos plenos: el ejercicio del discernimiento.

Cabe preguntarse... ¿Cómo obtuvieron los clérigos de las diferentes religiones semejante poder sobre la gente? La respuesta se encuentra en la comprensión de la "educación moral" que estuvo vigente durante siglos, impartida no sólo por los religiosos, sino por los mismos padres de familia adoctrinados –por los mismos clérigos– en la absoluta convicción de la "maldad humana".

Capítulo 17

La necesidad de una ética basada en la compRensión científica de la natuRaleza humana

BASES PSICOLÓGICAS
Y CIENTÍFICO-ACADÉMICAS DE LA ÉTICA

Las comprensiones anteriores me permiten afirmar que se hace necesaria la aparición y el desarrollo de una ética civil, una ética ciudadana (que incluye lo institucional y lo empresarial) para lo público y una ética personal para lo privado (que en último análisis son una sola ética de la persona, aplicada tanto a lo público, como a lo privado) que se fundamente:

> ✓no en principios religiosos, ideológicos y trascenden-
> tales, ni en cierta revelación divina interpretada e
> impuesta por los clérigos del modo más conveniente
> para ellos,
> ✓sino en una responsabilidad individual y colectiva basa-
> da en la comprensión científica de la naturaleza de uno
> mismo y de la de los demás, comprensión que permite
> legitimar, respetar y amar al otro (en la misma medida
> que a uno mismo) como seres humanos.

La ética sacralizada, basada en la "teología moral" e implementada a través de la "educación moral" intenta imponer, desde fuera, a la comunidad y a los individuos, ciertos frenos, ciertas represiones que permiten alguna armonía social, sí, pero al precio de que la gente carezca de acceso a entrenarse en el desarrollo de los propios controles internos basados en el conocimiento y la comprensión científica de uno mismo y de los demás, entrenamiento fundamental para el crecimiento del individuo como ser humano.

El desvanecimiento progresivo de la ética sacralizada conduce a la apertura de las posibilidades de desarrollo humano individual y colectivo, pero... el conocimiento y la comprensión desde dentro no se han desarrollado aún lo suficiente como para lograr en cada persona un control de sí misma suficiente para garantizar la armonía social.

Así, nos hallamos, en estos tiempos, en una especie de caótica tierra ética de nadie, carente por el momento de una ética liberalizadora –como la ética del diálogo, que transforma a cada ser humano en un interlocutor legítimo– y por ello también carente de un sistema de valores científicamente fundado, eficaz y suficiente para un adecuado funcionamiento de la sociedad.

Una comprensión de los resortes psicológicos individuales, internos, privados, que determinan la medida en que una persona disponga de un sistema de valores anclado en el conocimiento científico y la comprensión de sí mismo y de los demás como seres humanos legítimos y dignos, comienza por una comprensión que se funda en la coincidencia de dos términos: valores y desvalorización.

Ambas palabras contienen la partícula "valor". No es coincidencia.

Un valor es un atributo o cualidad que está en las cosas, en las personas, en una sociedad, en un sistema, en una acción. Los seres humanos podemos percibirlo o no y, ya percibido, podemos ignorarlo o aceptarlo, e incluso ponerlo como una guía de nuestro comportamiento o rechazarlo con destructivo vigor u olímpica indiferencia.

Un valor constituye un elemento psicoafectivo (dotado de gran carga emocional), aceptado más o menos por consenso (acuerdo tácito) en una cultura, y cuyo conjunto conforma la ética vigente. Un valor aprueba y ratifica convicionalmente los principios, comportamientos y actitudes considerados como éticamente valiosos para los miembros de una comunidad.

Los valores por lo general se expresan en no más de una palabra, (por ejemplo, "honestidad"), y pueden ser objeto de simbolizaciones y concretizaciones (la "justicia" representada por una dama con los ojos vendados y portando una balanza y una espada).

La desvalorización es un concepto que apunta a la situación interior de una persona cuya autoestima se encuentra disminuida: de ésta se dice que "está desvalorizada" y que "se desvaloriza". Eso significa que no se quiere, no se respeta, no se gusta ni sabe cuidar adecuadamente de sí misma.

Vemos que la coincidencia de estos dos términos no es casual: una persona que se desvaloriza, que carece de autoestima, tendrá resquebrajado, debilitado su sistema de valores. ¿Cómo así?

La norma ética más sublime que la humanidad registra, está contenida en la frase del Señor Jesucristo, "Amarás a tu prójimo como a ti mismo".

Es una norma de inmensa sabiduría y de profundo reconocimiento y amor por la naturaleza humana: el mandamiento "ama a tu prójimo" cobra fuerza de ley sólo si se cumple el requisito del "como a ti mismo". Es decir, "ama a los demás como te amas a ti mismo". Amarte a ti mismo: ésta es la autoestima.

Creo que el Señor Jesucristo comprendía muy bien que sólo en la medida en que alguien se ame a sí mismo, se respete, guste de sí y sepa cuidarse, puede, en esa medida, amar natural y espontáneamente a su prójimo y, aunque dicho prójimo no le guste, respetarlo y cuidar de él o ella.

Y cuidarlo especialmente en su condición de interlocutor legítimo: sir Winston Churchill se regocijaba con la confusión de sus enemigos políticos cuando les decía –con su habitual autenticidad–: "Detesto su opinión, pero daría mi vida por preservar su derecho a expresarla".

El que se desvaloriza a sí mismo, no se respeta, no gusta de sí ni sabe cuidarse, detestará a su prójimo, lo irrespetará, lo rechazará con disgusto y, desde luego, será incapaz de cuidarlo como interlocutor legítimo y, al contrario de la frase de Churchill, hará lo posible por impedir al otro expresarse; el que se desvaloriza a sí mismo, desvaloriza a su prójimo.

En un punto como éste, la ciencia y la religión, o, al menos, la ciencia y el misticismo, lejos de oponerse, se dan la mano. Se puede decir que el Señor Jesucristo hizo uso de un concepto que tenía un punto de partida real –científico– aunque eso no fuera posible desde la perspectiva científico-académica actual. Al parecer, ciertos seres de la antigüedad estuvieron en contacto con conocimientos válidos de la realidad, aunque dicho conocimiento fuese obtenido por métodos no científicos-convencionales.

La ciencia actual, con sus procedimientos basados en el método científico, llega a la misma conclusión a la que el Señor Jesucristo llegó, en su momento histórico, mediante procedimientos que podemos llamar místicos, religiosos, sagrados... o simplemente desconocidos para nosotros, científicos-académicos de principios del siglo XXI.

Así pues, la sublime norma ética del Señor Jesucristo dista mucho de ser un mandato incondicional.

Su contenido científico-humanista es inmenso: el que cumple con el prerrequisito de amarse a sí mismo, puede amar a los demás y así cumplir con esta norma, sin duda la más importante de la civilización occidental pero que, lamentablemente, rara vez se cumple, y ello tiene a la humanidad sumergida en una cada vez más grave crisis de valores.

¿Por qué es tan raro que esta norma se cumpla?

Creo que la razón está detrás de dos problemas cada vez más extendidos en nuestra civilización, la pérdida de la autoestima y la presencia agobiante de los sentimientos de culpa. Como la pérdida de la autoestima ha sido ampliamente analizada en la primera parte, pasaré de inmediato al problema de la culpa.

Capítulo 18

Los sentimientos inconscientes de culpa

LA PREOCUPACIÓN, LA RESPONSABILIDAD Y LOS PADRES INTERNOS "POSITIVOS FUERTES"

En la primera parte vimos que, como resultado de fallas en la crianza y la educación, la persona incorpora en su mente una imagen inconsciente de unos padres restrictivos, acusadores, castigadores, amenazantes y potencialmente peligrosos, los padres internos "negativos poderosos" que, además de las restricciones y acusaciones que esgrimen, imponen exigencias exageradas, de imposible cumplimiento.

Este no cumplimiento produce en el inconsciente los así llamados sentimientos de culpa, que determinan en el individuo un "me siento mal" (malestar psíquico) y un "me siento malo" (remordimiento de conciencia).

Veamos unos ejemplos:

Una mujer de 34 años, casada desde hace doce, está en psicoterapia. En una sesión relata que "se siente mala" (y desde luego también "se siente mal") por haber tenido fantasías de besar a un amigo del marido. Aunque sabe que ni de riesgo lo haría en realidad, siente que "es algo muy malo" haber tenido esos pensamientos y fantasías.

Un hombre de 36 años, casado desde hace ocho, relata en una sesión que "se siente malo" porque según él "no cumple con su hogar como debiera"; dice angustiarse y deprimirse mucho cuando trabaja más de la cuenta. Asegura que no debiera deprimirse ni angustiarse porque eso hace que su paternidad y su vida conyugal sean "imperfectas". Se da cuenta de que su ritmo de trabajo es realmente indispensable para sostener decorosamente su hogar, pero "se siente malo" por no dedicar más tiempo a la esposa y a los hijos. Profundizando el análisis, recuerda que en la infancia tuvo por varios años una niñera que le exigía un comportamiento en busca de "la perfección de Dios", aspiración que ella tenía para sí misma originada en su fundamentalista grupo religioso. Los padres, distantes y ocupados, no se enteraron del asunto.

Una mujer de 25 años, casada desde hace dos, va en comisión de trabajo a otro país. Durante una reunión de compañerismo empresarial, baila con un conocido eventual. Él intenta un avance sexual, pero ella se niega a dar el siguiente paso. De regreso a su país, se ve agobiada por una serie de molestias físicas, como dolor de cabeza y de espalda, palpitaciones, sudores, insomnio, etcétera. Consulta a su médico, el que me la remite por no encontrar nada físico que fundamente los síntomas. Exploro, y descubrimos que "se siente mala" por el incidente del baile. Lo que le sucede con su salud es un "castigo físico" que se aplica a sí misma porque "se siente mala".

En el primer caso, la mujer se siente culpable por fantasías y pensamientos de infidelidad.

En el segundo, el hombre se siente culpable de "no ser perfecto" en su conducta familiar.

En el tercero, la mujer se siente culpable de una fantasía inconsciente de infidelidad, que no se consumó. La culpa se ubica en una conducta moralmente intachable, el baile, sentido por ella como una infracción por los deseos y las fantasías inconscientes que, según vemos por el desenlace, lo acompañaron.

Los tres casos son ejemplos de infracciones imaginarias a las restricciones, órdenes y exigencias exageradas de los padres internos "negativos", ya que la fantasía, consciente o inconsciente no es en modo alguno una infracción, y menos aún el "no ser perfecto".

Es necesario que toda persona se permita a sí misma aceptar todo lo que se le venga a la mente, sin restricción alguna.

No hay nada de "malo" en ello. Ciertamente, existen algunas fantasías que perturban, pero no son "malas". Si molestan y causan sufrimiento, requieren psicoterapia, pero no regaño ni castigo.

En el tercer caso hay una conducta, el baile, que es percibida por la paciente como una infracción, frente a la cual los padres internos "negativos omnipotentes" reaccionan con una intensidad que los transforma más bien en padres internos "vengativos".

Esta situación pudiera deberse a un pánico inconsciente de la mujer, a verse desbordada por sus impulsos y caer en una conducta realmente contraria a su ética ("caer en la tentación").

Ella, como mucha gente, "resuelve su pánico" y "evita la tentación", reprimiendo o "matando" la fantasía en su mente, con lo cual su libertad interior (libertad para sentir, pensar, imaginar y decidir), indispensable para la armonía interior, queda cortada.

Es como si la persona temiera no poder establecer un límite a su fantasía, eligiendo y decidiendo libremente cuándo darle paso en forma de conducta y cuándo decirse a sí misma "no". Otra falla de la libertad interior.

En los tres casos podemos discernir la presencia de conflictos psicológicos, determinados por las restricciones, órdenes y exigencias exageradas que los padres internos "negativos" imponen dentro del inconsciente.

Los sentimientos de culpa inconscientes son pues el resultado de infracciones que en realidad son mínimas o imaginarias, acusaciones de los padres internos "negativos poderosos" y castigos psicológicos o amenazas de castigo, –que repiten inconscientemente en el mundo interior actitudes rígidas e irracionalmente castigadoras de los padres reales externos en la infancia– y que pueden transformarse hasta en molestias físicas y enfermedades, por las mismas infracciones mínimas o imaginarias.

Como problema adicional, la persona que "se siente mal" y "mala", sufre un incremento de la lesión en la autoestima, con lo que la desvalorización se agrava.

Esto hace cada vez más difícil, a veces imposible, que la persona pueda tener conductas de cuidado, respeto, aprecio o amor por sus semejantes: no se puede amar a otros, cuando uno mismo se odia o se desprecia.

Si el odio y el desprecio por uno mismo, el "sentirse malo" persisten y se agravan, la consecuencia es que pueden aparecer más bien conductas descontroladas de irrespeto, agresión y violencia contra los demás.

Algo así como que la persona se dijera a sí misma: "ya que de todos modos voy a sentirme 'mal' y 'mala', al menos que sea por algo real". Entonces sobrevienen las infracciones y las transgresiones.

Para intentar controlar el desborde descontrolado de las infracciones y transgresiones, la cultura desarrolla las pautas morales externas.

Estas pautas representan un esfuerzo inconsciente de la cultura por "poner fuera" –y de ese modo hacerlas más eficientemente represivas– las imágenes internas de los padres "negativos poderosos".

Desde "afuera", generalmente administradas y manipuladas por los "moralistas" –y ahora menos que antes, por los clérigos–, tales imágenes constituyen el origen de la ética externa o autoritaria: la forma como la cultura intenta obligar a "portarse bien" al individuo que "se siente malo" y tiene la tendencia a "hacer cosas malas" en relación con la autoridad, la rivalidad, la sexualidad, la propiedad, etcétera.

Mediante restricciones "morales", costumbres, tradiciones y leyes represivas, la cultura intenta reforzar "desde afuera" los padres internos "negativos poderosos", restrictivos, acusatorios y amenazantes instalados en la mente.

El incumplimiento de dichas pautas provocará un aumento de los sentimientos de culpa, y un crecimiento en espiral de los mismos, con lo que, además de no resolver nada, la situación se agrava porque la persona se sentirá impulsada aún más fuertemente a cometer infracciones y transgresiones, ya sea en forma desafiante o solapada.

Cuando esto se multiplica y se generaliza, se cierra un círculo vicioso que se encuentra detrás de la inaudita y rampante crisis de valores que atenaza a nuestra sociedad.

Para intentar controlar los agobiantes sentimientos de culpa, ciertas personas optan por someterse a las exigencias exageradas de los padres internos "negativos poderosos" desarrollando la represión y, como consecuencia, adoptando rígidas actitudes en las que se someten inflexiblemente a los códigos de la ética externa autoritaria.

Estas personas desarrollan en forma perturbada y perturbadora, exagerada e inflexible, un externo y falso "sentido del deber" (diferente del equilibrado y realista sentido del deber adulto). Todo esto implica un progresivo empobrecimiento de los aspectos interiores armónicos del ser, especialmente aquellos aspectos vinculados con la sexualidad y con las relaciones de amor.

Otras personas, inundadas por las exigencias exageradas de los padres internos "negativos poderosos" y por los sentimientos de culpa, desarrollan una distorsión en la estructura del carácter, en la que se produce una singular confusión y severas contradicciones con su ética interna natural: son personas que "no saben qué hacer" y que "no disciernen lo malo de lo bueno".

Frente a la ética externa autoritaria, otras personas desarrollan un acomodamiento astuto y ladino denominado doble moral: se permiten hacer lo "malo" si detectan que la autoridad "no está mirando". Cuando la autoridad "mira", se fuerzan a sí mismos a hacer lo "bueno". La doble moral muchas veces conduce a conductas contradictorias de una enorme gravedad.

Un ejemplo de ello es el caso de un hombre en tratamiento psicoanalítico que pertenecía a un grupo religioso fundamentalista, fanático, cuya novia quedó embarazada. Como sentía que, según la "moral" de su grupo era pecado casarse con una mujer embarazada, la obligó a abortar, con lo que rompió una regla aún más grave, la de no atentar contra la vida de un ser humano.

En el proceso de su análisis pudo comprender después que, casarse con una mujer embarazada o que hubiese dado a luz un hijo, lo haría objeto de severa descalificación social, especialmente por sus compañeros del grupo fundamentalista, mientras que hacerlo con una mujer que podía posar de "virgen" (aunque hubiese de por medio un homicidio, el de su propio hijo), lo haría objeto de aprobación.

La doble moral de los padres resulta una fatal y eficiente escuela para el desarrollo de la doble moral de los hijos.

Las personas confundidas y en estado de contradicción con su ética pueden desarrollar otro acomodamiento en el que dividen el mundo, las personas y las cosas con rigidez, en "totalmente buenas" y "totalmente malas". Esto se conoce con el nombre de "maniqueísmo moral".

Como puede observarse, la manera auténtica y creativa en que pudiera cumplirse el precepto bíblico de "amar al prójimo", sería mediante una modificación en los hábitos y actitudes con que madres y padres crían y educan a sus bebés y niños.

Esta situación permitiría a bebés y niños incorporar en sus mentes unos padres internos "positivos fuertes", es decir, capaces de otorgar amor, comprensión y protección dentro de la mente haciendo que la persona "se sienta bien" y "se sienta buena" como resultado de una bien desarrollada autoestima.

Desde luego que los padres internos "positivos fuertes" dialogan con la persona en el interior de su mente, acerca de las pautas culturales vigentes, las normas de conducta y los hechos reales que la sustentan. Eso permite a la persona un discernimiento tranquilo y ecuánime entre lo bueno y lo malo.

Cuando la crianza y educación son adecuadas, enmarcadas en el respeto y el amor, el hijo incorpora la autoridad –en este caso democrática, no autocrática– de sus padres en su propia mente, formándose de ese modo una entidad psicológica que administra el propio comportamiento de un modo acertado y eficaz, socialmente confiable y además de eso, tranquilo y ecuánime para la persona.

Cuando la persona falla en el cumplimiento de las normas naturales, los padres internos "positivos fuertes" también hacen reproches en el mundo interior, pero adecuados y razonables, que provocan en el individuo una preocupación adulta, armónica, frente a los propios errores y fallas en el comportamiento, especialmente cuando lesionan a los seres amados o transgreden las pautas de la ética interna o natural.

En estas condiciones la persona, como resultado de su preocupación, se siente impulsada a responsabilizarse por el daño que hizo, y a reparar sus consecuencias. Esto es lo contrario a lamentarse inútilmente "sintiéndose malo", a castigarse a sí mismo "sintiéndose mal" y a transformar los sentimientos de culpa inconscientes en toda clase de dolorosos síntomas físicos y psíquicos, incluyendo las transgresiones porque "ya qué importa".

Capítulo 19

Ética interna o natural y ética externa o autocrática

Conductas naturales transformadas en "malas" por la ética autocrática

Ahora diferenciaré ética interna o natural de ética externa o autocrática.

Esta distinción es válida tanto para la ética ciudadana –incluyendo la ética institucional y la empresarial–, como para la ética personal, para la aplicación de ambas a la evaluación moral de la conducta y para avanzar en la comprensión de la corrupción vigente.

Defino la ética interna o natural como el conjunto de normas de vida y comportamiento que el individuo concibe e incorpora con base en su maduración emocional, su autoestima y un adecuado concepto y legitimación de sí mismo y de los demás, adquirido durante su crecimiento, si éste estuvo enmarcado por el amor, la empatía y el respeto de sus padres.

Tales normas naturales se basan en hechos reales, físicos, psíquicos y existenciales o espirituales de la naturaleza humana.

Defino la ética externa o autoritaria como el conjunto de normas de vida y comportamiento que se desarrolla dentro de una cultura, impulsado por autoridades denominadas "moralistas".

Estas normas a veces pueden tener relación con hechos de la naturaleza humana, como en el caso de las grandes éticas culturales de la historia, pero otras sólo son el resultado del pánico del "moralista" frente al temor del desbocamiento o desenfreno de su propia impulsividad erótica o destructiva, y la de los demás.

El hombre y la mujer disponen de una ética natural basada en valores naturales que provienen de la conformación biológica y del esquema instintivo: la vida y el amor son "buenos". La autodestrucción, la destrucción o el daño a otros, son "malos".

Esto sucede también con los valores naturales que provienen de la crianza: el bebé incorpora a la madre gratificante y dadora de contacto físico y afectivo como "buena", y a la frustradora y distante como "mala".

Desde luego, aquí "bueno" y "malo" no constituyen categorías morales sofisticadamente lógicas e intelectuales, de las que el bebé aún carece, sino reacciones físicas y emocionales de éste ante la presencia y el contacto afectivo, físico y verbal de la madre y el padre: la placidez, el contacto consigo mismo, con mamá y papá, un amoroso cambio de pañales, alimentarse hasta quedar satisfecho y dormir, son "buenos".

La inquietud, la ira, el hambre insatisfecha, la ausencia de la madre y también la del padre, los pañales húmedos, pegajosos e irritantes, son "malos".

Si predominan las experiencias "buenas", el bebé desarrolla los valores naturales de bondad, amor, contacto, etcétera. Pero cuando predominan las experiencias "malas", dichos valores no se desarrollan. En cambio sí lo hacen las actitudes represivas, confusas, contradictorias, vengativas y violentas.

Si predominan las experiencias "buenas", el bebé y el niño incorporan unos padres internos "positivos fuertes", mientras que si predominan las experiencias "malas" se incorporarán unos padres internos "negativos poderosos", e incluso "todopoderosos y vengativos".

Quiero anotar aquí un hecho clínico: personas que han pasado por una psicoterapia psicoanalítica en la que recobran su armonía, su equilibrio y su discernimiento, se sorprenden a sí mismas aceptando y siguiendo muchas de las normas éticas vigentes en la cultura... pero no por miedo ni por sentimientos de culpa, ni porque los están observando otras personas, sino por una libre y adulta elección interna.

Los fines de la ética natural muchas veces coinciden con los de las grandes éticas culturales construidas sin duda sobre valores basados en hechos de la naturaleza humana, y no en ideologías inventadas por los "moralistas".

Entre los hechos de la naturaleza humana hemos de considerar no sólo las necesidades biológicas y psicológicas; también tienen una enorme importancia los ideales que alberga el ser humano, entendidos ya sea como existenciales o espirituales, construidos a partir de los valores naturales primitivos, el bienestar, el amor, el contacto, etcétera.

Vemos que, según la ética natural, las normas o valores tendrían que basarse en hechos biológicos, psicológicos, sociales, existenciales y espirituales.

El ser humano va más allá de los esquemas impuestos por la ética autocrática; los cuestiona y se cuestiona.

Pero muchas veces, aterrado ante la posibilidad del desboque de su instintividad, el "moralista" (y todos los seres humanos tenemos en mayor o menos medida, un "moralista" dentro), salta por encima de los hechos e instituye para otros (y aun para sí mismo) normas ideológicas decretadas a priori, es decir, sin discernimiento.

Estas normas ideológicas se agrupan en una ética autocrática, externa e impositiva, que se establece al margen y por encima de las necesidades humanas. Con base en la adscripción de esas normas a principios filosóficos y religiosos, la cultura pretende obligar, en forma arbitraria, a que cada individuo obedezca esa ética.

Para prevalecer, la ética autocrática necesita encontrar en las personas sobre las que intenta ejercer su fuerza, una predisposición, un terreno abonado para que germine y viva la sumisión a (o la abierta rebelión contra) las pautas externas arbitrarias y opuestas a la naturaleza humana.

Esa predisposición se da por la inmadurez emocional severa y por las distorsiones de la estructura del carácter.

Hoy con menos fuerza que antes, las pautas éticas autocráticas aún existen. Son inevitables en una cultura como la nuestra.

Las personas con cierta madurez emocional, dotadas de autoestima y con un mundo interior bien integrado, cuestionan la pauta, reflexionan, y si disciernen que se trata de una ordenanza opuesta a la naturaleza humana, hacen uso de su libertad interior, evitándola e ignorándola.

Además, sin protagonizar una rebelión ni intentar forzar a nadie a ver las cosas como ellos las ven (lo que desde luego sí hace el moralista), pueden tratar de mostrarle a otras personas el resultado de su reflexión, invitándolas a dialogar al respecto y a compartir puntos de vista, de modo que cada uno saque sus propias conclusiones y elija libremente si seguir o no la pauta cuestionada.

En cambio, las personas psíquicamente predispuestas por la desarmonía interior, se someterán (pasividad) o se rebelarán (estallido) contra las pautas autocráticas.

Cuando una persona se halla desvalorizada, con una autoestima pobre, cegada por su incapacidad de percibir las propias contradicciones cuando incurre en esto, agobiada por sentimientos de culpa inconscientes y, además de todo ello, presionada por infinidad de normas morales arbitrarias e ideológicas, imposibles de cumplir... dicha persona sufre algo como un "estallido" interior.

Primero, aparecerá la reacción narcisista ya descrita, de grandiosidad y exhibicionismo.

Luego, las escasas veces en que puede percibir sus contradicciones, empiezan a no importarle y luego a parecerle rasgos de sí mismo "graciosos", "interesantes", "originales", "chéveres" y así sucesivamente. Los sentimientos de culpa "colapsan", y en su lugar aparecen la irresponsabilidad, la "audacia" y la fascinación por el peligro. Desaparece progresivamente toda posibilidad de sentirse responsable y la posibilidad de reparar, expira.

Por cierto, estas personas jamás piden disculpas, excepto para manipular y "salirse con la suya". La "capacidad" de "salirse con la suya" se hace cada vez más manifiesta y reemplaza y destruye cualquier sombra de discernimiento que pudiese quedar... pero la persona es incapaz de percibir que está cada vez más encadenada y esclavizada a las gravísimas dificultades de su ser interior: es más, ¡reafirma conviccionalmente, casi delirantemente, cuán "libre" es! Deja de importarle el daño que pueda infligir a otros y, al contrario, dañar a otro u otros... ¡consciente o inconscientemente, se transforma en "victoria"!

Una "victoria" de las que más se ufanan estas personas es la de lograr hacer sentirse mal a alguien, o provocarle envidia o celos. La amoralidad se apodera del ser interior y, en pequeñas o en grandes cosas, la persona empieza a buscar y obtener su provecho y placer a costa de los demás: la transgresión de la norma se vuelve "lo bueno", "lo buenísimo". Los que aceptan y siguen las normas se transforman en *nerds*, "bobos que dan papaya".

Así, los demás pueden ser explotados, engañados, utilizados, manipulados y aun cuando la amoralidad se mezcla con la violencia, torturados, mutilados y asesinados si ello produce dividendos económicos, placer y poder, todo ello es sentido como "victorias" por la persona corrupta. Claro que, de lo anterior, no se libran otras personas corruptas menos poderosas, que también pueden pasar a ser víctimas si "dan papaya".

Recibir sobornos y ejecutar chantajes deja de ser algo reprobable, y la persona los acepta gustoso e incluso los busca con avidez, porque esas experiencias le muestran lo "vivo", lo "inteligente", lo "sagaz" y lo "poderoso" que ha llegado a ser.

Así, la amoralidad y la corrupción pueden llegar a ser casi la norma, lo frecuente y habitual, incluso lo aceptado, la pauta cultural en comunidades muy dañadas por la baja autoestima de muchos individuos y en las que la represión moralista ha sido (o sigue siendo) muy poderosa.

***

La ética autocrática o arbitraria frena el adecuado desenvolvimiento de la conducta, haciendo "malos" muchos comportamientos, funciones y actitudes naturales, necesarios para la vida, el amor, el disfrute y la plenitud. La reacción de la persona y la sociedad ante ese freno es, en muchos casos, la rígida y paralizante sumisión.

Veamos un ejemplo de rígida sumisión paralizante. Todos hemos oído la siguiente "norma de conducta" para los padres de hijos varones: "Señor papá, no cargue mucho a su hijo varón, ni lo acaricie ni lo bese mucho, porque puede volverse marica".

La "transgresión" de esta "norma" tiene una dura sanción social negativa y, el papá que sea muy cariñoso con su hijo varón bebé, niño, adolescente o adulto, será objeto de burlas, críticas y aun de franco repudio e inclusive ¡hasta sospechoso de homosexualidad!

¿De dónde proviene esta "norma"? De los temores homosexuales inconscientes de algunas "autoridades morales", que ven con pánico la posibilidad de que sus propios impulsos homosexuales inconscientes se desboquen si les conceden algún mínimo espacio.

A lo largo de décadas o centurias, la prohibición de las caricias al hijo varón se transforma en una "norma" arraigada que modela, ya en forma inevitable e inconsciente, la conducta de los padres de varones.

La "norma" es aceptada por un gran número de padres de hijos varones que, cumpliéndola, obtienen el beneficio de verse protegidos de experimentar angustia frente a sus propios impulsos homosexuales inconscientes, angustia que –temen– se movilizaría en caso de ser especialmente cariñosos, físicamente cariñosos con sus hijos.

El padre en estos casos, sin saber por qué, y "en cumplimiento de la tradición", se vuelve rígidamente rechazante a los contactos físicos cariñosos con el hijo varón. Su amor de padre queda paralizado con el hijo que inconscientemente lo angustia. Lo aleja y lo descuida, con la comprensible reacción de infelicidad, soledad y sufrimiento, que seguramente es de ambos, padre e hijo.

Ahora bien, la realidad científica es la opuesta. Siempre que no se trate de caricias con intención descaradamente sexual, la cercanía física y las caricias entre padre e hijo varón son más bien una excelente herramienta de prevención contra el desarrollo de tendencias homosexuales en el hijo. Lo que los varones homosexuales buscan en el amor y en las caricias eróticas de otro varón, es una compensación por la carencia de amor y de caricias paternas durante la infancia y la adolescencia.

Como se ve, éste es un caso en el que la "norma" "ética" de carácter ideológico y autocrático, cumplida, puede tener como consecuencia precisamente lo opuesto a lo que se propone, con las comprensibles consecuencias de daño en mundo interior de los hijos, además de sumergir la atmósfera familiar en una espesa nube de "tabúes" que hacen infelices a todos los miembros del grupo.

***

Veamos ahora otro ejemplo, éste tomado de entre mis historias clínicas de personas en psicoterapia. Es el relato de algunos detalles de un caso clínico en psicoterapia psicoanalítica que contribuirá a aclarar el conflicto entre la ética natural y la ética autocrática. Para esta última, el divorcio es "malo", lo descalifica de plano. A través del caso veremos cuál es la posición de la ética natural.

Se trata de Elba, profesional e industrial de 29 años, con amplia independencia económica y buena situación social, casada con Carlos, de 37 años; la pareja tiene 9 años de matrimonio y una hija de 7 años.

Desde la primera sesión de psicoterapia psicoanalítica, esta mujer manifiesta un deseo intenso de divorciarse, agobiada según ella por el carácter del esposo, al que ella considera irascible, temperamental e impredecible.

Pronto se evidencia que su deseo de divorcio representa no una iniciativa adulta basada en la comprensión de sí misma, sino un impulso egoísta de liberarse de una relación que la incomoda.

En cuanto a la hija, se muestra ambigua: tanto ella como el esposo la acusan de ser la causante de muchas de las peleas conyugales.

La niña está siempre nerviosa, con problemas escolares y en realidad muchas veces su actitud corresponde a intentos por hacer que sus padres peleen, cosa que ellos hacen frecuente y airadamente.

Elba dice querer a la niña, pero no sabe si se la llevaría consigo en caso de divorcio. Tal vez sí, pero sólo por combatir la soledad, a la que le tiene pánico...

Por otro lado, se evidencia un intenso temor irracional frente a la idea de divorciarse: Elba tiene la angustiante fantasía de que si deja a Carlos, como un mágico castigo perderá su próspero negocio, su posición social, su hija, etcétera.

Su temor al divorcio no implica en modo alguno una adulta preocupación por la suerte del esposo y de la hija si ella falta. Sólo quiere marcharse, tan impulsivamente como se casó hace nueve años.

No ha comunicado esta inquietud (ni ninguna otra) a Carlos; éste, según ella, intuyendo el deseo de Elba de divorciarse, descarta los condones con que planifican, comentándole a ella que si queda embarazada tal vez mejore la situación.

Ella repudia en su interior esta actitud y sin decirle nada a Carlos, empieza a usar píldoras anticonceptivas. Pero durante una semana de vacaciones olvida sus píldoras y cuando él le solicita hacer el amor, ella se entrega impulsivamente sin exigirle el uso del condón, diciéndose a sí misma "¡al diablo con el hijo!".

En la sesión siguiente me dice que si llega a quedar embarazada tendrá que "cumplir con su deber moral" y seguir el matrimonio con Carlos, a pesar de que conscientemente continúa repudiándolo.

¿Cómo comprendo la situación descrita?

Carlos representa para Elba a su padre. Elba, en su fantasía inconsciente, no ha podido renunciar al padre en favor de la madre. Su relación conyugal es inconscientemente incestuosa, y de allí su helada frigidez y el rechazo por el esposo, que no hace sino incrementar la irascibilidad y agresividad de él.

Por otro lado, ella desea inconscientemente quedarse en la relación. Sin embargo no puede elegir con libertad permanecer e intentar rescatar el vínculo de un modo adulto, responsable y armónico.

Más bien se ve impulsada por su inconsciente a engendrar un hijo que, sabemos, será un hijo no genuinamente deseado, sino un instrumento de ambos, conscientemente de él, inconscientemente de ella, para forzar la perpetuación, así sea inauténtica, de la relación.

Entre paréntesis, ¿qué salud emocional podría esperar a una criatura concebida en esas condiciones?

Elba en este caso, al engendrar un hijo, se daría a sí misma una coartada para quedarse en la relación: teme con pánico la soledad y sus padres internos "negativos" la amenazan en su mente con toda clase de catástrofes si cumple con su deseo de marcharse.

Así pues, decide quedarse. Y al mismo tiempo intenta apaciguar los sentimientos de culpa por su relación incestuosa diciéndole a la madre interna "negativa": "no es mi culpa, yo ya no quiero estar con papá, pero él me fuerza embarazándome".

En otro nivel, Elba nunca se sintió aceptada por su propio padre. Con esta maniobra le dice a su padre interno: "toda la vida luché para que me aceptes... hasta me casé contigo y nunca me aceptaste... ¿será que ahora si me quedo contigo me aceptarás papá?"

Elba recuerda que su padre, prematuramente viudo, la obligaba a asumir responsabilidades igualmente prematuras y a los seis años de edad la dejaba cuidando a sus hermanos menores.

Elba fue marcada por esta prematura obligación y nunca pudo liberarse de un conflictivo y falso "sentido del deber", así su discernimiento le estuviera mostrando lo absurdo de la imposición.

De modo que, si quedó embarazada, seguirá en el matrimonio no deseado, no por un adulto y maduro reconocimiento de una norma ética natural, sino por:

✓ Temor a la soledad.
✓ Miedo a mágicos castigos por sus sentimientos de culpa.
✓ Un intento de conquistar la aceptación del padre interno.
✓ Decirle a la madre interna que no es su culpa, que no es su deseo incestuoso lo que la hace quedarse, sino el esposo que la fuerza.

Todo lo anterior se hace posible porque Elba esconde ante sí misma su propia contribución a la situación. Esta contribución toma la forma de un acto impulsivo: copular con el esposo sin las adecuadas precauciones anticonceptivas.

Y como la ética autocrática afirma la indisolubilidad de la pareja, sin importar con qué motivaciones se perpetúe la relación, tendremos aquí una situación de seria perturbación emocional y caracterológica, aprobada y apoyada por la ética vigente.

La continuación de la psicoterapia de Elba, la ayudó a madurar lo suficiente como para renunciar al padre interno en favor de la madre.

Tiempo después pudo elegir libremente seguir con Carlos pero por otros motivos, ya que al renunciar al padre en favor de la madre, dejó de verlo y sentirlo en su esposo.

Pudo ver a su esposo, y ya no al padre que colocaba en él.

Así, después de su proceso psicoterapéutico, ella continuó al lado del esposo no en cumplimiento de una norma ideológica arbitraria, ni por las cuatro razones perturbadas y perturbadoras que enumeré antes, sino porque descubrió el hombre real que hay en Carlos, el que tratado con consideración y afecto, depuso gran parte de su irritada agresividad.

Este desenlace representa una confluencia de los hechos con la norma; así, por lo menos para Elba, la norma se volvió natural.

Por otro lado, ¿qué hubiese sucedido si en el proceso de la psicoterapia, Elba descubría que en realidad no quería saber nada de Carlos?

Su elección saludable y adulta hubiese sido dejarlo: su matrimonio habría sido un error que cometió bajo el influjo de problemas psicológicos ahora ya superados, y la única reparación posible sería renunciar a él.

"¿Y qué podría pensarse de la niña sin padre?", preguntará nuestro angustiado moralista.

Ésta es una óptica parcializada, ya que antes de la hipotética separación, la niña no tenía realmente madre ni padre, sino dos personajes que la usaban para agredirse recíprocamente, manipulándola para que "los haga pelear".

Si Elba no hubiese conseguido resolver sus conflictos, la situación real de la niña es que hubiese estado mejor con los padres separados pero más o menos satisfechos, un tiempo al lado del uno y otro tiempo al lado del otro, que los tres juntos pero en una relación falsa y destructiva.

La moral tradicional, la ética autocrática, pontificarían sobre la indisolubilidad del matrimonio y decretarían que Elba se quede al lado del esposo sin importar la incompatibilidad real.

Como puede verse, se hace necesaria una moral que legisle a la luz de los hechos. Ésta no puede ser una moral general, ya que cada caso es completamente diferente a los demás.

De este modo, no podría haber normas generales. Cada persona debería poder generar sus propias normas, a la luz de una conciencia desarrollada acerca de la propia naturaleza, apoyada en el diálogo interior con los padres "positivos fuertes", con la garantía de que estas normas propias por lo general coincidirán con la moral vigente, pero por motivos diferentes al miedo.

Para poder desarrollar sus propias normas, cada hombre, cada mujer, debería conocerse a sí mismo.

¿No era esto lo que exigía Sócrates a los que ambicionaban la sabiduría?

Capítulo 20

Los factores psicológicos en la comprensión del problema de la ética ciudadana

Mi aporte al consenso y a los cambios que anhelamos los latinoamericanos para conjurar la crisis de los valores y la ola de amoralidad y corrupción que vivimos, reside básicamente en la comprensión de que:

> ✓ Es evidente, casi un lugar común, que factores socio-lógicos e históricos distorsionadores como los que se revisarán más adelante (incluyendo la pérdida de vigencia de la ética autocrática basada en lo sagrado y su interpretación por parte del clero), han contribuido a generar una crisis de los valores y una ruptura de la ética ciudadana.
>
> ✓ Pero no es tan evidente y *creo que debe ser destacado* que, por otro lado, una severa inmadurez emocional y distorsiones en la estructura del carácter individual *campante en nuestra cultura* (que determina que el respeto, el amor y la legitimación "del otro", estén interferidos), es un poderoso factor determinante no sólo en la crisis de la ética personal sino también, y de modo muy significativo, a la crisis de la ética ciudadana.

Los factores sociológicos e históricos sólo se modifican a largo plazo, y la ciencia no puede incidir en ello.

Pero la desarmonía interior individual puede ser modificada por instrumentos científicos calificados, entre ellos iniciativas para la educación de madres y padres y para la prevención y promoción de la salud emocional.

El psicoanálisis puede contribuir notablemente a entender el problema de la ética ciudadana.

La desarmonía interior tiene su origen en aspectos importantes pero poco reconocidos de las relaciones entre padres e hijos.

Por ello, la comprensión de los problemas de la ética ciudadana, la eventual resolución de la crisis de los valores y la construcción de una ética ciudadana sólida, tienen en el psicoanálisis un bastión para desarrollar las siguientes posibilidades:

✓Mediante el uso de aproximaciones científicas a los sentimientos, afectos y necesidades instintivas del ser humano, es posible construir ideas y pensamientos (especialmente destinados a fundar mensajes en los medios) capaces de persuadir a la gente a reflexionar, cuestionarse, comprender y discernir acerca del consenso sobre una "ética ciudadana mínima".

✓La "ética ciudadana mínima" se desarrolla cuando, mediante iniciativas de educación, se incrementa en el ciudadano la aptitud para comprender y legitimar al "otro" y a su discurso, "diferente", como el discurso de un interlocutor que "puedo reconocer, captar y aceptar como válido a pesar de ser probablemente un discurso distinto al mío. Y reconozco que es distinto porque se basa en una problemática emocional y estructural con manifestaciones exteriores diferentes a la mía, pero con una estructura interior muy parecida, a veces idéntica a la mía".

> ✓Esclarecer que las carencias y obstáculos que impiden la realización de las dos anteriores posibilidades tienen su origen no sólo en distorsiones socioculturales, sino principalmente en elementos de problemática psicológica individual, especialmente en inmadurez emocional severa y en alteraciones de la estructura personal del carácter.

¿Qué consensos requiere una "ética ciudadana mínima"? Entre otros, sería necesario el consenso ciudadano sobre la preservación de la vida humana, y de la vida en general (ecología), la protección de la dignidad y la integridad (incluyendo la propiedad) de las personas, la preservación de la vida y la protección de la dignidad y la integridad *particularmente de los bebés y los niños*, con especial énfasis en la prevención del maltrato infantil, la libertad como un bien inalienable y el hecho de que el ser humano *no es* un medio para enriquecerse, o sobre el cual adquirir poder, sino un fin en sí mismo.

Un consenso como el propuesto permitiría que los Derechos Humanos dejen de residir exclusivamente en los documentos oficiales de algunos funcionarios públicos bien intencionados, y pasen a ser principios de vida y de conciencia moral realmente efectivos.

Siguiendo esta línea, el control fiscal tendría que dejar de ser asunto sólo de ciertos funcionarios públicos, para transformarse en una ética de rigurosa participación ciudadana, una superconciencia ejercida con atención deliberadamente consciente por una comunidad capacitada para ello, que defiende y propicia la solidaridad, la participación, la cooperación y el respeto por los demás ciudadanos como "otros", humanos legítimos, en especial por los niños, y por la ciudadanía como un todo igualmente legitimado.

Así como el síntoma de la no legitimación de la persona dentro de su grupo familiar, es la incapacidad y la apatía para dar y recibir amor, la no legitimación del ciudadano tiene como síntoma la no capacidad, la apatía para participar. Serían paralelos.

De modo que el amor es a la familia lo que la participación ciudadana sería a la comunidad.

***

Desde el punto de vista psicoanalítico, ¿cómo se relacionan la crianza y educación de bebés y niños con la ética ciudadana? En síntesis, las actitudes de padres y educadores sientan las bases de la estructura psicológica que, a su vez, da lugar a que el proceso de socialización del niño y el adolescente sea o no adecuado y armónico.

De este modo, el reconocimiento del otro, la aceptación de las diferencias, y el respeto y preservación del propio espacio privado y del de los demás, serán logros o fracasos atribuibles en parte al proceso de socialización, pero principalmente, a la manera como el pequeño ser que está siendo socializado obtuvo su estructura emocional interna.

De todas las comprensiones analizadas, la que destaca sobre todas las demás como causa u origen de todos estos problemas, es la falta de amor, principalmente la falta de amor de la persona por sí misma con su consecuencia de falta de amor por los demás. Comprenderlo así y difundir tal comprensión, puede ser ya una enorme contribución a la ética ciudadana.

Como consecuencia de la falta de amor, el ser ha sido reemplazado por el tener: quien no goza de suficiente autoestima ni de suficiente integración e identidad como para ser, es decir, para sentirse un ser humano real, de una sola pieza, quererse, gustar de sí y respetarse a sí mismo, se sentirá mal y se sentirá malo.

No tardará en recurrir al tener y acumular dinero, poder político y muchas veces experiencias sexuales intrascendentes como anestésicos contra el dolor de no ser.

De aquí la búsqueda compulsiva de mucha gente por tener cada vez más dinero o por tener cada vez mas poder, posesiones que a su vez favorecen el tener, si se desea, un gran número de experiencias sexuales intrascendentes.

La conducta ética y la preservación del propio espacio íntimo y del de los demás, dependerán del grado de autoestima que el adulto haya alcanzado, o del nivel de desvalorización que padezca, lo que principalmente deriva de ciertos logros de los padres en su mundo interno, su autoestima, su relación de pareja y sus valores.

Lo mismo puede afirmarse de la autoestima y de la ética de una comunidad, que dependen de la integración y adecuación psicológica y ética de los padres, y de la integración y adecuación psicológica de los dirigentes, de las personas que detentan el poder en la comunidad, que puedan contribuir con el ejemplo y con la autoridad, al cambio favorable de las pautas culturales y éticas.

Desde luego, todo lo anterior depende en gran medida de cómo hayan sido a su vez criados y educados los actuales padres y dirigentes de la comunidad. Y, por supuesto, de cómo vienen siendo criados y educados aquellos que serán en un futuro, los padres y los dirigentes de la comunidad.

Si los errores de crianza y educación se repiten en la siguiente generación, no deberíamos esperar demasiados cambios para la crisis de valores que enfrentamos.

Capítulo 21

La psicoterapia psicoanalítica y el libre albedrío

Un psicoterapeuta psicoanalítico trabaja en ayudar a las personas que lo consultan, a encontrar su maduración y armonía interiores. Progresivamente, algunos psicoterapeutas nos volvemos conscientes de la necesidad de extender esta clase de ayuda a la comunidad, de modo que no sólo las personas que están en psicoterapia, sino también un ojalá alto porcentaje de la comunidad se instale en el inicio de un proceso de maduración y armonía.

Eso únicamente es posible si el profesional, como persona y como psicoterapeuta, ha iniciado y continuado su propio proceso interior.

Para llegar a serlo, el psicoterapeuta requiere formación y un psicoanálisis terapéutico y didáctico que finaliza en unos años, y que da inicio a un proceso de mirada interior que continuará durante toda la vida.

El psicoanálisis y el proceso de mirada interior del psicoterapeuta, se reflejará en el significado, júbilo y plenitud de la propia vida, en la ayuda real a las personas en análisis y en el grado de toma de conciencia que logre promover en la comunidad. Todo ello implica una progresiva transformación interior, una creciente adecuación de los padres internos y un asentamiento de la autoestima, la autonomía y la capacidad de pensar, reflexionar y elegir.

Este es el camino para que psicoterapeutas, personas en análisis y parte de la comunidad se liberen de la ética autocrática e ingresen progresivamente en una ética natural, que es también la ética de la libertad, basada no en la imposición de normas autoritarias e ideológicas, sino en la búsqueda y encuentro de normas compatibles con nuestra naturaleza humana: la mía misma, la de los demás y la de la cultura vigente.

Páginas atrás me refería al libre albedrío como la "potestad de obrar por reflexión y elección". Con base en lo expuesto, pregunto: obrar por reflexión y elección... ¿hasta qué punto es posible si la persona está limitada, cercada y distorsionada por una problemática psicológica que desconoce?

Es posible que la persona muchas veces imagine haber elegido libremente algún comportamiento, cuando en realidad dicho comportamiento es la resultante –muchas veces impulsiva o compulsiva– de un conflicto inconsciente.

La psicoterapia psicoanalítica no es, ni mucho menos, una excusa para actuar impunemente diciendo "no pude evitarlo, fue inconsciente".

La psicoterapia psicoanalítica es un punto de partida para la propia y permanente mirada interior, que permite a la persona todo el tiempo, todas las veces, verse uno a sí mismo por dentro, interrogarse uno a sí mismo y ejercer el discernimiento acerca de la clase de motivación consciente o inconsciente que conduce a tal o cual comportamiento.

Sólo un cuestionamiento así puede llevar a la persona a consolidar la mirada interior y a adquirir, si no la "potestad", al menos la posibilidad (si no siempre, la mayor parte de las veces), de obrar por reflexión y elección.

Es necesario transformar la fantasía de que "tengo", "ya", la capacidad de discernir y de elegir libre y voluntariamente un comportamiento... en una comprensión realista de que "es posible", "muchas veces" (si miro por dentro de mí mismo con tiempo, paciencia, humildad y valentía) alcanzar a discernir y elegir.

Lo más libremente posible, lo más voluntariamente posible, de acuerdo a mis posibilidades y limitaciones, y en vista del momento en el que me halle en mi inacabable e incansable búsqueda del desarrollo interior.

Capítulo 22

Algunos factores psicosociales
de la crisis de los valores

La relación de pareja y el vínculo
con los hijos en el grupo familiar

En éste y los próximos capítulos voy a analizar algunos
factores psicosociales que creo indispensables revisar para
profundizar la comprensión del colapso tanto de la ética
personal como de la ciudadana y el predominio de la corrupción a nivel privado y público.

Los factores que voy a analizar son:

> ✓ La relación de pareja y el vínculo con los hijos en el
> grupo familiar.
> ✓ La presencia de un Estado deslegitimador y depreda-
> dor, la influencia de los funcionarios públicos y la
> corrupción administrativa.
> ✓ La crisis de los maestros de escuela.
> ✓ El anonimato de los individuos.
> ✓ La debacle de la ética electoral.
> ✓ El principio de escasez y la actitud ética.

***

Ahora analizaré la ética ciudadana y cómo influyen sobre ella la relación de pareja y el vínculo con los hijos en el grupo familiar.

La ética, tanto la personal como la ciudadana, empiezan por el mundo interior, la relación de pareja y el vínculo con los hijos en el grupo familiar.

Los brumosos tiempos de hoy nos encuentran a los colombianos, y a la humanidad entera, buscando un consenso, un "mínimum ético" ciudadano en el que todos podamos estar de acuerdo para funcionar democráticamente, para que reine la paz y para que podamos disponer de una "ética ciudadana" eficaz.

Tal ética puede empezar a ser construida sobre posiciones personales que pueden no requerir del consenso público, aunque sí de un consenso conyugal y familiar bajo la forma de una "ética mínima" personal, conyugal y familiar.

La "ética ciudadana mínima" consistiría entonces en un cuerpo mínimo de valores que pudiesen ser considerados buenos, deseables y respetados por todos los ciudadanos, y cuya construcción puede empezar en el marco privado del mundo interior, el vínculo conyugal y el grupo familiar.

En tal marco privado, la psicología y la pedagogía científicas, instrumentadas a través de campañas de educación en comprensiones y técnicas de crianza y educación de bebés y niños y campañas de prevención y promoción de la salud emocional serían los instrumentos para inducir valores considerados deseables y respetados primero por la pareja y el grupo familiar y luego, por la ciudadanía como institución social.

La vida, la dignidad, la libertad son valores básicos que pueden permitir elaborar un consenso nacional y, por qué no, global sobre el "mínimum ético" aludido, sin importar la raza, el sexo, la edad, la nacionalidad, ni la confesión religiosa.

Semejante consenso sí permitiría lograr constituir una acción nacional y hasta global para la protección y defensa de los Derechos Humanos.

Este consenso requiere de las personas, las parejas y las familias la presencia de diálogo abundante, fluido y apacible, así como de capacidad para respetar la opinión y las posiciones de los demás. Es obvio que cuando existen factores de desavenencia grave de las personas consigo mismas, así como entre los miembros de las parejas y las familias, el diálogo y el respeto se dañan y el consenso se vuelve imposible.

Por ello es necesario lograr una primera y pequeña aproximación a la armonía conyugal y familiar, y a una ética basada en el consenso dentro de esos ámbitos.

Aparte de la desavenencia, el fundamentalismo (fanatismo) político y religioso de alguno de los miembros de la pareja o de la familia, pudiera también erosionar el diálogo y el respeto que pueden llevar al consenso.

En síntesis, el desafecto, el irrespeto y el desagrado de la persona consigo misma (falta de autoestima), y el predominio de los sentimientos de culpa, son los factores principales que impulsan a los transgresores.

Capítulo 23

El Estado deslegitimador y depredador

La crisis de los valores, el funcionario público y la corrupción administrativa

Hoy es ya motivo de consenso ciudadano que la debacle de la ética y los valores se apoya, al menos en parte, en la existencia de un aparato del Estado que, por sus inconsistencias y escasa claridad no sólo no legitima a los ciudadanos, sino que abiertamente los deslegitima.

La acción del Estado está necesariamente mediatizada por seres humanos, los funcionarios públicos, afectados también por:

> ✓Una grave pero muy poco reconocida problemática psicológica individual y psicosocial que los transforma (como a muchas otras personas de esta cultura) en seres desvalorizados, inflados, que no se respetan ni legitiman a sí mismos ni gustan de sí, y por
> ✓distorsiones provenientes de elementos históricos y sociológicos que analizaré más adelante.

En Colombia, la Constitución de 1991 aborda de modo significativo la mencionada inconsistencia y poca claridad histórica del Estado, abriendo espacios para la participación, el diálogo institucionalizado y la toma de conciencia ciudadana.

La Constitución hace énfasis en que los colombianos viven en una época de transición de lo tradicional y lo paternalista a la participación ciudadana, la vigilancia fiscal por parte del ciudadano al que la Constitución, al menos en teoría, le ha restituido su natural derecho no sólo a opinar, sino a ser escuchado y tomado en cuenta para las decisiones.

Una época de transición significa que muchas de las distorsiones del pasado subsisten, y que muchos de los logros están aún por materializarse.

Actualmente somos gestores de los inicios del cambio. Tal vez no alcancemos a ver los frutos del proceso, pero es nuestro deber ciudadano impulsar esos cambios.

Como hemos visto, la crisis de los valores tiene su origen, por un lado, en la falta de legitimación del otro, principalmente de los padres respecto de sus hijos como seres humanos.

Vemos que esto se refuerza por otro lado debido a que el Estado no legitima a los ciudadanos.

De esa manera el ciudadano, aparte de sus problemas de desarmonía emocional individual, interna, sufre por la influencia de un factor externo que es esta no legitimación, y aun deslegitimación por parte del Estado.

Dicha situación da lugar a una especie de cadena retroalimentada, porque el Estado está conformado igualmente por funcionarios que, como personas, a su vez no fueron legitimados ni tampoco se sienten legítimos como seres humanos, por el influjo de sus propios padres representados en sus mentes.

El Estado, representante de la imagen madre-padre en la mente de cada ciudadano adulto, no lo legitima, con lo que perpetúa y agrava la no legitimación con la que el individuo fue afectado en su infancia.

El individuo crece física y cronológicamente, pero no emocionalmente, y se incorpora al Estado como funcionario o como ciudadano.

Entonces a su vez deslegitima al Estado al que pertenece, el que se convierte para él o ella, o en un depredador, o en algo que puede ser depredado, según la posición y el grado de poder obtenido.

Es la otra cara de la moneda. El Estado no sólo deslegitima, sino que deviene en ente depredador y depredable.

Tenemos un Estado mastodóntico, ahíto y autosatisfecho, denominado "Estado ladrón" por ciertos periodistas, que ha incumplido con su responsabilidad histórica de hacerse cargo de las riendas de la ética ciudadana ante la secularización y la falencia de la ética religiosa.

Muy por el contrario, el festival (que se ha vuelto tragedia) de la corrupción administrativa coloca al Estado en el papel opuesto: lejos de tomar las riendas de la ética ciudadana, se transforma en un factor que ahonda la corrupción de la moral del pueblo, al ponerse como ejemplo vergonzante del "todo vale" y del "haga plata maestro, no importa cómo, haga plata y no se deje agarrar".

La repetición de lo anterior, tantas veces reiterada, conforma un enorme y ominoso círculo vicioso, cuyo resultado es la corrupción enmarcada en la crisis de los valores.

Volviendo a la deslegitimación, uno de los síntomas de la no legitimación del ciudadano por el Estado, es la no participación.

Deseo repetir aquí, algo que afirmé páginas atrás: la incapacidad y la apatía para dar y recibir amor en la familia, corresponde a la no capacidad, la apatía del ciudadano para participar. Serían paralelos.

Puede que los seres humanos logremos conservar la capacidad tanto de amar como de participar, pero no la ejercemos.

La gente, agobiada por la dependencia y la inmadurez emocional y cívica, espera y exige siempre que el Estado le dé lo que necesita. El Estado no tiene porqué ser un "dador de dádivas", sino un regulador y conductor de iniciativas mediante la legitimación de los ciudadanos.

La legitimación de los ciudadanos, de cada ciudadano como "un legítimo otro" vendría a ser así, una de las principales funciones del Estado.

¿A través de qué? A través del desarrollo de la ética y el profesionalismo de los servidores públicos, de los funcionarios en su relación con el ciudadano.

Para esto, los funcionarios públicos tendrían que ser concientizados, motivados y entrenados para el cumplimiento cabal de semejantes requerimientos éticos y profesionales. La técnica de Seminarios Talleres Vivenciales de Formación cobra en este punto una de sus dimensiones más reales. Pero... ese puede ser apenas un sueño irrealizable debido a la desbordada corrupción administrativa.

Un impresionante estudio coordinado por Fernando Cepeda Ulloa, y sintetizado por la revista "Semana" de agosto 23 de 1994, analiza el fenómeno de la corrupción de los servidores públicos.

Creo significativo destacar aquí algunos de los puntos que sustenta.

Quiero comenzar por decir que el análisis de Fernando Cepeda nos permite percibir los mecanismos por los que la corrupción administrativa se autosostiene y se retroalimenta pero, las causas primarias de tal corrupción no son, por desgracia, mencionadas.

En mi opinión, la comprensión de algunas de dichas causas primarias reposan en este documento.

Cepeda alude en primer lugar a la ineficiencia, que reduce la calidad del producto o el servicio ofrecido, la planeación y los controles sobre los mismos, ante lo que el cliente se ve en la posibilidad y en la necesidad de sobornar.

Luego se refiere a la escasez de incentivos, a los bajos sueldos, a la ausencia de un sistema que premie la eficiencia y sancione la ineficiencia. Añade aquí la total imposibilidad de ascender en el escalafón, ya que los puestos altos son de libre remoción y escogencia casi que exclusivamente política y no son alcanzables por méritos de carrera de los funcionarios.

Eso hace estallar la apatía y la falta de iniciativa, así como la aparente resignación, que encubre un agazapamiento: el funcionario sin incentivos espera agazapado. ¿Qué espera? La "oportunidad" de un soborno grande, que lo sacará del cargo, pero también de la pobreza, ayudado por otro factor: la impunidad.

Todo esto se agrava por la discrecionalidad, fenómeno por el cual, literalmente, el funcionario público puede, con sus responsabilidades y funciones, "hacer lo que se le venga en gana" ante una casi risible ausencia de controles eficaces. Una consecuencia de esto es que cada funcionario puede inflar a su gusto e ingenio y, desde luego en su propio provecho, la "tramitomanía" hasta los límites del absurdo kafkiano, sin que nadie ejerza sobre ello el mas mínimo control.

Sus acciones contra el interés público quedarán casi siempre sin sanción.

Como el Estado monopoliza ciertos bienes y servicios, los funcionarios encargados de tales áreas se transforman en "señores de horca y cuchillo" sobre los ciudadanos rasos que tengan la tragedia de necesitarlos. Todo siempre al amparo de la más rigurosa impunidad.

Y por último, como ya hemos visto antes, la sanción social contra los corruptos es (o lo era hasta hace poco) nula en nuestra comunidad.

Si alguien adquiere dinero, no importa cómo, es visto con benevolencia, elogio e interés.

Lo que ocasiona rechazo social, críticas y aun sanciones, es no tener dinero.

Aquí mi discurso enlaza otra vez con el tema de la participación ciudadana: como tal participación casi no existe, el control que la ciudadanía pudiese ejercer sobre la corrupción de los funcionarios estatales igualmente es casi inexistente, lo que avala la impunidad e impulsa aún más la corrupción administrativa estatal: otro círculo vicioso toma vigencia y control de la situación.

Capítulo 24

La ética ciudadana y la crisis de los maestros de escuela

El anonimato de los individuos
La debacle de la ética electoral
El principio de escasez y
la actitud ética

Para comprender la actual crisis de valores, de entre los factores psicosociales, uno muy influyente es que en la educación escolar que se imparte al niño y al adolescente no existe una ética mínima en la que se haga suficiente énfasis.

Tal situación se agrava especialmente porque los niños y adolescentes de nuestra cultura tampoco reciben de los maestros:

✓ suficiente amor,
✓ legitimación como seres humanos,
✓ tolerancia,
✓ respeto,
✓ reconocimiento,
✓ acentuación de la necesidad de la convivencia pacífica, ni
✓ comprensión del respeto por la vida, por la integridad y por la propiedad del otro.

Los temas del rescate de la identidad, la dignificación, la capacitación, la adquisición de comprensiones y herramientas emocionales y técnicas para un mejor contacto socio afectivo con el alumno y la profesionalización de los maestros, rebasan por supuesto los límites de este libro.

Y también siento el deber de mencionar, así sea de paso, los temas del abuso de los sindicalistas politizados y la intromisión del clientelismo en el cuerpo docente, dos lacras que carcomen la mejor posibilidad de ofrecer al niño y al adolescente, entre otros aspectos, la formación en valores requerida.

***

Otro factor psicosocial que contribuye a la crisis de los valores es la incomunicación.

Desde MacLuhan hicimos conciencia de que el individuo de esta civilización ("aldea universal") está atiborrado de información y de mensajes dirigidos a cada quien como miembro anónimo de la cultura.

Como tal, como miembro anónimo de la cultura, cada individuo comparte con los demás miembros anónimos, y de un modo tan abundante que por momentos resulta avasallador, tales información y mensajes.

Pero en lo personal, cada uno de los miembros de la sociedad se siente completamente aislado de los demás, especialmente en lo emocional.

Este aislamiento muchas veces se da aún entre los miembros de una misma familia en la que cada uno conoce y anhela por ejemplo, a través de la parabólica, el cable y la multimedia, los principales productos que se venden en los EE.UU. y Europa. Y, a través de la Internet, sostienen intensos diálogos informativos, amistosos (y ahora hasta sexuales) con gente de las antípodas pero desconocen qué sienten y anhelan el papá, la mamá, el esposo, la esposa, el hermano, la hermana, el hijo, la hija.

Semejantes conocimientos y desconocimientos compartidos contribuyen claramente a la soledad, al aburrimiento, a la depresión, a la devastación de la autoestima y a la dañina tendencia a la transgresión como paliativo a tales sufrimientos.

Por otro lado, numerosos padres y madres, movidos por sus problemas de carácter, o por la desinformación, evitan ejercer un liderazgo democrático en su familia, y eligen consciente o inconscientemente un liderazgo autocrático, sin campo para el diálogo ni para el compartir. Mucho menos para el consenso.

De ese modo, bloquean en los hijos el conocimiento y el deseo para afiliarse a una situación de democracia participativa impulsora de la ética civil basada en el amor, el respeto, la legitimación del otro como ser humano y la consideración por las diferencias individuales, afiliación que, para alcanzar grados mínimos de funcionamiento, debería iniciarse en el núcleo familiar.

Tales hijos, desafiliados de su propia familia, se deslizarán insensiblemente y sin oponerse a afiliarse a situaciones alejadas del consenso del "mínimum ético", entre las que se hallan primero la "gallada", luego la pandilla y finalmente, al amparo de una inconsciente amoralidad, sobreviene la transgresión.

Ésta sirve tanto de desfogue de tensiones como de vengativa expresión de rebeldía y autoafirmación compensatoria de la devastación de la autoestima.

Y luego, la corrupción. Es frecuente ver cómo muchos individuos se inician en ella adentrándose en la situación de "democracia" electorera, clientelista, buscadora del beneficio personal, despectiva y aun temerosa de la ética civil que, como veremos a continuación, es otra de las bases psicosociales que motivan e impulsan la corrupción y la crisis de los valores.

***

Este es el punto de contacto entre la teoría que hemos venido estudiando, y la realidad civil.

Una de las razones por las que el ciudadano no se siente legitimado por el Estado, es porque éste es percibido como un ente depredador y depredable, como un ente corrupto y corruptor, como un núcleo institucional en donde se han instalado unos individuos pertenecientes a la "clase política" que, en su mayoría, son amorales, corruptos y hacen uso de métodos que van en contra de los valores que precisamente debieran cuidar y patrocinar.

Pero... ¿porqué la gente elige y reelige a personas como éstas? ¿Porqué la ciudadanía continúa colocando en el aparato del Estado, por elección, a políticos corruptos?

Empecemos por aclarar que la gente se siente no legitimada, e incluso deslegitimada por el Estado, pero no es consciente de ello.

Eso genera apatía y no participación.

Por otro lado, cada vez que alguien toma conciencia y denuncia la situación, muchas veces recibe la descalificación social, sanciones y aún el despido de su puesto de trabajo.

En algunas ocasiones, una toma parcial de conciencia produce fenómenos como la Constitución de 1991 que, al crear instituciones que favorecen la participación y la fiscalización por parte del ciudadano, le otorgan una cierta legitimación: la Constitución, al menos en el papel, reconoce al ciudadano como un ser humano legítimo.

Eso es ya un paso adelante, aunque todavía quede lejos la meta de que, como consecuencia del reconocimiento del ser humano por parte de la Constitución, el Estado legitime completamente al ciudadano.

La realización masiva de seminarios talleres de ética y liderazgo podría transformar a ciudadanos rasos en multiplicadores de esta toma de conciencia mediante su trabajo con la comunidad, en la que cada participante en su función de multiplicador, se pondría en condiciones de ayudar a personas con muy diversos (y aun nulos) grados de conciencia ciudadana acerca de los problemas analizados.

La pobreza o nulidad de la conciencia ciudadana determinan:

✓ la apatía para participar (ejemplo de ello es el abstencionismo electoral),
✓ al otro extremo de la gama, el voto "por la imagen", la compra de votos, la compadrería, el llano clientelismo y aún el voto por pícaro interés.

En la fila para votar en las últimas elecciones para el Parlamento, dos personas conversaban: "El candidato Fulanito es un tal por cual, un verdadero sinvergüenza, pero yo voy a votar por él porque es primo de mi cuñada, y me puede ayudar con influencias para sacar adelante mi negocio", decía la una, con la enfática aprobación de la otra.

Es claro que emitir el voto por "imagen", por compra, por clientelismo o por pícaro interés, es "práctico", pero no es ético, va en contra de la ética ciudadana en el sentido que venimos analizando tal concepto.

Es un voto que busca el bien propio en detrimento del bien de los demás y del bien común. Esto se basa en la incapacidad de percibir "al otro", a "los demás", como seres humanos y legitimarlos como tales.

Semejante incapacidad la adquirió el ciudadano en la infancia, desde que estaba en los brazos de su mamá.

Y tiene lugar otro círculo vicioso en el que el ciudadano no se legitima a sí mismo ni a los demás. La sociedad queda conformada por un número de personas que adolecen de dicha incapacidad de legitimarse y legitimar, con lo que la sociedad llega a ser una entidad que no se legitima a sí misma, ni legitima a sus componentes.

Eso agrava la incapacidad de legitimarse y legitimar de dichos componentes que, convertidos en padres y madres, inoculan en sus bebés y niños idéntica incapacidad.

Lo anterior nos lleva de la mano a la consideración del motivo de fondo para que con su voto, la gente continúe llenando las posiciones de poder con políticos corruptos. Es la desarmonía emocional llevada al extremo.

Hay muchos ciudadanos con problemas de rasgos narcisistas y fronterizos. Como consecuencia, tales ciudadanos muchas veces adolecen de grandes o pequeñas tendencias psicopáticas (inclinaciones a transgredir las normas sin importar el daño causado).

Es plausible que esos ciudadanos, por identificación inconsciente, elijan a los candidatos "que se les parecen", es decir, que sufren de una desarmonía interior similar.

Ésta, como vimos, predispone a las transgresiones de la ética, con lo que una buena porción de los políticos elegidos terminan siendo (si no lo eran ya), dirigentes corruptos, corruptibles y corruptores.

A modo de hipótesis, el ciudadano emocionalmente perturbado y con tendencias psicopáticas, inconscientemente estaría diciéndose a sí mismo: "Quisiera robar, oprimir, defraudar. Pero no tengo poder para hacerlo. Por ello, elijo (doy poder a) uno que robe, oprima, defraude por mí".

En otras palabras un rasgo, generalmente leve, de corrupción inconsciente, interna y quizá nunca actuada por el ciudadano que deposita su voto (o rasgos de resentimiento crónico contra las jerarquías y estructuras del Estado), determinará una acción externa, manifiesta, y socialmente perturbadora del ciudadano: dar el voto por el corrupto.

Si esta hipótesis fuese válida, tendríamos comprendido uno de los factores psicológicos para la frecuente y reiterada elección de políticos corruptos para las posiciones de poder.

La participación consciente del ciudadano a nivel electoral y comunitario, el voto programático, el voto de conciencia, aun el voto lisa, llana y honestamente partidista, es por ello poco frecuente.

La toma de conciencia que propugno pretende incrementar éstas y otras formas de participación libre, consciente y reflexiva, lo que eventualmente podrá dar paso a una cultura de participación.

Una fuente adicional que explica la reiteración de la elección de políticos corruptos para cargos de poder, es la existencia en la ciudadanía de rasgos de masoquista resignación apoyados en el eslogan "las cosas son así", y "nada podemos hacer al respecto".

Y... sí podemos hacer algo.

Existen procedimientos científicos diseñados para que veinte, treinta o hasta cien personas desarrollen una toma de conciencia y ciertas comprensiones sobre los orígenes del problema y, dotados de algunas técnicas que pueden ser usadas como herramientas para educar formativamente, difundan estos puntos de vista y de ese modo contribuyan al rescate de los valores en la comunidad.

Eso llevaría a lograr en un número creciente de ciudadanos, una suficiente diferenciación entre democracia "participativa" y la simple democracia "representativa", es decir, "electorera".

Esto sería un buen primer paso para el desarrollo de una adecuada ética ciudadana.

***

En un seminario surgió una opinión discrepante a los planteamientos precedentes. Tal opinión se refería a que "todo lo expuesto hasta aquí es irreal e impracticable porque la realidad que vivimos impone otro tipo de ética que se llama la 'ética del estómago'".

El resto de participantes estuvo en abierto desacuerdo con dicho planteamiento, pero el participante que discrepaba sostenía que en todo caso era absolutamente necesario "formular un híbrido entre la ética ciudadana y la 'ética del estómago'".

Era evidente que esta persona creía que "tener ética" no era posible.

La discusión derivó a una comprensión del grupo de que, si bien no se puede avalar una "ética del estómago" que se salte por encima de todos los valores en busca del provecho personal, sí es posible vivir suscribiendo los valores éticos y al mismo tiempo cuidar de los propios intereses.

Se concluyó en que el cuidado de los propios intereses no tiene porqué reñir con la ética si tal cuidado se realiza de un modo que no dañe a otro ni a la propia persona.

En referencia tanto a la ética personal como a la ética ciudadana, se aclaró que ambas pueden ser o una ética externa, autocrática o una ética interna, natural.

La cuestión central fue, en síntesis, que si frente a las necesidades, frente a *ananké* (el principio de escasez, el "estómago" del que se estaba hablando), es absolutamente necesario romper los patrones éticos, o existe una posibilidad de satisfacer las necesidades básicas, naturales (no desde luego los deseos artificiales de abundancia y lujo), sin romper los patrones éticos.

Se comentó que si tan sólo se lograra reconocer y legitimar al otro como ser humano, y respetar la vida, la integridad y la propiedad (la ética mínima mencionada antes), ya se habría alcanzado una meta muy importante.

Se propuso como ejemplo de ruptura "absolutamente necesaria" de una pauta ética, el dado por un participante que quedó huérfano a los seis años y se vio obligado, según dijo, a "robar" varias veces pan y unas frutas en el mercado para calmar su hambre.

Con base en la comprensión del mínimo ético, el grupo pudo aclarar que en dicho ejemplo no había ninguna ruptura de patrones éticos, ya que lo que el participante huérfano había hecho, de modo automático y como niño, fue una adecuada jerarquización de los valores que le permitió proteger su propia vida, que es la primera vida que hay que proteger de acuerdo con los valores vigentes.

Hubo acuerdo en que, lo que el niño había hecho, era suscribir y obedecer una norma ética jerárquicamente más elevada (respetar la vida comenzando por la propia), que la norma, válida pero subordinada a la anterior, del respeto por la propiedad privada.

Desde luego se trataba de un caso extremo, pero es en casos extremos donde tenemos que ejercer el más fino de los criterios para emitir una calificación, y más aún, una descalificación ética.

En síntesis, los motivos internos para transgredir normas éticas están por lo general relacionados con una determinada alteración emocional, un trastorno de la estructura del carácter que origina rasgos psicopáticos.

Pero también existen motivos externos vinculados a la realidad objetiva, como el principio de escasez, que pueden empujar a un niño desamparado a apoderarse de alimento para sobrevivir, lo que de ninguna manera constituye una trasgresión.

Claro que la reflexión anterior, válida para la situación de un niño pequeño, no lo es para un ciudadano adulto. Si éste llega a una situación así de escasez, puede deberse a que no ha tenido un mínimo de previsión para la satisfacción de sus necesidades (y las de su familia), por lo menos a mediano y largo plazo.

Y, no prever, es un rasgo de carácter muchas veces perturbado.

Una persona más o menos equilibrada necesita sopesar cómo sustentar sus necesidades y las de su familia, ahora y más adelante, sin transgredir: respetando la vida, la dignidad y la integridad de los demás.

Eso sería tener una *actitud ética*.

Un profesional despedido sin indemnización, puede elegir entre meterse en una banda que secuestra o asalta bancos y ganarse 50 millones de una sola vez, o lograr que un pariente o su vecino le preste diez mil pesos, comprar bolígrafos y venderlos en los semáforos.

De ese modo, puede ganar lo suficiente para sobrevivir. Porque vendiendo bolígrafos uno puede comprar pan y leche para sus hijos, mientras consigue un puesto con su título profesional.

Son diferentes formas de enfrentar la realidad. Cualquiera puede tragar un kilo de cocaína en bolsitas de plástico y tratar de llevarlas a un país rico sin morirse, o coger un fusil e irse de guerrillero, de paramilitar o de simple delincuente común que asalta bancos. O secuestrar, extorsionar o robar.

Cualquiera. Es lo fácil.

Para el niño que a los seis años quedó huérfano, coger bananos o pan en el mercado era inevitable, no había otra opción; para el profesional que queda insubsistente sí hay otras opciones. Sólo que por lo general, esas otras opciones suelen ser más difíciles, requieren más esfuerzo que las opciones más fáciles que incluyen la ruptura de las pautas éticas.

Psicológicamente habríamos detectado entonces, en las personas que tienden a transgredir, una inclinación a lo liviano, a evitar el esfuerzo, y a salirse con la suya "pronto y fácil". Un claro rasgo narcisista del carácter.

Se trataría pues, de personas "cómodas", que necesitan a cualquier precio proteger su comodidad y evitar la espera y el esfuerzo que requiere la conquista ética de los objetivos, tanto personales como laborales. En síntesis, es posible y mejor, el rebusque que la transgresión. Es más digno y, desde luego, la única opción ética en este caso.

Es más digno, es valiente y es ético, pero es más difícil, más incómodo, más demorado. Y soportando la escasez.

Pero es posible. Es posible suscribir una ética, y vivir según sus principios.

Capítulo 25

Algunos factores históricos y sociológicos de la crisis de los valores en Colombia

ÉTICA CIUDADANA, LEGITIMACIÓN Y POSTMODERNIDAD COLOMBIA, UN PAÍS DIVIDIDO

El tema de la ética confluye con el de los Derechos Humanos tanto que puede afirmarse que éstos son la ética de la democracia.

La ética de la democracia está aún muy lejos de haber quedado establecida. Se trata de un proyecto, casi diría un anhelo de lo que en el futuro podría llegar a ser la convivencia humana en el ámbito de una sociedad democrática.

En este punto es importante, para contribuir a graficar la situación actual de la ética de la democracia, hacer un análisis y comentarios de algunos pasajes del artículo de María Teresa Uribe de Hincapié "De la ética en los tiempos modernos o del retorno a las virtudes públicas".

Uribe comienza afirmando que vivimos en "ausencia de virtudes cívicas y públicas", y en la "generalización de las formas violentas para la solución de los conflictos".

Estas dos condiciones, según ella, se afincan en un proceso histórico social que ha ido transformando y sustrayéndole significado y fuerza al "ethos socio cultural".

¿Qué significan "ethos" y "ethos socio cultural"?

Ethos es una aproximación conceptual que reúne la fuerza del carácter, la estructura anímica (o más bien la integración interior) y la escala de valores o valor moral de una persona o entidad.

Ethos socio cultural sería el ethos de una sociedad, incluyendo el modo de pensar y de obrar de una colectividad, grupo étnico, pueblo o nación.

Es un concepto que aglutina las prácticas (no pautas) sociales vigentes en una cultura, así como sus "representaciones colectivas", es decir, las imágenes significativas dotadas de fuerza emocional que hacen consenso en la mente de la mayoría de los miembros de una colectividad.

El ethos socio cultural es el "espacio de los intercambios sociales", y también lo que confiere identidad a una colectividad, por ejemplo, el reconocimiento por consenso de quiénes son los "iguales" y quiénes los "diferentes", quienes somos "nosotros" y quiénes son los "otros".

El ethos socio cultural confiere sentido a las acciones de los individuos, los grupos, las asociaciones, las clases sociales, los pueblos y las naciones.

El ethos fundamenta las nociones primarias de lo bueno y lo malo, lo lícito y lo prohibido, lo posible y lo utópico.

También labra las actitudes frente a lo sagrado y lo profano, lo místico, lo mágico, lo trágico, la vida y la muerte.

Es en el ethos socio cultural donde se arraigan la moral y la ética, y también el sentido de pertenencia de un individuo a su colectividad.

El ethos es histórico, es decir, está sujeto (y en forma bastante vulnerable) a los cambios históricos y sociales. Estos cambios desplazan y reconstruyen el ethos, especialmente cuando los viejos referentes colectivos dejan de operar como guías certeros y revestidos de suficiente autoridad.

Entonces, la dirección de las acciones y los juicios morales no son ya más unívocos y claros. Es aquí donde aparece la crisis de los valores: una pérdida del sentido que aportaba el viejo ethos socio cultural ahora en declive, y un vacío ocasionado porque el nuevo ethos no ha sido todavía formado por completo.

Veamos ahora algunos hechos del proceso histórico social antes señalado.

La colonización fue un primer evento histórico cuya base operacional consistió no sólo en el desconocimiento del "otro", ni su deslegitimación como ser humano, sino su física eliminación a secas.

Fue el punto de partida para el establecimiento de un sistemático desconocimiento, deslegitimación y eliminación del "otro" en el marco de la sociedad colombiana.

La "otredad" quedó excluida.

Por otro lado, la ética y la conciencia moral durante la colonia y las primeras décadas de la república, quedaron en las manos de las instituciones religiosas y de los clérigos, que lograron excluir cualquier desarrollo ético que no estuviese guiado por la religión.

Lo ético religioso se constituyó en la base del ethos socio cultural de Colombia.

La ética y la conciencia moral basadas y reglamentadas por lo ético religioso, penetraron por igual el ámbito público como el privado de la sociedad. Esto tuvo la consecuencia de que, quienes por su rígido y autocrático comportamiento público eran calificados de "buenos" por los clérigos, eran "detentadores de la bondad, verdaderas fortalezas morales", así su desenvolvimiento en el ámbito privado, familiar, dejara mucho que desear en cuanto al respeto y al amor por los demás.

Lo inverso también se impuso. Personas cuyo comportamiento público disgustaba al clero por no ajustarse a los preceptos y a los ritos impuestos, podían quedar aplastadas por el sambenito de "malos", y aun de "demonios", así en su vida privada practicaran el amor y el respeto hacia los demás.

De este modo, y durante muchas décadas, quien no ostentara el sello aprobatorio ni se sometiera al control burocrático de la jerarquía eclesiástica se transformaba casi en un paria, un ciudadano de segunda o tercera categoría.

Personas así, como por ejemplo las no bautizadas, o quienes vivían en pareja sin estar casados por la Iglesia, eran sistemáticamente excluidas de los cargos públicos importantes y sus hijos ni eran admitidos en los colegios "decentes", ni podían aspirar a un matrimonio igualmente "decente". Eran lapidados con el kafkiano mote de hijos "naturales".

Esto hizo que se acentuara la doble moral, y se impusiera la moral de las apariencias. "Haz lo que quieras, pero no hagas escándalo, no lo muestres", era un principio "moral" muy en boga en esas épocas.

Y todavía en éstas, no obstante que hoy en día, el ámbito privado ha conquistado cierta autonomía ética y moral, lastimosamente todavía distorsionado por la crisis de los valores personales que venimos analizando.

Uribe continúa revisando otro factor histórico, derivado de la anterior situación, que intervino después.

Es el fenómeno del bipartidismo, situación política que en Colombia funcionó teñida de graves consecuencias.

Cuando al modernizarse la sociedad pasó de lo rural y pueblerino a las grandes metrópolis y las ciudades intermedias, se afincó la industria y la colectividad experimentó la necesidad de emanciparse de la tutela religiosa y de las tutelas autocráticas derivadas. El ethos socio cultural basado en lo sagrado declinó y la sociedad se secularizó. En el lugar de lo sagrado administrado por la religión se establecieron principios como la racionalidad y la universalidad, que no lograron fundar un nuevo ethos socio cultural.

La ausencia o más bien lo incipiente del nuevo ethos descentró la sociedad.

Al mismo tiempo se constituyó la República y se fundó un Estado estructurado bajo principios jurídicos, racionales y legales.

Pero el Estado no pudo o no quiso enarbolar la bandera que había perdido la religión para conformar el ethos, entre otras cosas porque la colectividad, si bien en su mayoría se había alejado de la iglesia, aún conservaba (y conserva) la fe colocada más en lo mágico que en lo racional y en lo científico.

Este es uno de los puntos de origen de la debilidad del Estado que, sin embargo, creció mastodónticamente y se enriqueció hasta la opulencia, por lo que se transformó desde entonces en una suculenta presa, un peleado botín para quienes se apoderasen de él, situación facilitada por la creciente tendencia a la corrupción de los individuos.

Y surgen los partidos. Aparte de la lucha (y hasta la guerra) por el poder, el partido Liberal y el partido Conservador tomaron posiciones diametralmente opuestas en lo que se refiere a la moral religiosa.

El partido Conservador se erigió como el representante y defensor a ultranza de la moral cristiana, de la hispanidad, y de la justicia basada en tales elementos. No es casual que "godo" signifique idénticamente "español" y "conservador".

El partido Liberal patrocinó una separación entre el ámbito privado y el ámbito público, de modo que el ciudadano pudiese tener una moral religiosa para lo privado y una ética civil para lo público.

El partido Liberal propuso una desacralización de lo público, de lo político, un rescate de lo laico en la cultura que permitiera a la ciudadanía funcionar, en lo público y en lo político, libre de la tiranía de lo religioso.

Mientras tanto, el partido Conservador insistía en poner al país público y político, y desde luego también al privado, "bajo la advocación del Sagrado Corazón", y someterlo a las exigencias y designios del clero.

Los políticos, cuyos planteamientos tenían que basarse en la propuesta religiosa o resignarse a sufrir la condena de la jerarquía eclesiástica, sintieron la necesidad de un cambio.

El partido Liberal lideró ese cambio, con lo que fue el protagonista del tránsito de la sociedad tradicional hacia la sociedad moderna.

✳✳✳

La sociedad moderna se caracteriza por el reemplazo de "lo revelado administrado por los clérigos", por lo que es "el resultado del uso de la razón".

Pero la "razón" es algo muy vago. Como se vio antes, al analizar el libre albedrío, ciertos razonamientos pueden estar muy sesgados por la desarmonía emocional.

Por ello, la humanidad habrá de hacer "uso de la razón" para construirse una nueva ética, apoyándose en el conocimiento científico de la Naturaleza Humana. (ver numeral correspondiente).

Por otro lado, el individuo privado necesitará afinar el "uso de la razón" para delinear sus propias pautas éticas privadas, conyugales y familiares descubriendo y ojalá resolviendo previamente sus dificultades emocionales y de carácter, para evitar los sesgos y las maniobras acomodaticias para "salirse (consciente o inconscientemente) con la suya".

Lamentablemente, sesgos y maniobras están presentes, y el individuo y la familia no han logrado conducirse hasta ahora, hacia una ética personal y civil adecuada, sino al caos ético: la amoralidad y la corrupción personal y ciudadana que, combinadas con ciertas circunstancias históricas y sociológicas que estamos empezando a ver, dan lugar a la corrupción pública.

Volviendo a los clérigos, ellos desde luego no se conforman fácilmente la descrita pérdida de su poder, y en muchos países protagonizan violentas reacciones en forma de fanatismo fundamentalista, con el que intentan volver a imponer en forma obligatoria y aún usando la violencia militar y paramilitar, sus reglas morales arbitrarias.

Tal reacción ("ladran, Sancho, señal de que avanzamos") muestra que la humanidad está logrando avances muy significativos no sólo en lo tecnológico, sino también, aunque parezca paradójico, en una conciencia ética planetaria de base científica y humanista que está extendiéndose lenta y silenciosamente y es suscrita cada vez por más personas pensantes y que, desde luego, disgusta y enfurece a ciertos clérigos, que ven cada vez más amenazada la base de su poder.

Por otro lado es necesario admitir que nuestra sociedad se caracteriza no sólo por la pérdida de los valores basados en lo religioso, sino por una dramática situación de transición en la que los valores basados en lo humano está por ahora lejos de consolidarse.

Esta situación se agrava porque, como se vio antes, el Estado se perpetúa ausente de su tarea histórica de devenir en el abanderado de la "ética civil".

En esta sociedad las posibilidades de desarrollar una mirada humana, respetuosa y legitimadora hacia el otro se han visto mermadas debido a que ha sido transformado en el "supremo bien" todo lo que haga énfasis en lo tecnológico, en la acumulación de bienes a cualquier precio y sin importar que sean legítimamente adquiridos o no, en la individualidad, en la competencia irracional y deshumanizada y en el paternalismo autocrático.

A continuación, haré un análisis y comentaré el artículo "¿Es posible una ética civil en Colombia?" de Luis Alberto Restrepo.

Para Restrepo, la ética surge de la cultura grecorromana. La moral surge de la cultura judeo-cristiana.

La ética grecorromana se desmorona disuelta en la sangre de los mártires cristianos del circo romano.

¿Cómo? La humanidad descubre, horrorizada por los excesos del circo, que existe y es necesaria la posibilidad de la tolerancia, el respeto y la consideración "del otro". Se erige la moral cristiana como rectora de la vida de Occidente, y como bandera contra fanatismos de todo jaez.

Pero... pocos siglos después, esa rectora y bandera se inventa la Inquisición, tortura a Galileo, asesina en la hoguera a Giordano Bruno y transforma a la Iglesia del Amor en la Iglesia del Terror. Y así, la moral cristiana inició su decadencia, al no poder reconocer ni legitimar "al otro" diferente, al que piensa y actúa diferente.

Hasta aquí el análisis del artículo de Restrepo.

Siglos después de iniciada la decadencia de la moral cristiana, sir Winston Churchill, a mi modo de ver uno de los precursores de la postmodernidad, profirió su máxima (ya mencionada antes) que continúa siendo la base de la democracia y el respeto por "el otro": "Detesto tu opinión, pero daría mi vida por preservar tu derecho a expresarla".

¿EN QUÉ CONSISTE LA POSTMODERNIDAD?

Básicamente es un proyecto de sociedad en la que se haga posible armonizar la tecnología con la legitimación del ser humano y la individualidad con lo colectivo y comunitario,

Sería una sociedad en la que:

> ✓ la moderación en la posesión de bienes favorezca el compartir,
> ✓ la solidaridad y la tolerancia activa suavicen la competitividad irracional permitiendo el cooperar, y
> ✓ el establecimiento de los valores democráticos basados en el amor y en respeto por los otros sea la nota dominante.

Para lograr un modelo de sociedad como el descrito el primer paso es la comprensión de la historia. Los colonizadores se atrincheraron en la posición filosófica y política de que los indígenas, y luego los negros que ellos mismos importaron, eran bárbaros, eran "los otros", los que no creían en Jesucristo, y que por lo tanto podían ser explotados y, si se oponían a ello, eliminados sin que eso fuese considerado una trasgresión, algo "no ético".

Todo lo contrario. Matar indígenas y negros rebeldes se volvió algo "heroico", y por cierto muy bien remunerado.

Luego, para los conservadores, los liberales eran "los otros", los que debían ser eliminados como "un servicio a la cristiandad y al Sagrado Corazón". Los liberales no fueron mejores. Matar "godos", "los otros" fue durante un largo tiempo motivo de orgullo cívico y satisfacción moral para muchos liberales. Los acontecimientos políticos, como el llamado de ciertos clérigos a los votantes católicos a abstenerse de votar por el candidato liberal (representante de "los otros") en las elecciones presidenciales de 1994, muestra que la dolorosa y conflictiva situación analizada no ha sido superada del todo. Ni mucho menos.

Un ejemplo más: en la reciente crisis del Proceso 8000, los defensores del Presidente cuestionado se atrincheraban tras una supuesta "conspiración" contra el mandatario. ¿Quiénes son los "conspiradores"? Sencillo, "los otros", los que opinaban que el Presidente debería irse.

Esta situación no ha sido superada. Podría ser origen de nuevos brotes de violencia y aún de guerra. Y a los contendores parece no importarle un comino esa posibilidad.

Pero hay más. La sociedad colombiana se ha constituido, tanto en los ámbitos urbanos como rurales, como una estructura de clases con mucha movilidad pero en la que quienes se sienten ocupando cierto estrato, se sienten "superiores", desprecian y deslegitiman a los que ellos perciben como ubicados en estratos "inferiores", que se vuelven los "otros", los "diferentes".

Éstos muchas veces no son sentidos ni tratados como seres humanos.

Lo más grave es que estos "seres inferiores" sienten y actúan hacia los "superiores" como si realmente lo fueran, con lo que consolidan y perpetúan el prejuicio.

Así, el "aristócrata" relega y deslegitima al profesional, al empleado de clase media, quien a su vez lo hace con el trabajador manual, que a su vez deslegitima al desempleado, y éste al personaje de la calle, al cartonero, y éste al gamín. Y así sucesivamente.

Entre profesionales, el que proviene de una costosa y elitista Universidad privada tiende a menospreciar y relegar al colega graduado en la misma disciplina en una Universidad privada menos costosa o aristocrática o peor, en una estatal.

La señora del empleado o trabajador manual que gana un poco más, deslegitima y menosprecia, se siente "más decente" que la señora del que gana un poco menos. Y así sucesivamente.

***

Como hemos podido ver hasta ahora, la situación en Colombia es una en la que casi todos están, de un modo u otro, contra los demás.

En el fondo, se trata de una hostil, a veces violenta lucha por el poder: por apoderarse de los demás para explotarlos, o para imponerse sobre ellos haciéndolos sentirse débiles y "necesitados" del poderoso, quien pasa a estar en la situación de poder manipularlos a su antojo o, al menos, para que los demás sientan su poder y su "superioridad", y sean invadidos interiormente por la envidia: "la envidia es mejor provocarla que sentirla".

Una lucha narcisista.

Comparativamente, se ven pocas señales de una vocación de legitimación y solidaridad, es decir, de integración sociocultural.

También constituyen un obstáculo para el consenso en Colombia, la coexistencia, con toda su fuerza y vigencia, de estructuras sociales tradicionales con estructuras modernas y postmodernas.

Y por otro lado, coexisten influencias muy autóctonas, primitivas y modernas, con influencias foráneas de todo jaez, tanto primitivas como modernas en forma de modas, estilos de vida, pautas éticas de consumismo y armamentismo, opresión del ser humano y guerra.

Esto funda una crisis de legitimidad. Estos factores, mas los revisados antes, han contribuido a que no hayamos logrado hacer un consenso para la convivencia, la vida y el desarrollo social, tecnológico y de los valores.

Si se ve todo lo anterior en conjunto, advertiremos que esta unidad sociopolítica llamada Colombia, es un ente dividido.

Desde luego, comprendo que las categorías psicológicas no pueden ser aplicadas alegre y despreocupadamente a los entes sociológicos, pero como psicoterapeuta psicoanalítico no puedo dejar de percibir una similitud, un paralelo entre lo que les ocurre a ciertas personas en psicoterapia psicoanalítica, afectadas por la división (o escisión) de la estructura del carácter, y lo que le ocurre a Colombia como país.

Estas personas, afectadas por la división interior, desarrollan ciertos rasgos de carácter (que ya analizamos en la primera parte) y que en síntesis son:

✓Una brecha entre lo que la persona es por dentro y lo que es por fuera: dice una cosa y hace la opuesta, siente algo y expresa algo diferente y aun antagónico, etcétera.

✓Sin darse cuenta, la persona es frecuentemente simuladora y falsa.

✓Hay severas contradicciones, incapacidad para percibirlas y absoluta indiferencia hacia ellas si llegan a ser percibidas.

✓La persona tiende a funcionar con los demás a través de la identificación proyectiva, mecanismo que usa los mismos recursos mentales que la identificación empática, pero con la finalidad opuesta: la persona tiene gran habilidad para ponerse en "los zapatos del otro" pero a fin de captar sus "debilidades" y con ello, ejercer poder sobre él mediante ciertas actitudes, manipulándolo controladoramente y de ese modo saliéndose con la suya.

En la revista "Semana" del 30 de julio de 1996, en su columna titulada "Los Partidos partidos", Roberto Pombo escribe: "(...)el liberalismo y el conservatismo estarán divididos de manera irremediable. Tras el tema de la Vicepresidencia está escondido el gran debate entre fracciones del liberalismo. Como siempre en Colombia, lo que se habla en el discurso público es una cosa, y lo que se quiere decir, otra".

Pombo señala cómo se dan a nivel social, situaciones muy parecidas a los ítems 1 y 2 de la lista anterior. En la misma columna parece confirmar los puntos 3 y 4 cuando escribe: "Durante la campaña para escoger candidato liberal se vio que la diferencia de contenido de los programas de cada uno de los dos precandidatos liberales era gigantesca, y además el tono de ese enfrentamiento fue muy duro". Una gigantesca contradicción que fue "pasada por alto" para construir una alianza manipulatoria con exclusivos propósitos electoreros.

Todo es "manipulable", todo es "arreglable" en Colombia, desde por los procesos electorales hasta la multa por pasar un semáforo en rojo si "lo hice por descuido".

¿Cómo integrar
este gran ente dividido?

Uno de los mayores obstáculos para alcanzar tal integración y consenso es el exceso de intelectualización al respecto y la lucha entre los intelectuales, situación que determina que muchos pensadores se pierdan en una multiplicidad de factores y dimensiones que determinan, según cada uno de ellos, la situación de crisis de los valores.

Sí, hay muchos factores y dimensiones, pero tenemos una obligación ética con la naturaleza humana, y es la de renunciar a pretensiones intelectualizantes individualistas basadas en un solapado narcisismo, que legitiman la propia opinión y deslegitiman y hasta satanizan la de los demás.

Es necesario luchar "todos a una" por el consenso y cuestionarnos si, al defender agresiva u ofensivamente nuestro punto atacando rabiosamente el de los demás, no estaremos haciendo un altar a nuestra grandiosidad y exhibicionismo narcisistas, al tiempo que agrandamos la ya enorme brecha que divide a Colombia (y, la verdad sea dicha, a muchos otros países del mundo).

Es necesaria una aproximación multidisciplinaria y multisectorial basada en una cultura de solidaridad, que haga posible que los gobiernos de turno cuenten con una verdadera asesoría científica en estos temas, y no, como ocurre por ahora, que si no toda, la mayor parte de la asesoría a los gobiernos proviene de muy orondas y descaradas fuentes clientelistas. Mi aporte a tal aproximación es ofrecer lineamientos y sugerencias para intentar modificar favorablemente el lado psicológico del problema.

Los colombianos estamos en mora de instituir un gran diálogo nacional que incluya a los demás lados, todos los lados.

Capítulo 26

La violencia, factores psicológicos

La violencia es un fenómeno humano que está determinado por tres órdenes de factores: factores *biológicos* como herencia, constitución, bioquímica, endocrinología y neurofisiología; factores *sociales*, *históricos*, *económicos* y *políticos*, y factores *psicológicos*, es decir, la presencia en el individuo violento de rasgos de inmadurez emocional severa y de trastornos de la estructura del carácter: desarmonía interior.

Ya vimos que los factores biológicos no pueden ser modificados en el presente estado de evolución de las ciencias médicas, y los factores sociales, sólo pueden ser objeto de modificaciones políticas e históricas a largo plazo.

En cambio, los factores psicológicos y psicosociales de la violencia, sí pueden ser prevenidos y modificados mediante iniciativas de educación, prevención y promoción de la salud emocional con orientación psicoanalítica.

Con el objeto de prevenir la desarmonía interior hemos visto la importancia de la educación y concientización de las madres y los padres que crían y educan a sus bebés y niños, así como en la de quienes aún no los tienen, pero los tendrán en el futuro.

Una sociedad en la que madres y padres críen y eduquen a sus bebés y niños dentro de un marco de amor, dedicación y contacto físico, afectivo y verbal, será una sociedad bastante libre de violencia, tanto en las parejas y familias, como en el ámbito comunitario y en la trama social.

Tal sociedad se caracterizaría también porque sus miembros, al obtener suficiente autoestima durante la crianza y la educación, podrán superar la desarmonía interior y especialmente el narcisismo, fuente de egoísmo y violencia, y desarrollarán la capacidad de responsabilizarse por los demás miembros de su comunidad.

Sólo en estas condiciones, es decir, sólo en caso de que cada persona miembro de una comunidad se responsabilice por los demás, creo posibles la genuina libertad y una auténtica democracia.

Deseo realizar en este punto, una diferenciación entre agresión saludable y violencia.

La agresión es un contenido natural del mundo interior de todo ser humano, y tiene un fundamento biológico en el metabolismo y en la reactividad de las células. A nivel mental sus representantes son el instinto y el impulso agresivo.

Sigmund Freud denominó Tánathos o instinto de muerte a la fuerza mental que tiende a destruir la materia viva y volverla inanimada, en un esfuerzo por bajar al mínimo la tensión anímica y reducir a cero los estímulos perturbadores mediante la destrucción del que sufre y también, si es posible, del que hace sufrir.

Pero no toda actitud agresiva es manifestación inmadura y descontrolada del instinto de muerte. Solamente la violencia.

La agresión saludable, indispensable para la armonía interior y el equilibrio emocional, se caracteriza porque su intención no es destruir sino contrarrestar el propio sufrimiento causado por el descontrol de otros y de sí mismo, y porque la intensidad y clase de la reacción agresiva corresponde a la intensidad y clase del estímulo que la provoca.

Otros nombres para la agresión saludable serían: energía, firmeza, iniciativa, afirmación de uno mismo, capacidad de acción para cambiar y enfrentar diversas situaciones y, finalmente, cólera y, en algunos casos acción agresiva controlada frente a provocaciones reales.

Según Otto Kernberg, el modo natural para neutralizar y descargar la agresión es la intensidad y el apasionamiento de las relaciones sexuales.

La agresión saludable es el uso real, objetivo, creativo y protector de la fortaleza, la energía y la firmeza manejadas por una persona que ha alcanzado cierta madurez y armonía interiores.

Según esto, la agresión humana tendría tres destinos principales: su transformación en agresividad adulta, saludable, del tipo de energía, firmeza, etcétera; su descarga neutralizada en el acto sexual, como base del apasionamiento; y su transformación en violencia.

A diferencia de la agresión saludable, la violencia es siempre desarmónica, perturbada y perturbadora, y es la expresión directa, cruda, del funcionamiento inmaduro y descontrolado del instinto de muerte en el mundo interior. Su manifestación suele desbordar en intensidad y clase al estímulo perturbador.

También son expresiones inmaduras y descontroladas del instinto de muerte, los equivalentes atenuados de la violencia: rencor, ira, hostilidad, rabietas, irritabilidad, odio crónico, susceptibilidad, crítica, falsedad, indirectazos, sarcasmos, mordacidad, hablar a espaldas, chismes, desaires y ataques verbales, incluyendo ciertos tonos de voz, gestos y mímica.

Asimismo, especialmente en la relación de los padres con los hijos, la tacañería, el disgusto y la negación en el suministro de provisiones materiales, de afecto y de pautas éticas naturales.

Podemos hablar de una violencia interior y es la que las gentes ejercen cuando en su mente y en su corazón, sin comunicárselo al otro, acarician a la vez con furia y con dulce y destructivo deleite, fantasías, pensamientos y sentimientos negativos, casi disfrutando de su odio hacia el otro.

También forman parte de la violencia interior los cargos internos, calladas acusaciones que la gente formulan contra otros, muchas veces sin expresarlas, encubriéndolas y disfrazándolas con una falsa mansedumbre, una dulzona sonrisa o un disimulado y colérico "aguantarse".

Los cargos internos se manifiestan como frecuentes pensamientos dirigidos contra otro, sintiendo ira y otros sentimientos negativos, diciéndose a sí mismo en la imaginación cosas rechazantes, acusatorias, derogatorias y despectivas acerca de la otra persona, imaginando situaciones de cómo sería de feliz si pudiese atacarlo y dañarlo, acariciando morbosas ideas acerca de las consecuencias del ataque, incluyendo fantasías de que el otro enferme y muera, y así sucesivamente.

Por ejemplo, si el caballero se encuentra en una situación de cargos internos, podrá pensar con sordo rencor en un determinado momento hacia su esposa: "Esta estúpida me las va a pagar...", al tiempo que ensaya una forzada sonrisa al pasar al lado de "la estúpida".

La señora podrá sentir un acceso de violenta angustia y repugnancia cuando él viene tarde, quizá de otros brazos, y la acaricia culposo y conciliador... Ella se controla, suspira, calla y soporta la caricia, imaginando cómo va a vengarse.

El rencor aumenta, conduciendo poco a poco a la irritabilidad, al enfriamiento afectivo y físico y, finalmente a la violencia manifiesta o la indiferencia. Al faltar el diálogo y la confidencia a tiempo, el odio, la rabia y la violencia interior, se acumularon.

La presencia de cargos internos y de violencia interior puede evidenciarse no sólo en las relaciones de pareja y familia, sino en todas las situaciones posibles, en la calle, el trabajo, la política, el club, las relaciones sociales y de amistad... etcétera.

Sucede que en el mundo contemporáneo se ha vuelto casi "natural", casi "normal", que la gente esté llena de violencia encubierta o manifiesta, al punto que casi todo el mundo se dirige ásperamente a los demás, sin cuidado ni respeto, descargando desapaciblemente su violencia atenuada contra quien "se ponga a tiro".

Esta desagradable y perniciosa situación se toma como que "la vida es así". Una telenovela, una película, una "historia de la vida real", mostrarán violentos personajes que en su mayoría están "así". La salud y la armonía se han vuelto curiosas excepciones, no sólo en la pareja y la familia: podemos entender como violencia encubierta la áspera actitud del empleado de la ventanilla del banco o del ministerio que, desapacible y altaneramente espeta un "¡qué quiere usted!", como si tuviera que hacer un favor y no cumplir con su deber.

O la del funcionario que deja al usuario esperando mientras charla con una secretaria, y luego arroja el dinero o el documento solicitado en el mostrador.

Igualmente es violencia encubierta, y a veces no tan encubierta la manera como mucha gente conduce su vehículo por las calles y avenidas como si quisieran asesinar a los otros conductores, y por supuesto a todos los peatones. Y el policía de tránsito que descuida su tarea de descongestionar el imposible tráfico y se esconde tras un árbol para "cazar" infractores y "chuparles" un soborno.

En la misma situación podemos incluir al funcionario corrupto, al político más preocupado en preservar su poder y su riqueza que el bienestar general, al industrial poderoso que "devora" sin escrúpulos la empresa de otro menos poderoso, y así sucesivamente.

Pero el atacado rara vez se percata de que muchas veces él mismo, ella misma, fomentó sin darse cuenta y con alguna actitud inconscientemente provocadora, el ataque del que resulta víctima. Esta tiende a reaccionar haciendo lo mismo. Eso da lugar a la violencia recíproca, con la que casi cada persona ataca a casi todas las demás en el ámbito de la comunidad, transformando la trama social en una trama de violencia.

Es necesario aclarar que este vaivén se repite una y mil veces en las interacciones sociales en la comunidad, y así ésta llega a una situación en la que muchos, de forma inconsciente, estarán reaccionando y haciendo reaccionar cada uno al otro con la propia e inadvertida actitud provocadora o violenta.

Y esto funciona no sólo para ataques de violencia encubierta o manifiesta de una persona contra otra. Funciona también para ataques de grupos contra personas, de personas contra grupos, y de grupos contra grupos entre sí. En interminable vaivén.

En este vaivén e interjuego de ataques violentos, encubiertos o manifiestos, cada uno de los miembros individuales o grupales de la comunidad contribuye a que los demás se confundan, y como consecuencia, a que se acentúen los problemas psicológicos que pudieran tener: se podría decir que cada miembro de una comunidad en la que predomina la violencia, progresivamente determina un agravamiento de la desarmonía interior que los demás traían desde su infancia y su adolescencia.

Muchas veces no se puede determinar con certeza a quién o quiénes corresponde y cuál es la causa ni a quién o quiénes corresponde y cuál el efecto de ciertas situaciones de violencia.

Cada miembro de una comunidad violenta remueve, y con sus actitudes violentas reactiva y saca a la luz "lo peor", las partes más lesionadas del mundo interior de los demás, haciendo que desarrollen a su vez más violencia y temores, y los actúen en la comunidad.

Por ello, casi cualquier ciudadano al que le toca caminar o conducir por las calles de la ciudad, tiene actitudes que pudieran ser calificadas de "paranoicas" o de "hostiles". Las personas constantemente voltean la cabeza, mirando temerosamente a todos los lados, especialmente hacia atrás, como anticipándose al que consideran un inevitable e inminente ataque. Todo "otro" es un posible agresor, alguien de quien hay que sospechar.

Si alguien se le aproxima, así sea amablemente, reacciona a la defensiva, con una mezcla de terror y violencia, rechazando cualquier acercamiento, lo que incrementa la soledad y los temores en un fatídico círculo vicioso que no hace sino crecer y engordar a cada minuto.

En síntesis diría que la violencia desatada en la comunidad determina que cada uno crea ver en los demás todo lo "malo", lo negativo; cada uno niegue que los demás poseen algo "bueno", positivo; cada uno se atribuya a sí mismo rasgos positivos, como amabilidad, bondad, no violencia, comprensión, etcétera; cada uno niegue los propios rasgos negativos como irritabilidad, suspicacia, violencia, etcétera; cada uno acuse a los demás de ser "los culpables de todo"; cada uno niegue su propia responsabilidad en los conflictos; cada uno intente manipular lo negativo que los demás tengan y lo que les atribuye; cada uno se esfuerza por hacer sentir, pensar y reaccionar a los demás. Cuando alguien reacciona, "confirma" para el violento la "maldad" del otro.

Como puede comprenderse, es muy poca la paz y mucha la violencia que puede esperarse de vínculos comunitarios establecidos según estas pautas.

Así, la violencia no se reduce a asaltos, asesinatos, violaciones, masacres, atentados, tiradores que asesinan transeúntes desde las azoteas o ataques del terrorismo: la violencia infiltra con sutil corrosión la textura cotidiana, la trama habitual de nuestra existencia.

Es necesario comprender que la violencia social empieza a gestarse y a gestar sus nefastas consecuencias desde el seno mismo del núcleo familiar, desde los primeros contactos del bebé con su madre, desde las actitudes del padre hacia el bebé y la esposa, y desde las actitudes de los padres hacia el niño y el adolescente.

¿Cómo es esto? ¿Qué induce a la gente a la violencia? La violencia es el resultado de la inmadurez y la desarmonía en el mundo interior de quien ejerce la violencia.

La inmadurez y desarmonía conducen a que los sentimientos de amor y respeto de uno por sí mismo (autoestima) –que deberían ser administrados por los padres internos "positivos"–, se vean mermados.

Esto hace que aparezca intensa frustración y cólera del violento contra sí mismo, acompañados de grados variables de malestar psíquico.

Todo esto conduce a una sensación de tener "algo dañado" o aun "algo muerto" dentro.

Ese "algo dañado o muerto" dentro de la mente, que ocasiona terribles sentimientos de malestar, vacío, ansiedad, sufrimiento, miedo, inseguridad y parálisis emocional, equivale a una imagen de los padres internos "negativos" sentidos como atacantes, contraatacados, dañados, destruidos y aún muertos en el mundo interior.

Cuando predomina esa imagen, la representación de sí mismo dentro de la mente está desvalorizada y confusa, se siente inerme y vulnerable a los ataques y contraataques de las imágenes de los padres internos "negativos".

Esta fantasía, repetida una y mil veces dentro de la mente, hace que las imágenes "dañadas" o "muertas" reaccionen intentando vengarse. Aparece la fantasía de que esas imágenes arrecian sus ataques contra la imagen de sí mismo.

La persona se siente por dentro cada vez más indefensa, dañada y vulnerable para más y más daños, lo que es sentido conscientemente como una progresiva intensificación del malestar y sufrimiento psíquico.

En una persona con más equilibrio y madurez, también existen estas fantasías de ataque de los padres internos "negativos" contra la imagen de sí mismo en la mente, pero el sí mismo está dotado de la capacidad de "digerir" estos elementos transformándolos y evacuándoles en forma de sueños, fantasías conscientes, pensamiento creativo, apasionamiento para hacer el amor y acciones para modificar el ambiente.

En las personas que tienen la desarmonía interior, estos elementos se "indigestan" y terminan transformándose en sufrimiento, malestar y dolor psíquico crecientes, insoportables.

Por otro lado, las personas que utilizan la violencia en cualquiera de sus formas carecen de comprensiones y herramientas para funcionar adecuada, armoniosa y creativamente en el mundo, y consigo mismos (as), por lo que tienen poco o ningún acceso a la alegría, a las satisfacciones naturales de la vida y mucho menos a alcanzar alguna forma de significado.

Su absoluta carencia de autoestima los priva de obtener por dentro de sí y de los demás, el aprecio, la aceptación, el afecto que en algún momento todos necesitamos. Por ello, fuerzan y manipulan a los demás para someterlos, dominarlos, hacerles sentir envidia por su imaginada "superioridad", obligarlos a ofrecerles admiración, elogio, homenaje que compensen desde fuera lo que no logran conseguir desde dentro.

Como sus logros en este intento son siempre insuficientes y usualmente fracasan, se incrementa el malestar crónico en su mundo interior. Tales malestar y dolor son inauditos e incomprensibles, aunque muy pocas veces las personas que usan la violencia se dan cuenta conscientemente de ello.

Este es el elemento central que los lleva a usar la violencia: las personas que aplican la violencia eligen "hacérsela sentir, hacérsela sufrir a los demás", como si el propagar y hacer experimentar "al otro" el sufrimiento que arrastra por dentro le aliviara genuinamente en algo.

Desde luego que no es así. La persona que usa la violencia puede experimentar alguna clase de sórdido placer en el acto de "descargar" su violencia y además, disfrutar por un instante de otro oscuro goce, el que da el ejercicio del poder absoluto sobre su víctima.

Pero estos placeres son fugaces, y el dolor y sufrimiento interiores reaparecen, agravados por los *sentimientos de culpa inconscientes* (que nunca dejan de producirse ni en el más desalmado de los violentos).

Es necesario tener en cuenta que todo el proceso interior aquí descrito es inconsciente. La persona no se da cuenta de lo que sucede en su mundo interno (lo cual no justifica sus acciones), pero es necesario comprender que sus padecimientos inconscientes le empujan a las acciones violentas que venimos estudiando.

Lo anterior nos da un margen: podemos empezar a pensar en educar, prevenir y tratar y no sólo en combatir, eliminar y castigar, acciones estas últimas que sin duda son por ahora indispensables.

Volviendo a la persona que usa la violencia, su malestar, dolor y sufrimiento aumentan. Está atrapada en una maraña de repeticiones; como en el caso de cualquier adicción, necesita volver una y otra vez a sus acciones violentas. Y cada vez parece ser necesario aplicar más violencia.

Éste es, en síntesis, el factor psicológico y psicosocial que condiciona que ciertas personas hagan uso de la violencia, y otras no, a pesar de que las causas habitualmente alegadas como "justificación" de la violencia afectan a todos por igual.

Nada justifica la violencia. Quienes la usan, están buscando "hacerle sufrir al otro" el propio dolor interior, y –como consecuencia de su falta de acceso a los goces naturales de la existencia– obtienen los dudosos placeres de la descarga y el abuso del poder sobre el otro.

Veamos el delicado tema de la *violencia intrafamiliar*. La persona que es violenta en su ámbito familiar tiene, además de los padecimientos analizados hasta aquí, dos distorsiones adicionales:

> ✓Teme hasta el pánico la posibilidad, así sea remota, del castigo que la sociedad impone a quienes usan la violencia en la comunidad. En casa, contra los niños y los jóvenes, la violencia suele quedar impune y es fácilmente justificable para padres y madres violentos. Igualmente la violencia contra el propio cónyuge (no sólo contra la mujer: aunque es más frecuente la violencia del varón contra la mujer que a la inversa, este último caso no es del todo infrecuente).
>
> ✓Además de la impunidad, esta forma de violencia se agiganta porque el violento consigue entre sus víctimas familiarmente cercanas, una sórdida aunque inconsciente venganza contra aquellos que en su propia infancia, probablemente, a su turno le violentaron: sus propios hijos y cónyuge representan en su inconsciente a sus padres, hermanos y otros familiares cercanos.

El daño al otro no tiene que ser físico. La violencia actitudinal es una situación en la que, mediante sutiles gestos, miradas, tonos de voz, sarcasmos, indirectazos, altanería y despectividad, autosuficiencia y desvalorización del otro, el violento consigue "hacer sentir", "hacer pensar" y "hacer reaccionar" a su víctima, haciéndolo sentirse "mal" y "malo".

Así, la manipulación es ya una forma de violencia. Una forma solapada de "sacarse de dentro lo dañado" y "ponérselo al otro", "haciéndoselo sentir". Las personas con rasgos fronterizos y narcisistas están dotadas de una extraordinaria sensibilidad, de una capacidad similar a la identificación empática por la que son muy hábiles para "ponerse en el lugar del otro, pero no para descubrir qué necesidades tiene y ayudarlo (como es el caso de la empatía), sino para descubrir dónde es que más le duele o dónde es más débil y apuntar hacia ese punto sus baterías de violencia actitudinal. Y disparan.

Desde otro ángulo, la posibilidad de dañar al otro sin ningún motivo distinto que buscar alivio para el propio dolor psíquico, requiere una marcada falta de escrúpulos. El violento, momentánea o permanentemente está afectado por la amoralidad, lo que permite dejar de lado los escrúpulos y aún hacerlos desaparecer de manera definitiva del mundo interior.

Este es el punto en el que entroncan la crisis de los valores y la amoralidad, con el fenómeno de la violencia. Y si la violencia puede contribuir en algo a que el violento se beneficie, tendremos además, en el ser interior y en la conducta del violento, el bestial "matrimonio" de la violencia con la corrupción.

Un matrimonio así suele ser el punto de partida para que, quien lo tiene, pase a engrosar las filas de los que están "fuera de la ley".

La deslegitimación del ser humano es la base de la violencia. Según el violento, la persona, el grupo o la institución que recibe su violencia, no merece ninguna consideración. Es como si para el violento, los demás dejásemos de ser humanos, para transformarnos en meros instrumentos, cosas que pueden ser dañadas y desechadas si ello conviene a los fines de la persona violenta.

En las personas con cierta salud emocional, en las que predomina la imagen de los padres internos "positivos", la mente no se divide sino que permanece integrada.

Eso significa que la persona integrada puede poner en quienes le rodean, una imagen interna de padres y de sí mismo que reúne aspectos "buenos" y "malos". Entonces puede amar sin idealizar ni endiosar, porque su amor está balanceado por las partes "malas" de la imagen colocada fuera.

Y también puede odiar y sentir cólera moderada contra quienes lo frustran sin perder el equilibrio ni la consideración, ya que cuando odia a quien lo frustró, comprueba que el odio está balanceado, ya que también ama al frustrador. Para la persona integrada, los demás somos legítimamente humanos, y así nos considera y nos trata aun en los peores momentos.

Las personas con desarmonía interior no están integradas sino que tienen una severa división en su mundo interno.

Cuando sienten amor, especialmente hacia alguien que les gratificó el narcisismo mediante algún elogio, lo hacen de un modo desequilibrado y llegan a extremos de endiosamiento e idealización: la persona idealizada es vista como "maravillosa", "divina", "preciosa", "extraordinaria" y así sucesivamente.

Pero si la persona amada los frustra o alguien, aun desconocido, les niega el reconocimiento narcisista, las personas violentas ponen en el "otro" la imagen puramente destructiva y amenazante, sin nada "bueno", de los padres internos "negativos". Con ello la persona, el grupo o la institución odiada se transforma en algo "ruin", "malvado", "despreciable", que "sólo merece daño y destrucción".

Lo anterior, reforzado por la deslegitimación, hace que "el odiado" se convierta, para el violento, en indigno de vivir, merecedor de cualquier clase de ataque despiadado, de violencia y destrucción. Para el violento, el ataque destructivo está más que justificado: para él, con su profunda y corrosiva ausencia de valores, dañar a otro constituye "justicia".

Si la perturbación interior no es demasiado grave, la persona se limita a acumular odios y rencores, culpando venenosamente a los demás por su desdicha, y rumiando cargos internos y acusaciones contra "la gente".

Si la lesión psicológica es grave, el violento desplaza sus cargos y culpabilizaciones extendiendo y magnificando sus agravios hasta lo inimaginable, volviéndolos masivos y dirigiéndolos no contra esta o aquella persona o grupo, sino contra la comunidad, la "sociedad" a la que culpa de su situación.

De entre ellos, los más lesionados actuarán sus fantasías a través de conductas abierta y explícitamente violentas: agresión física, intentos homicidas y suicidas, atentados, y finalmente violencia organizada y terrorismo, aún el internacional.

Si cada persona pudiera asumir que es responsable de su propia armonía o desarmonía interior actual, y por tanto de su propio malestar, su propio sufrimiento, vacío y depresión, quizá podría evitar contaminar las relaciones en la comunidad con sus problemas, y así dejar de lado esta tendencia a "hacérselo sentir al otro".

Pero con desdichada frecuencia no ocurre así, debido a que carece de conciencia del propio malestar, y está además afectada por la quiebra de los valores y la amoralidad; la persona tiende a defenderse contra el asumir la propia responsabilidad, y casi siempre se encuentran buscando un "chivo expiatorio", alguien a quien "hacérselo sentir".

Estas comprensiones buscan proporcionar a los miembros de una comunidad en la que predomina la violencia, una oportunidad de cuestionarse, y una comprensión inicial de su propia responsabilidad.

En otras palabras, apunto a lograr que los miembros de la comunidad y de sus grupos puedan asumir y reconocer su propia contribución a los problemas y a la violencia, con la posibilidad de renunciar progresivamente al recíproco "echarse la culpa uno a otro" y declararse cada uno a sí mismo "inocente de todo" que caracteriza su vida.

Estas comprensiones buscan asimismo promover un darse cuenta consciente de que las fantasías agresivas y violentas no tienen por qué promover sentimientos de culpa, ya que nadie puede dañar realmente a otro con sus propias fantasías.

También es necesario que las personas, especialmente los miembros de parejas y grupos familiares, descubran que "nadie es culpable de la salud emocional del otro", y que por ejemplo la actitud de una mujer que dice: "Yo no dejo a este monstruo porque se vuelve loco", carece de sentido: si el "monstruo" insiste en sus actitudes malsanas y violentas, ella tendrá que dejarlo, salvo que descubra cómo alcanzar el gozo masoquista del infortunio que el "monstruo" le provoca.

Por otra parte, será conveniente que ella en este caso, vea con claridad que muchas de las actitudes del "monstruo", son promovidas por ella misma.

Al mismo tiempo es conveniente señalar que si la persona, inconscientemente, le hace sentir a alguien dichas fantasías negativas, o son detectadas por otras personas a través de las actitudes de quien fantasea, pueden promover comportamientos violentos y reacciones de contraataque en los demás, y que eso sí hace daño realmente. Cada miembro de un grupo y de la comunidad tendrá que asumir su responsabilidad por dicho daño.

Aparte de las acciones directamente educativas y de la posibilidad de buscar psicoterapia para resolver la violencia que hubiere en su pareja, su familia, su grupo de trabajo, etcétera, usted podría realizar acciones directas de educación y prevención acerca de la violencia en su propia pareja, en su grupo familiar y en su comunidad, cuestionándose primero si su propio ámbito está o no libre de violencia, y en qué medida usted contribuye a promoverla.

También es posible aprender a cuestionar el autoengaño, descubriendo las motivaciones inconscientes, desconocidas para uno mismo, que pudieran estar detrás de conductas violentas que uno niega ante sí. Por ejemplo: "Sí, grité un poco pero eso no es nada", "fue apenas un golpecito", "lo hice por su bien".

Asimismo, es necesario estar alerta a la aparición de posiciones grandiosas y autosuficientes que intentan "justificar" la violencia: "Yo sé cuándo le pego"; "a mí no me digan cómo educar a mis hijos"; "yo a mis empleados los trato como quiero, para eso les pago"; "tengo que castigarlo para que aprenda a respetarme"; "a tu mujer pégale todos los días... ella sabe por qué"; y finalmente, "niegue, maestro, niegue siempre".

La violencia siempre dañará los vínculos conyugales, familiares, amistosos y comunitarios aún cuando se ejecute con la mejor de las intenciones.

En este punto vuelvo a recordar la impresionante validez del dicho "el infierno está empedrado de buenas intenciones".

Usted podrá también intervenir en favor de la disminución de la violencia en la pareja, en la familia y en la comunidad, promoviendo en su ámbito social (su empresa, colegio de los hijos, club, parroquia, entidades e instituciones con las que se relaciona), una toma de conciencia acerca del problema, toma de conciencia a la que puede contribuir la lectura compartida de este libro y especialmente de este capítulo.

Capítulo 27

Algunas consideraciones psicosociales y políticas acerca de la violencia en Latinoamérica

Creo que los factores psicosociales y políticos, anclados en los factores psicológicos que hemos examinado, inciden, como en el caso de la ética, en la determinación de la violencia.

Sin embargo, en la generación de ésta veo un factor psicosocial adicional. Es la crónica represión e interferencia que las jerarquías sociales, económicas y religiosas han realizado contra la expresión adulta y armónica de la sexualidad, la intimidad y la afectividad, y contra la igualmente adulta y armónica expresión de la agresividad.

La tradición de violencia es antigua en Latinoamérica y los historiadores mencionan algunos datos de lo que parece ser una prevalencia de costumbres violentas entre ciertos grupos indígenas precolombinos.

La Conquista y el Virreinato enfrentaron con demoledora intensidad a dos pueblos inclinados a la violencia: los violentos indígenas, a cuya violencia ancestral se suma la natural e indómita rebelión contra el agresor extranjero, y los españoles conquistadores.

No todos los españoles eran violentos conquistadores pero, quienes vinieron a apoderarse de América, eran en su mayoría guerreros feroces, delincuentes sin Dios ni ley y religiosos fanáticos, capaces de toda clase de atrocidades. Con honrosas pero escasas excepciones, los conquistadores pertenecían a estratos no precisamente pensantes de la sociedad española de entonces.

Luego, las guerras de la Independencia, como todas las guerras, se caracterizaron por la violencia y también por las atrocidades. Estas, nada esporádicas sino de práctica frecuente, no pueden ser comprendidos únicamente desde categorías sociales y políticas.

Actos así, tanto por su extrema ferocidad como por su inaudita frecuencia sólo pueden ser entendidos como el resultado de una gigantesca explosión de violencia individual transformada, por las circunstancias, en colectiva.

La situación viene a ser la encarnación de una perturbación grave de una cultura autocrática, insatisfecha, profundamente frustrada y cargada de odio destructivo desde la más tierna infancia: una sociedad formada por innumerables individuos agobiados por "algo muerto" dentro de sí, aprovechando la circunstancia de la guerra para poner en otro su "algo muerto" y hacerle sufrir a otro el propio sufrimiento.

En ciertas regiones en las que la vivencia del cuerpo y su disfrute son más importante y más libres, bastante distanciadas de las perturbadoras iniciativas represivas y de interferencia de las jerarquías, la violencia fue atenuada: cuando la sexualidad saludable y adulta está reprimida o interferida, la violencia se asoma de inmediato. Y con efecto acumulativo.

Esta interpretación encuentra asidero también en el conocimiento que tenemos de la actitud de aterrada moralina antisexual, antisensual y violatoria de la intimidad de las personas que caracteriza al núcleo familiar tradicional de ciertas regiones de Latinoamérica.

El pánico a la sexualidad y su transformación en una "pseudorreligiosidad" fanática, fundamentalista, antierótica y antiamorosa (que nada tiene que ver con la religión del amor que es el cristianismo), apartan al hombre, a la mujer, de Dios y del amor, y los empujan a la violencia atroz y a la destrucción despiadada de sus semejantes.

La "pseudorreligiosidad" a la que me refiero, permitía despropósitos extremos como el de que las guerras civiles fueran ganadas una y otra vez movilizando a los campesinos en nombre de la defensa del "honor de la Inmaculada Virgen María". ¡La madre del Señor Jesucristo, el Hombre-Dios Maestro del Amor... invocada como estandarte para cometer asesinatos masivos!

De otro lado, la agresividad saludable de la población fue (y aún es) brutalmente reprimida por el autoritarismo vertical y autocrático de las jerarquías del poder político, social, económico y religioso. Décadas y siglos de dicha represión constituyen también una causa de explosión y desborde de la violencia, largamente contenida. ¡Pensemos en una represa sobrecargada, que tarde o temprano se rompe y ocasiona una avalancha y una inundación!

Tal explosión y desborde, sumada a la presencia de rasgos fronterizos y narcisistas en los individuos, confiere a las conductas grados diversos de tinte psicopático, elemento que nos sirve para intentar comprender las desgarradoras atrocidades que implica la violencia en ciertas regiones de Latinoamérica.

Cuando la represión es así de crónica y aplastante, en algunas personas y comunidades no da lugar a una explosión. El desenlace es el extremo opuesto: la apatía, la parálisis y la extinción de la iniciativa y la creatividad. Una actitud que en algunos casos raya en la cobardía. Conocemos innumerables ejemplos de esta reacción de extremo opuesto ante la represión.

Otro factor que incide sobre el desborde de la violencia tanto a nivel social como dentro de la familia, contra la mujer y el niño especialmente, es el proceso de masificación, urbanización y modernización de la región.

Este proceso, cuyo vertiginoso desarrollo se remonta a no más de tres décadas, ha servido como altavoz a desajustes y elementos perturbados individuales ancestrales de las culturas nacionales, permitiendo la resonancia pública de situaciones que anteriormente se enfrentaban y eventualmente se resolvían en un ámbito más bien local o íntimo: ciudades de seis, diez, diecinueve millones de habitantes, cada uno totalmente anónimo y amenazante para todos los demás; las posibilidades que ofrece el desarrollo económico para la ruptura del núcleo familiar; medios de comunicación que vinculan el más apartado caserío con la totalidad de cada país, pero que no vinculan a las personas como individuos; ventilación pública, masiva e inadecuada, carente de guías de comprensión, de temas considerados tradicionalmente como tabúes, etcétera.

Enlazando estas comprensiones con las del capítulo siguiente, dedicado a las adicciones, considero que éstas viene a sustituir, y desdichadamente muchas veces a sumarse a la forma tradicional de adicción, el alcoholismo, más propia de las áreas rurales y de los pequeños núcleos urbanos.

Tal sustitución tiene como trasfondo psicosocial, los mismos fenómenos de masificación, urbanización y modernización.

Y cuando, como ocurre en los grandes conglomerados urbanos modernos, se suman en el individuo alcoholismo y drogadicción, las consecuencias en la salud emocional de las personas y de la comunidad son mucho más graves y devastadoras que cuando se presentan sólo el uno u el otro fenómeno.

Un breve comentario sobre la criminalidad, el terrorismo, la impunidad. Cuando la violencia ha prevalecido durante cierto lapso en una comunidad, llega a transformarse en un recurso necesario para muchos individuos como tales y también para el entramado sociopolítico y económico. Por ello, tiende a organizarse en forma de criminalidad y terrorismo y a autoprotegerse mediante la impunidad.

Debido a la frecuencia de la desarmonía interior, la creciente criminalidad en nuestra cultura está favorecida por la aparición de rasgos psicopáticos en muchos de los violentos, y en la apatía, la aceptación pasiva y casi gimoteante que el resto de la población hace del estado de las cosas.

Semejante pasividad tiene su anclaje en la reacción pasiva ante la violencia que analizamos antes: la apatía, la parálisis, la anomia y la extinción de la iniciativa y la creatividad hacen que el resto de la población no enfrente la criminalidad ni reclamando con eficiente agresión saludable (firmeza) que el gobierno realmente la frene, ni haciendo nada por organizarse y frenarla por su cuenta.

Eso envalentona a los violentos, especialmente a los violentos psicopáticos y se cierra un círculo vicioso que no tiene cuándo ni cómo acabar. Si de algo debemos ser conscientes, es de que la violencia y la criminalidad no acabarán espontáneamente. Dejadas a su arbitrio, sólo pueden crecer y agravarse. Así, hay que hacer algo. ¿Qué? La violencia puede ser prevenida, pero la criminalidad sólo puede ser enfrentada. Y el enfrentamiento no tiene porqué ser un contraataque igualmente violento.

El enfrentamiento armónico y adecuado podría realizarse mediante la (hoy inexistente) solidaridad ciudadana, elemento que difícilmente tiene lugar cuando una gran mayoría de los miembros de nuestra comunidad están severamente afectados por los rasgos fronterizos y narcisistas del carácter, rasgos que sólo pueden dar paso al egoísmo y al aislamiento solipsista e indiferente de los individuos.

Así, es posible ver cómo todos los días se perpetran crímenes grandes y pequeños en las puras narices de muchas personas, inclusive en algunos casos miembros de la fuerza pública que, ni intervienen para defender a la víctima, ni se prestan para actuar como testigos de cargo en el juzgamiento del criminal, las raras veces que, debido a la impunidad, es capturado.

Aparte del egoísmo y el aislamiento fronterizo y narcisista de mucha gente, es evidente que una red de solidaridad ciudadana contra el crimen organizado tampoco puede ser puesta a funcionar sin suficiente educación, prevención y promoción de la salud emocional.

Los violentos de todos los pelajes, con o sin coartada ideológica, solos y por su propia cuenta, en grupos o amparados por sofisticadas organizaciones nacionales y aún internacionales, envalentonados por la indiferencia de la población, tienen todavía un estímulo más: la corrupción y la ausencia de escrúpulos de ciertos funcionarios y negociantes atizan la hoguera de un clamoroso y monumental fenómeno de tráfico de armamento, negocio en algunos casos más rentable que el narcotráfico.

Armas eficientes, de alta tecnología y máxima capacidad destructiva, son adquiridas por los violentos con la facilidad con que cualquiera compra una lechuga en el supermercado. Esta reflexión nos da pie para analizar el terrorismo, una masificación manipulatoria de la criminalidad.

Con o sin coartada ideológica, los más violentos y psicopáticos de entre los criminales, se inventaron este recurso que les permite, a la vez que descargar su destructividad y acorralar a sociedades completas (de lo cual obtienen un máximo endiosamiento narcisista y una enorme cantidad de poder), llegar al extremo de –con toda la ciudadanía como rehén– obligar a modificaciones de importantes leyes, para salirse con la suya.

La impunidad, hija bastarda de la parálisis por un lado y de la amoralidad y la corrupción por otro, funge de fin de fiesta de los violentos. "Aquí no pasa nada" es el lema que les permite continuar por su nada luminoso sendero de crímenes, atrocidades, incalculables ganancias e inimaginable poder, sin ser molestados en lo más mínimo: "La justicia es para los de ruana".

Capítulo 28

Las adicciones, factores psicológicos y psicosociales

Las personas con desarmonía interior experimentan que su mundo interno contiene algo "muy dañado" y aun "muerto". Esa condición origina devastadores sentimientos de malestar, dolor psíquico y depresión.

En ocasiones, esos sentimientos pueden hacerse intolerables, especialmente cuando la estructura psicológica choca con ciertas barreras que cierran el paso a una descarga (también perturbada y perturbadora pero aliviante) mediante la violencia contra personas, grupos o instituciones. En estos casos, la violencia no se descarga hacia afuera, hacia la realidad externa, sino hacia adentro, contra el propio ser interior.

Eso determina que el dolor psíquico, el malestar, el vacío y la depresión alcancen extremos insoportables.

Es aquí donde aparecen la drogadicción y el alcoholismo: el consumo adictivo de estas sustancias tiene su punto de partida en un intento de la persona por hacer ingresar en su cuerpo "algo" que resulte activo en la mente, "algo" que revitalice eso que sienten dañado o muerto dentro de sí, en un desesperado intento de aliviar el inmenso (aunque en gran parte inconsciente) sufrimiento interior.

Esta perspectiva nos permite entender la similitud que en las profundidades del ser interior tienen fenómenos aparentemente disímiles como el robo, la violencia y las adicciones: el robo representaría un intento de recuperar de fuera lo perdido, dañado o muerto por dentro; en la violencia figuraría el deseo de hacerle sentir a otro la sensación, el devastador sentimiento de tener algo dañado o muerto en el ser interior, y la drogadicción y el alcoholismo representarían el esfuerzo desesperado, y por cierto, fallido y perturbador por incorporar "algo" que dé nueva vida a ese algo dañado o muerto dentro, retenerlo y no volver a perderlo, dañarlo o matarlo.

Me represento a la droga y al alcohol como una especie de zombi, aparente y falsamente vivo, ya que, efectivamente, proporciona un transitorio e intenso bienestar debido a que ofrece una momentánea recuperación de la autoestima en forma de pasajera plenitud grandiosa y exhibicionista. Pero en realidad el zombi no sólo está muerto sino que, como cualquier zombi que se respete, es un asesino dispuesto a todo.

La droga y el exceso de alcohol son perfectamente capaces de matar al consumidor, primero en un sentido psicológico, ya que su efecto falsamente vivificante y generador de bienestar y autoestima es pasajero, y la frustración que sigue a la finalización del consumo es terriblemente devastadora y destructiva, y segundo, la droga y el exceso de alcohol pueden matar también en un sentido físico.

La intención secreta de la adicción y el alcoholismo es la autodestrucción.

Lo que en el fondo desea la persona adicta o alcohólica es reforzar la descarga hacia adentro de la violencia destructiva contra el propio ser y acabar consigo mismo. Los drogadictos y alcohólicos tienen un desolado panorama en su ser interior, en el que han llegado a sentir y padecer extremos de desamor y abandono por parte de las imágenes internas de los padres.

Del mismo modo, respecto de las personas que lo rodean, el drogadicto y el alcohólico están afectados por una casi absoluta incapacidad de amar y de sentirse amados, y por un aplastante sentimiento de abandono.

Mediante su consumo, estas personas se esfuerzan desmesuradamente y desde luego sin esperanza, por volver a crear una etapa temprana de su evolución afectiva en la que debieron (sin lograrlo) alcanzar la seguridad, la ausencia de ansiedad y hasta la felicidad que, inconsciente o deliberadamente, les fue negada por sus padres.

Desde luego, la humanidad entera busca alcanzar estados de felicidad, pero mientras las personas no dependientes de estas sustancias lo hacen a través del logro del afecto y el contacto humano estrecho y profundo, las personas adictas y alcohólicas fracasan en sus intentos de conseguir amor y contacto con alguien real.

Eso se debe a las perturbaciones que agobian su mundo interno, que determinan que a la persona se le imposibilite dar y recibir amor de alguien de la realidad externa, del mismo modo como los padres internos "negativos" niegan amor y contacto a la imagen del sí mismo en la realidad interior.

¿Por qué? Porque carecen de unos padres internos "positivos" lo suficientemente buenos como para hacerles sentirse merecedores de dar y recibir amor, padres internos "positivos" que, al ser puestos fuera, en alguien de la realidad externa, permitirían sentir amor y contacto con ese alguien.

Por ello sustituyen a los seres humanos por sustancias químicas, que con su efecto zombi les proporcionan momentáneos y prontamente disueltos estados de plenitud, amor y hasta de "compenetración cósmica".

Con la armonía interior funciona una fuente interior de amor, cuidado, tranquilidad, etcétera, y la persona adquiere su autonomía y su adultez emocional: no necesita (como sí necesitan el bebé y el niño), de fuentes externas que le proporcionen tales elementos, y más bien se vuelve capaz de proporcionárselos a otras personas.

Cuando aparece la persona del sexo opuesto con la que puede intercambiar, es decir, dar y recibir esos elementos, han aparecido el amor, la relación de pareja, y la posibilidad de una familia armónica.

Como el violento, la persona adicta o alcohólica tiene una lesión en la imagen interna de los padres, que hasta es sentida como dañada o "muerta".

El bebé, el niño, y luego el adulto en estas condiciones, experimentan por dentro el frustrante sentimiento de que la madre y el padre no lo aman ni lo aprecian, y una violenta exacerbación del odio destructivo contra tales imágenes, lo que las daña aún más, acentuando y agravando la sensación de algo "muerto" dentro.

El vacío interior se intensifica, se expande y se hace insoportable. Aparecen devastadores sentimientos de culpa, de desolación y de abandono.

Sumado a esto, la imagen interna de los padres no puede proporcionar desde dentro el amor, el cuidado, la compañía, la tranquilidad interiores que caracterizan la autoestima: ésta queda destruida, y ello es sentido por la persona no solamente como un no quererse, respetarse ni gustar de sí, sino sensaciones y sentimientos de parálisis emocional y odio contra sí mismo y contra los demás, lo que combinado con el vacío, la culpa, la desolación y el abandono conforma un estado interior desesperadamente insoportable.

El consumo de sustancias activas en la mente busca reducir ese estado interior y transformarlo, así sea de manera momentánea, en un estado de exaltación, grandiosidad y plenitud.

La droga y el alcohol vienen a ser, según esta comprensión, fuentes químicas externas, artificiales, de inflada y pasajera pseudoautoestima. En otro lenguaje, son fuentes químicas, externas y artificiales de narcisismo.

Las consecuencias de esta situación se agravan cuando, una vez que la persona ha empezado a consumir, y el efecto se extingue, se le hace necesaria cada vez una dosis mayor. Si no cumple con esa urgente y perentoria necesidad, la persona es invadida por una severa y desbordante angustia. Eso hace que el ciclo se perpetúe y crezca cada vez más, causando la adicción ya que necesita de una mayor dosis y también de una mayor frecuencia... ¡para mantener el mismo estado!

Contando con tales fuentes químicas externas y artificiales, el drogadicto y el alcohólico tienen por largo tiempo la convicción de que no necesitan ninguna clase de ayuda, al igual que se sienten perfectamente capaces de sobrevivir sin autoestima genuina y sin contactos afectivos y físicos significativos con personas reales.

Hasta que sobrevienen la devastación de la salud física o mental y las perturbaciones que deterioran los precarios vínculos humanos que hayan logrado establecer. Recién entonces aparece la motivación para consultar con un especialista o, con más frecuencia, la motivación de la familia para "llevar a rastras" al miembro afectado a que "lo curen".

Los drogadictos y los alcohólicos son brutalmente rechazados tanto por su familia como por la sociedad. Y las instituciones legales y comunitarias son a menudo despectivas y rudas con ellos, a veces hasta la crueldad.

Al haber encontrado una vía química "mágica" que lo conduce hacia el placer y la plenitud, el adicto actúa y realiza fantasías y anhelos (que mucha gente tiene) de satisfacción "mágica" de sus necesidades y la solución de sus sinsabores cotidianos.

Cualquiera que, como los drogadictos y alcohólicos, actúe abiertamente y obtenga satisfacción de esos deseos secretos, para los demás prohibidos, se convierte en un proscrito, ya que de algún modo ha denunciado, desafiado y controvertido los primitivos resortes de control social.

Esta es la razón, creo, por la que la sociedad contemporánea no ha abordado hasta ahora, de un modo racional, efectivo y causal el tratamiento y la prevención de las adicciones: la sociedad prefiere reprimir a los drogadictos y alcohólicos y, en el caso de los primeros, luchar contra la producción y el tráfico de sustancias ignorando las causas de la perturbación: no quiere saber nada ni tener nada que ver con la comprensión y auxilio real, curativo o preventivo para estas personas.

Sólo desea desembarazarse de ellas.

✳✳✳

Para hacer más comprensible la relación existente entre inmadurez emocional severa, trastornos de la estructura del carácter y consumo de sustancias psicoactivas, presentaré a continuación el contenido de una sesión de psicoterapia psicoanalítica con una persona afectada por una severa drogadicción.

Jairo tiene veinticinco años y es drogadicto desde los doce. Está en psicoterapia psicoanalítica individual cuatro veces por semana, y viene con su familia a sesiones de grupo familiar una vez por semana. Nunca ha tenido una novia y carece de amistades. Tiene relaciones sexuales esporádicas, sólo con prostitutas.

Esta sesión tiene lugar a mediados de su segundo año de psicoterapia. Comienza diciéndome que la sesión pasada le cayó muy bien porque yo lo ayudé a poner en claro ciertas situaciones familiares en las que él descubre cómo, con sus actitudes, moviliza en contra de él a su padre y a su madre, a quienes, dice, "inoculo para que actúen contra mí".

Continúa diciendo que "se me hizo claro que si mi padre me molesta todo el tiempo empujándome y forzándome a venir donde usted, es porque yo lo estimulo no viniendo y adoptando la pose despectiva y altanera de 'yo no quiero ir, no me interesa'. Es verdad, yo lo hago estallar también no respetando el acuerdo del dinero, exigiendo más y más. También aumento el pánico de mi madre a que yo venda cosas para comprar droga cuando le pido 'inocentemente' que me preste el radio o la calculadora".

Luego de una pausa añade: "Ya no estoy en basuco, pero mi madre teme todo el tiempo mi recaída. Y un síntoma de recaída siempre puede ser el pedir un artefacto que pudiera ser vendido. Y ella reacciona con inseguridad y agresión. Yo pongo el detonante, ellos la dinamita y ¡buumm!, viene la explosión".

Hay un corto silencio. Jairo dice: "Me hago daño a mí mismo tratando de dañarlos a ellos como yo siento que me han dañado a mí. Y yo determino que ellos me dañen. Sí... y eso no conduce a nada, sino a interferir en mi maduración".

Yo le digo que él pone una parte suya, que él siente mala y agresiva, en sus padres. Entonces los ve a ellos como malos y agresivos. Luego los manipula para que reaccionen contra él. Cuando efectivamente lo hacen, siente que se confirmaron sus sospechas, y que realmente son malos y agresivos. Ahora, ha empezado a darse cuenta de que en realidad los desafía y los provoca. Cuando ellos reaccionan atacándolo y frustrándolo, eso incrementa su furia y su agresión y los ataca aún más. Un círculo vicioso del que está empezando a tener conciencia.

Jairo responde que sí, que también lo ve así, y expresa una conjetura personal: ahora siente con claridad que quiere dañarse, que se odia a sí mismo y por eso hace lo posible por dañarse.

"Por eso me coqueo y me emborracho. Y antes lo del basuco. Veo que me hago daño porque me odio y para tratar de dañar a mis padres. Y al mismo tiempo, los manipulo contra mí para que me ataquen y me dañen más aún. Parece que no me basta con dañarme con mi odio por mí, y con droga, sino que además necesito manipular a mis padres para que me dañen".

Otro silencio. Expresa su sentimiento de que ha hablado demasiado, y que le es difícil seguir. "Pero creo que he avanzado", añade.

Yo asiento.

Otro silencio. Se angustia, veo que desea decir algo y se contiene. Finalmente rompe a llorar y dice: "Es que además los quiero. Los quiero mucho. Yo no sé qué voy a hacer. ¿Cómo puedo entender que amándolos así, quiera dañarlos? ¿Sólo para que me hagan daño porque me odio? ¡Me parece insoportable!"

Señalo que además del deseo de manipularlos para que lo dañen, debe existir dentro de él mucha cólera contra ellos, mezclada con el amor que les siente.

Responde que efectivamente, siente mucha cólera contra ellos, especialmente contra la madre, desde pequeñito. Añade: "Ahora hay un ataque repetido de ellos contra mi intimidad, pero desde siempre me cortaron la independencia, forzando a que yo sea un inútil y a que dependa de ellos para todo. Mi madre siempre ha hecho eso. Siempre me decía: 'No Jairito, deja eso, yo lo hago por ti, tú no puedes' todo el tiempo, aun cuando yo ya era un muchacho grande. Y eso de culpabilizarme. Siempre yo era el malo, el culpable de todo. Yo era el culpable de las peleas entre ellos especialmente. Siempre uno de los dos me sacaba en cara que por mí se peleaban. O los dos.

"(Silencio) Recuerdo el incidente del trencito eléctrico. ¡Ahhhh...!, mi madre siempre me ha hecho pasar unas vergüenzas.

"Me avergonzó como un diablo ante la gente en un almacén. Yo le pedí un trencito eléctrico buenísimo que había en la tienda, y ella se negó, diciendo que era cosa para millonarios. ¿Por qué, siendo nosotros gente de plata, teníamos que comprar siempre sólo cosas corrientes? Yo siempre quiero cosas finas y caras. Y mi madre me ha hecho pasar vergüenzas toda la vida, doctor...".

Yo comento que él siente que la mamá (y también el papá) le han hecho sentirse desvalorizado desde niño, que siente que le han hecho sufrir innecesariamente. Añado que siente que durante toda su vida ha tenido que soportar graves sufrimientos y un permanente dolor emocional. Por ello ahora su actitud es como una mezcla de odio contra sí mismo y una venganza inconsciente, que lo lleva a querer dañarlos y, por sentimientos de culpa que intensifican el odio contra sí mismo, dañarse.

Todo lo cual lo hace sentir mayor sufrimiento y dolor.

Jairo responde que siente fuertes impulsos de irse, y comprende que es como un rechazo a la comprensión: está demasiado acostumbrado al caos. El orden y la comprensión lo angustian.

Añade: "Pero esta idea de que lo que quiero es acabar con ellos y conmigo... me parece muy interesante".

Yo le comento que el impulso a irse incluye una fantasía de acabar conmigo, desapareciéndome de su vista. Un deseo de protegerse de la angustia que le ocasiona comprender, y un deseo de impedirme que yo no lo deje acabar con él mismo. Un esfuerzo de esta persona por acabar con el esfuerzo del terapeuta y de él mismo por impedirle dañarse y por madurar.

Responde que no lo sabe, que lo va a pensar. Pero que lo que ve no es sólo una autoestima baja, sino un alto deseo de autodestrucción y autodesprecio. "Siento como algo activo contra mí mismo dentro de mí".

Con esto, termina la sesión.

Como puede verse, Jairo consigue tomar conciencia de que lo que se oculta detrás de su adicción, y también lo que se oculta detrás de sus conflictos con sus padres, es la intención de destruirse.

Sus padres internos están tan dañados, "muertos" se podría decir, que él siente que su único alivio, fuera de drogarse, pudiera ser el lograr que alguien lo destruya a él.

El consumo de droga tiene pues, en Jairo, un triple significado:

✓Intentar aliviar su incalculable sufrimiento interior, suministrándose algo exterior, una fuente química, artificial, de bienestar, ya que la fuente interior de autoestima está dañada;
✓atacar a sus padres; y
✓atacarse a sí mismo procurando destruirse.

Por otro parte, se ve la división de su ser interior: por un lado odia a sus padres, los quiere destruir y quiere movilizarlos para que ellos lo destruyan, pero, al mismo tiempo y por otro lado los ama y se siente enormemente culpable por odiarlos.

Lo uno no puede influir sobre lo otro ya que, al menos por el momento, no hay posibilidad de integración, es decir, de que los contenidos de un lado amoroso del ser interior pasen al lado del odio y lo atenúe. Sufre ambas cargas emocionales por separado, sintiéndose indefenso ante ambas. El amor que siente por los padres no sirve de nada para atenuar su odio.

El consumo de droga es un momentáneo, pero a la larga fallido intento de rellenar el desesperante vacío y calmar la horrible ansiedad y dolor psíquico y la devastadora culpa que le agobian, especialmente por causa del odio contra los padres y por la abrumadora pérdida de la autoestima, sustituida ahora por un casi convulsivo odio contra sí mismo.

La enorme desvalorización le permite usarse a sí mismo para intentar dañarse y de paso para sus intentos de afligir y dañar a sus padres.

Las actitudes de narcisista y desafiante autosuficiencia, y las exigencias descaradas y altisonantes, como la afirmación de que "siempre desea sólo cosas finas y caras" (a pesar de que no hace el mínimo esfuerzo por ganarse la vida), son intentos desesperados por revertir, compensar y disimular la desmesurada desvalorización, el cataclismo de la autoestima.

Él no puede ver aún que la devastadora vergüenza que lo agobiaba de niño y lo agobia hasta ahora, es en gran parte el resultado de dicha desvalorización.

Sin embargo, es claro que Jairo ha iniciado un proceso de mejoría cuando comprende que está movilizando ("inoculando", dice él acertadamente) a sus padres para empujarles contra él, para obligarlos a que lo ataquen y lo dañen. También cuando admite que intenta dañarse a sí mismo no sólo con su odio hacia él mismo y hacia ellos, sino también mediante su consumo.

Empieza también un proceso de comprensión del origen de las frustraciones infantiles (por causa de actitudes inconvenientes de la madre y también del padre) que lo llevaron a la desvalorización. En este proceso hará falta más adelante una etapa en la que Jairo comprenda que las actitudes inconvenientes de la madre y del padre se remontan no a la etapa del niño como él por ahora recuerda, sino a actitudes inconvenientes durante la etapa del bebé.

Ese proceso culminará cuando, luego de comprender lo que ocurrió, pueda empezar a experimentar el perdón hacia sus padres por las actitudes inconvenientes, y también hacia sí mismo por el odio vengativo que lo agobia, probablemente desde sus primeras semanas de vida.

La comprensión de Jairo en esta terapia se enriquece cuando consigo mostrarle, a raíz de sus deseos de huida de la sesión que, como a sus padres, a mí también trata de eliminarme, e impedirme que lo ayude.

***

Veamos ahora una sesión de psicoterapia psicoanalítica de grupo familiar con un miembro drogadicto. Con la esperanza de incrementar la comprensión acerca de este problema, quisiera presentar el resumen de esta sesión de psicoterapia psicoanalítica con el grupo familiar de Jairo, la misma persona de la que acabamos de hablar.

Se podrá apreciar a lo largo del desarrollo de la sesión, cómo cada miembro de esta familia presenta, de distintas formas que el miembro drogadicto, la tendencia a defenderse de sus ansiedades "metiendo" algo dentro de ellos.

Jairo, como ya sabemos, es "el miembro afectado del grupo ". "Mete" cocaína y antes "metía" cantidades improbables de basuco.

Una de las hermanas "mete" comida, especialmente dulces, y está obesa.

La otra hermana "mete" uñas, que se come ávidamente durante todo el día hasta sangrar, acto que repite dentro de la sesión.

La madre permanece enferma, especialmente "de los nervios", y "mete" permanentemente toda clase de medicamentos que ella misma se formula.

El padre es alcohólico, y el incidente de glotonería que se visualiza en la sesión ejemplifica su tendencia a "meter" toda la comida que puede, y aun la que no puede.

A esta sesión asisten Jairo, sus dos hermanas y el padre. La madre está ausente.

El padre da inicio a la sesión diciendo que su esposa no viene hoy, ya que está en cama con colitis, fiebre y un severo ataque de "nervios".

Después de un silencio, y en una actitud de franco reproche, declara que ayer hubo un problema con Jairo. Le pregunta si él mismo quiere contarlo. Jairo, en actitud desafiante, dice: "Claro, lo que tú quieres es que yo diga que me saqué una grabadora de la casa y la empeñé para pagarle a una prostituta. Es que... necesitaba una mujer... y yo estaba borracho y coqueado..."

El papá responde que le parece una conducta gravísima, un retroceso en la terapia, ya que Jairo había mejorado bastante.

Añade que le parece una conducta amenazante y peligrosa, y que sería terrible para él y para la mamá que hubiese que volver a lo de antes, a tener todo bajo llave.

Mientras el papá habla, la hermanas obesa saca un puñado de dulces de su cartera y empieza a engullirlos con ansiosa avidez.

Jairo dice que reconoce su responsabilidad, y relata que hace dos días tuvo una comprensión acerca de sí mismo. Se refiere a la diferencia que percibe entre unos momentos en que se siente centrado, un poco más centrado que antes, en que no se siente todo el tiempo culpable de todo, y otros en que se siente como loco, descentrado, compulsivo y enormemente culpable.

Añade que él consume coca (en otro tiempo consumía basuco) sólo cuando se siente loco, y expresa que se acercó al papá para contarle ese, para él, importante descubrimiento de diferenciar los dos estados, y el papá le dijo que se dejara de filosofías estúpidas y que más bien fuera a tratar de recuperar la filmadora que había sacado y empeñado hacía seis meses.

Finaliza diciendo que no sólo sintió la indiferencia del padre hacia los logros que había alcanzado en la tarea de comprenderse, sino que se sintió insultado. En ese momento, levantando la voz, le gritó al padre que si no se había dado cuenta que hacía meses que no robaba para comprar droga y que estaba "metiendo" mucho menos y más esporádicamente que antes.

El padre hizo un gesto desestimando el incidente, e insistió en que "lo que hemos venido a hablar aquí son los hechos, no las filosofías. Y hay que contar los hechos. ¿O prefieres que me calle?"

Jairo respondió: "No, no, al contrario, yo venía a plantear eso, a conversarlo y a entenderlo. Porque no quieres aceptar que hay algo positivo en mí ahora y es que, debido a toda esta psicoterapia, estoy empezando a entender cómo funciono yo por dentro, y creo que eso me va a curar.

"Pero a ti no te importa que me cure, lo único que te importa que no los moleste... Yo sí creo que si me puse loco otra vez, es porque tú no me quisiste escuchar, ridiculizaste mi logro y encima me insultaste".

Mientras Jairo habla emocionado y ansioso, la hermana de los dulces continúa devorándolos con avidez y la otra hermana ha empezado a morderse furiosamente las uñas.

El padre replicó: "Yo no veo nada positivo en eso que tú llamas comprensión. ¿Para qué sirve si no has dejado de robar?"

Yo comenté que me parecía que el papá no había escuchado bien a Jairo y no había captado la secuencia de los acontecimientos: Jairo estaba mejor, descubrió algo realmente importante para la comprensión de él mismo, quiso comunicárselo, lo rechazó, y al día siguiente Jairo se perturbó otra vez como antes.

El padre me respondió que sí le parecía importante eso, pero insistió en que más importantes eran los hechos. "Los hechos por sí mismos, sin embolatarlos con comprensiones, doctor Cantoni. Porque los hechos tienen su importancia, ¿o no?"

Jairo intervino otra vez para defender su punto. Los hechos eran importantes, pero no había que descartar las comprensiones. "Los hechos, expuestos sin comprensión, sólo pueden ser usados para atacar o defenderse".

Y continuó: "El hecho es que durante los meses pasados me había puesto tan mejor... Y antes de ayer me derrumbé después de esa conversación contigo, Y ayer hice locuras, me arrepiento tanto..." (llora).

Yo confirmé que Jairo había estado considerablemente mejor, no sólo por su disminución del consumo, de casi seis meses, sino principalmente por importantes modificaciones en su carácter y en su capacidad de verse a sí mismo.

El padre asiente y dice que, efectivamente, lo había visto mejor.

Pregunté a la familia qué relación adviertían entre lo que estábamos analizando y el incidente de los cuatro platos de cocido.

Habíamos analizado ese incidente en una sesión de la semana anterior: don José, el padre, culpabilizaba insistentemente a su esposa porque ella había hecho preparar un cocido muy corriente y grasoso para los empleados de la casa.

Don José, después de comerse cuatro platos del potaje, se había enfermado seriamente del estómago, y acusaba con amargura a su esposa por haber hecho preparar semejante comida.

Las acusaciones y quejas menudeaban a pesar de que yo intentaba hacerle notar a él que no asumía su responsabilidad, ya que era él quien había consumido el guiso en exceso por iniciativa propia, y que la esposa no lo había forzado a comer, y menos en esa cantidad.

Yo le señalaba que su actitud era la de un infante, o más bien la de un bebé incapaz de controlar su voracidad, y que aunque sabía que le iba a hacer daño insistía en comer en exceso, ya que además del alcoholismo crónico, padece de úlcera péptica.

Lo curioso y revelador de este incidente fue que durante aquella sesión la esposa trató de echarse la culpa por lo ocurrido, y cuando le insinué que con su actitud estimulaba a su esposo a funcionar y comportarse como un bebé que no se responsabiliza, se echó a llorar amargamente, continuó haciéndolo durante el resto de la sesión y salió de la misma llorando.

Jairo, que recordaba muy bien ese momento, contó que llegaron a casa esa noche y la mamá continuó llorando, y que aún al amanecer podía escuchar sus desesperados gemidos y sollozos. Al día siguiente se declaró enferma y permaneció en cama por dos días.

El papá en ese instante nos tachó a todos de exagerados, y trató de convencernos de que el llanto de la esposa era "pura histeria" y no tenía nada que ver con que él, como padre, asumiera o no su responsabilidad.

Decidí intervenir para recordarles que unas pocas semanas atrás habíamos analizado con toda la familia el hecho de que el padecimiento emocional de Jairo era una reacción de él para intentar invalidarse y así quedarse en casa sin hacer su propia vida (a pesar de tener ya veinticinco años), en un esfuerzo por cuidar de su padre, que se sentía permanentemente abandonado por la, según el padre y el hijo, inútil esposa, que no lo cuidaba ni afectiva ni domésticamente.

En ese momento, la hermana que se comía las uñas intervino para recordarnos que en diversas oportunidades habíamos estado de acuerdo en que Jairo, con sus problemas y su adicción, era como el encargado de sostener un dique resquebrajado que impedía que toda la familia quedara lesionada.

La otra hermana interrumpió su voraz consumo de dulces para expresar conmovida que "lo que más tememos en la familia es que mi mamá, o peor, mi papá se depriman y enloquezcan. Yo sí creo que si Jairo llegara a mejorarse, de veras mi mamá se va a enfermar. O peor, mi papá".

Interpreto que lo que pasó los días anteriores fue que el papá de Jairo desvalorizó y descalificó los avances de su hijo por un temor inconsciente de que la mejoría de éste progresara.

Y que por otro lado, la "recaída" de Jairo al apoderarse de la grabadora y demás era no sólo una reacción de venganza inconsciente contra el papá que se negó a reconocerlo, sino un intento de estremecer a la mamá y sacarla de la depresión en la que se había sumido ante mi esfuerzo por lograr que don José abandonara su posición de bebé y asumiera su responsabilidad por el incidente del cocido: ella necesitaba echarse toda la culpa para intentar "aliviar" al esposo, y mi esfuerzo había desbaratado su intento.

Mi interpretación apuntaba a mostrar cómo los miembros de la familia intentaban "proteger", cada uno a los otros, de la posibilidad de un cambio que sería sentido por todos como amenazante.

El padre reaccionó comprendiendo; aceptó que realmente temía deprimirse, perder el control y dejar su importante cargo, lo que sumiría a toda la familia en la escasez económica y en el escarnio social.

El padre añadió que no sólo él tenía ese temor, sino que Lucía, su esposa, había estado muy sensible a la depresión y el descontrol, especialmente porque una amiga suya la había aleccionado contra la psicoterapia, advirtiéndole que ésta consistía solamente en una abusiva acusación de la familia y del doctor Cantoni en contra de ella.

Una de las hermanas comentó que "desde luego la terapia es todo lo contrario", y usó como prueba que, cuando el incidente del cocido, el papá trataba de incriminar a la esposa y el doctor Cantoni le mostró su responsabilidad al papá.

El papá se quejó de que no obstante eso, la mamá todavía creía a ciegas en las afirmaciones de la amiga y que sospechaba del doctor Cantoni.

Yo comenté que al parecer doña Lucía, lamentablemente ausente en esta sesión, repetía conmigo su posición de víctima, y creía que yo la hacía objeto de acusaciones del mismo modo que la hacían objeto de acusaciones el esposo y el hijo.

Los miembros de la familia estuvieron de acuerdo con que eso era así, y que la mamá efectivamente reaccionaba conmigo como con los demás miembros de la familia.

A raíz de eso, empezaron a preguntarse si no sería que entre ellos ocurría lo mismo: que no existieran verdaderos cargos de unos contra otros y de todos contra Jairo, sino que se tratara de acusaciones sin base, originadas en los propios sentimientos de culpa de cada uno y en la necesidad de todos de buscar "chivos expiatorios".

La terapia concluyó con un comentario mío de que algunos de los miembros de esa familia –que se sentían injustamente acusados, y que en el fondo ninguno se le medía a asumir una verdadera responsabilidad por su propia contribución a los problemas– estaban empezando a cuestionarse, a cuestionar sus acusaciones y a intentar mirar dentro de sí mismos y descubrir cuál era su propia contribución a los problemas.

Capítulo 29

El narcotráfico, la narcopolítica y la política antinarcóticos

La abrumadora y creciente necesidad de fuentes químicas, artificiales, de bienestar y placer que cada vez más personas experimentan, ya que sus fuentes interiores de autoestima están dañadas, abre un gigantesco y ansioso mercado de consumo.

Una reacción de pánico por el peligro que ese consumo representa para la salud pública, impulsa a las autoridades a establecer la represión: abundan toda clase de prohibiciones y sanciones nacionales e internacionales a la producción y comercialización de tales sustancias. Tal represión da lugar a una lucha que ya es una guerra: "la guerra contra el narcotráfico".

La ausencia de ética y de escrúpulos, la amoralidad y la corrupción, la propensión a la violencia, la criminalidad y la impunidad campante, son factores psicológicos (aparte de los sociales, políticos y económicos) que permiten la aparición de "negociantes" (traficantes) perfectamente deseosos y capaces de abastecer el ansioso mercado.

La guerra entre las autoridades y los narcotraficantes se intensifica y se vuelve despiadada, teniendo como uno de sus efectos colaterales que los precios de las sustancias puestas en la calle, se disparen en proporciones más que astronómicas.

Las ganancias de los narcos se vuelven incalculables, lo que no solamente es una gran motivación desde el punto de vista económico, sino que les permite sentirse cada vez más grandiosos y omnipotentes: entre los narcotraficantes, la problemática psíquica de desvalorización del ego encuentra una fuente asombrosa de compensación.

En efecto, las extraordinarias cantidades de dinero, así como el poder, la adulación y la capacidad de atemorizar y aterrorizar que esta actividad conlleva les permite experimentar a niveles casi increíbles, la grandiosidad y el poder narcisista.

Para un narcotraficante, la pérdida de su dinero y su poder significaría precipitarse en la más grave, dolorosa y autodestructiva forma posible de la depresión, frecuente causa de suicidio.

Así, para esas personas perpetuar su "negocio" y luchar con cualquier arma para salvarlo y sacarlo adelante no es una simple cuestión de riqueza material, sino un asunto de vida o muerte.

✳✳✳

La narcopolítica o la utilización electoral de "dineros calientes". El político inescrupuloso es un ser con una problemática psíquica similar a la del narcotraficante, pero con un agravante: a la profunda desvalorización del ego, se suma la necesidad de mantener y resaltar las apariencias de respetabilidad (necesidad que el narcotraficante con frecuencia no tiene). Esto lo lleva a buscar el poder político y a perpetuarse en él luchando, como el narcotraficante, con cualquier arma para salirse con la suya.

De esta manera, el "narcopolítico" recurre, gustoso o tembloroso, a los llamados "dineros calientes", para de esa forma obtener la posición de poder que necesita con el fin de experimentar la grandiosidad, el poder narcisista y la apariencia de respetabilidad que le permiten compensar la desvalorización.

El "narcopolítico" no está interesado en representar a sus electores y menos en gobernarlos conduciéndolos hacia el bienestar comunitario. No. Su único propósito es alcanzar y perpetuarse en la posición que lo encumbra narcisistamente y le permite "ejercer el poder por ejercerlo", es decir, por cosechar adulación, alabanzas, elogios, notoriedad pública, "respetabilidad", prebendas, facilidades y también, cómo no, dinero para incrementar su poder político, y acumularlo para no perder (demasiado) poder cuando salga del poder. O cuando lo saquen.

***

La esterilidad de la actual política antinarcóticos. Este es otro ángulo del delicado problema de la droga, es decir, lo que los gobernantes hacen o dejan de hacer para resolver el problema de las sustancias psicoactivas.

Ya hemos visto una de las cosas que los gobernantes hacen: legislar y ejecutar la represión, las prohibiciones, las sanciones y finalmente la guerra.

Ciertos analistas políticos y sociales afirman que las autoridades (no los "narcopolíticos", aunque también ellos, por qué no) luchan contra el narcotráfico (aquí, y principalmente allá) no tanto por pánico a las consecuencias del consumo en la salud pública sino principalmente para mantener en sus alturas astronómicas los precios de la "mercancía" en las calles, precios que les permiten extorsionar, mediante el chantaje y la recepción de sobornos, por punta y punta, tanto a consumidores como a narcotraficantes.

Y ello, según los mencionados analistas, en todos los estratos.

La cosa iría desde la modesta pareja de policías que patrulla un misérrimo callejón de Detroit y chantajea por un puñado de dólares tanto al andrajoso *yonker* que se arrastra dopado por el pavimento, como al *pusher* o al *dealer* del barrio, hasta el encumbrado político (de aquí y de allá) que recibe algunos millones de dólares para su campaña electoral, o simplemente para agrandar la piscina de su *chalet* y comprarle un anillo de brillantes más grande a la esposa, que, así, hará la vista gorda frente a la nueva rubia platinada de voz chillona y abultados senos que su poderoso marido acaba de "adquirir" mediante otro brillante, tal vez más grande aún.

Los analistas que sostienen esta perspectiva del problema, aseguran que levantando las prohibiciones y sanciones, es decir, legalizando la producción y comercialización de sustancias psicoactivas, los precios al consumidor caerían a tal punto que el narcotráfico dejaría de ser rentable (o al menos se volvería menos rentable que ahora) y el problema tendería a disminuir las proporciones devastadoras que actualmente tiene.

Es posible. Como no soy analista político ni social, sino médico y psicoterapeuta psicoanalítico, puedo permitirme decir que no lo sé.

Tampoco sé si la actual "guerra contra el narcotráfico" puede llegar a ser eficaz, aunque como simple ciudadano observador de la realidad, veo que el problema tiende más bien a empeorar no sólo en términos de tráfico y consumo, sino de criminalidad, otra de sus terribles consecuencias.

Lo que sí sé es que, con legalización o sin ella, es muy factible reducir considerablemente la demanda posibilitando una toma de conciencia en madres y padres para mejorar las actitudes y conductas de crianza y educación de bebés y niños, así como las de guía de adolescentes, mediante iniciativas de educación, prevención y promoción de la salud emocional.

Aplicando estas iniciativas, empezaría a mediano plazo un progresivo debilitamiento de la demanda, al punto que el negocio del narcotráfico dejaría de ser rentable por sustracción de materia: un número cada vez menor de adictos harían volverse cada vez menos atractivas las ganancias, lo que pondría a los narcotraficantes a buscar su dinero (y la satisfacción de su narcisismo) en otro negocio.

Eso permitiría también una legalización poco traumática del mercado de la droga, sin criminalización y sin sentimientos de culpa, a la decreciente cantidad de adictos que aún quedasen.

Tercera parte
Prevención

Capítulo 30

Ideas y fundamentos para proyectos de campañas de educación

EN COMPRENSIONES Y TÉCNICAS PARA LA CRIANZA Y EDUCACIÓN DE BEBÉS Y NIÑOS Y CAMPAÑAS DE PREVENCIÓN Y PROMOCIÓN DE LA SALUD EMOCIONAL EN LA COMUNIDAD

He ofrecido un amplio conjunto de comprensiones, sugerencias y herramientas emocionales e instintivas acerca de la crianza y la educación de bebés y niños. Ese conjunto de elementos desde luego se hace aplicable por quienes lo lean, a la crianza y educación de los propios hijos.

En algunos casos los lectores con más iniciativa podrán promover algunas acciones de carácter psicosocial en los grupos de su comunidad usando estos lineamientos.

Pero... ¿cómo podría lograrse que un alto porcentaje de la gente, especialmente quienes tienen poco o ningún acceso a lecturas como ésta, críen y eduquen mejor a sus bebés y niños de modo que pudiese disminuir la incidencia de los problemas que analizamos en la primera parte, a nivel de la población general?

En otras palabras, ¿qué puede hacerse a nivel de la comunidad para evitar, aunque sea en parte, la inmadurez emocional severa y los trastornos de la estructura del carácter, así como de sus graves consecuencias psicosociales, la crisis de los valores, la violencia, las adicciones, y la desavenencia conyugal y familiar?

A nivel de la comunidad se pueden hacer:

✓Campañas de educación en comprensiones y técnicas para la crianza y educación de bebés y niños.
✓Campañas de prevención y promoción de la salud emocional.

Ambas iniciativas implican la educación masiva de los padres en los lineamientos de una saludable crianza y educación de sus bebés y niños.

Considero necesario repetirlo: la inmadurez emocional severa y los trastornos de la estructura del carácter, están en aumento, al punto que son corrientemente denominadas en los ambientes especializados "las enfermedades de la época".

Lo mismo se puede decir de la crisis de los valores, la corrupción, la violencia, las adicciones, y la insatisfacción conyugal y sexual.

Es mi convicción que la psicoterapia psicoanalítica, saliéndose un poco del marco de la consulta privada, de la investigación científica y del desarrollo de técnicas psicoterapéuticas cada vez más eficaces pero accesibles sólo a unos pocos, puede contribuir a enfrentar y mejorar la situación psicosocial que nos agobia mediante el suministro de lineamientos científicos a las iniciativas y políticas estatales y privadas tendientes a la educación masiva de los padres, a la prevención y a la promoción de la salud emocional.

¿Cómo podría hacerse esto?

Aportando ideas y fundamentos para la gestación y construcción de campañas que contribuyan a aumentar el conocimiento, la comprensión y el control que la población tenga del cómo y el porqué se desarrollan la inmadurez emocional severa, los trastornos de la estructura del carácter y sus consecuencias, la tendencia a las transgresiones éticas y a la corrupción, la violencia, las adicciones y la desarmonía conyugal y familiar.

Desde el punto de vista de campañas de educación a los padres para el trato con sus bebés y niños, la primera idea sería la difusión masiva de textos divulgativos que serían como un fundamento para el siguiente paso, las campañas de prevención.

¿Qué tengo en mente como herramientas de prevención y promoción de la salud emocional para abordar los problemas expuestos en este libro?

Lo que sigue de este capítulo está destinado a esbozar algunas ideas y fundamentos acerca de lo que pudiera hacerse en esa dirección, mediante el ofrecimiento de una síntesis de lo que podrían ser los contenidos de una campaña de prevención y promoción en salud emocional comunitaria con un soporte científico, basado en las comprensiones enunciadas aquí, y en otros libros que traten estos y otros temas afines.

Esta campaña comprendería mensajes y estímulos dirigidos a:

> ✓las madres y los padres de bebés y niños,
> ✓la pareja, especialmente en lo que se refiere a sus funcionamientos sentimentales y sexuales, y
> ✓la familia como un grupo.

También incluiría mensajes y estímulos destinados a la comprensión y aborde de la crisis de los valores y la corrupción, la violencia y la drogadicción como problemas originados en la relación de bebés y niños con sus madres y padres, y también en el marco de relaciones distorsionadas y distorsionadoras de pareja y de familia.

Tal como las he pensado, estas campañas presentarían un cimiento científico, fundado en el conocimiento psicoanalítico de las causas de fondo de los problemas aludidos, como han sido esbozadas a lo largo de este libro.

Este texto pretende ser una contribución a hacer posible un comienzo racional, científico, de tales iniciativas y acciones.

¿Comienzo racional y científico de tales iniciativas y acciones? ¿Es que la aplicación racional y científica de tales iniciativas y acciones no ha empezado ya? Veámoslo.

***

Los enfoques tradicionales, sintomatológicos. Sucede que los enfoques tradicionales para educar y hacer prevención de la salud emocional en la comunidad, además de ser escasos y débiles, no han puesto su atención en las causas científicamente detectadas de los problemas, sino en los síntomas o manifestaciones externas de los mismos, instando a las madres y a los padres a desalentar y reducir dichos síntomas en ellos mismos y en los hijos mediante la mera información, el atemorizamiento o el aleccionamiento.

Las personas que orientan estos enfoques, o ignoran cómo hacerlo, o simplemente se abstienen de motivar a las madres y a los padres para que intenten modificar las causas de los mencionados problemas mediante la posibilidad de promover un cambio en las actitudes y conductas con las que crían y educan a sus bebés y niños.

También considero posible que las personas que orientan estos enfoques simplemente ignoren las causas de los problemas, o que, por falta de formación científica, confundan síntomas con causas.

Además de lo anterior, es visible que, a nivel social, predominan ciertas condiciones que permiten la existencia de acciones contradictorias y distorsionadoras que impulsan y agravan el deterioro de la salud emocional y social.

Todos los días podemos ver ejemplos de algunas de tales acciones contradictorias. Veamos uno: mediante sus órganos periodísticos, radiales y televisivos, y por razones comerciales y psicológicas que serán analizadas en el capítulo correspondiente a los "medios de masa" ofrecen informaciones y exhiben escenas que contribuyen a exaltar la violencia, estimular las adicciones y las trasgresiones éticas, y a hacer parecer naturales y hasta "de moda", el sufrimiento conyugal y familiar, la insatisfacción sexual y los conflictos de toda clase.

Al mismo tiempo, el gobierno de turno intenta tímidas "campañas" sugiriendo, casi rogando por la paz, la armonía, la ética, la transparencia y la honestidad, invocando débilmente el patriotismo, la democracia y la libertad.

La contradicción, si no fuese trágica, sería ridícula. Al respecto, aún estamos lejos de una actitud razonable y adulta de los medios de masa.

Además, valores como el patriotismo, la democracia y la libertad no pueden ser invocados para pedir de ellos que fomenten algo.

Al contrario, se hace necesario enriquecer tales valores dándoles alimento, cultivo, abono mediante acciones concretas, psicológicas y psicosociales, de modo que puedan funcionar como nortes o metas de una comunidad.

En síntesis, a la escasez de planes, programas y campañas educativas y de prevención con una base científica se suman las condiciones sociales que promueven toda clase de situaciones contradictorias y el deterioro de la salud emocional y social, no causado por los medios de masa, pero en el que sí toman parte.

Todo esto incide en un catastrófico aumento de la frecuencia de estos problemas en la comunidad.

✳✳✳

Como vimos, el cimiento científico está por lo general ausente en las campañas tradicionales, las que se asientan por lo general en las buenas intenciones y en el sentido común de los organizadores.

Teniendo en mente que "el infierno está empedrado de buenas intenciones" y que "el sentido común es el menos común de los sentidos...", analicemos de qué están hechas las campañas tradicionales.

Las campañas tradicionales son de tres clases:

✓ *Campañas informativas.* Ofrecen datos alentando la lactancia materna y el buen trato a los niños; informan sobre la incidencia de problemas familiares, así como sobre las drogas en sí, su aspecto, modos y síntomas de uso; y reseñan los esfuerzos del gobierno para reprimir su comercialización y consumo. Desaconsejan la violencia y hacen melancólicos llamados a la paz, a la concordia, a "no dejarse coger por la droga" y a la conducta ética. Casi no existen campañas para fomentar una adecuada relación afectiva entre los padres y los hijos, y menos para prevenir la desavenencia conyugal y la insatisfacción sexual.

✓ *Campañas atemorizadoras.* Propagan imágenes sobre las temibles consecuencias de la violencia y de la ausencia de ética, así como sobre los espantosos efectos del consumo de drogas y alcohol en la salud física y emocional del adicto. No contienen el menor asomo de comprensión del cómo y porqué de estas perturbaciones.

✓ *Campañas ejemplarizantes.* Sugieren enfática y esperanzadamente la paz y el respeto por la ética, la pareja y la familia, ofreciendo optimistas imágenes aleccionadoras y proponiendo conductas saludables y respuestas adecuadas a los estímulos de la corrupción, la violencia y la droga.

¿Qué deficiencias podemos detectar en estas campañas? Veamos.

La primera deficiencia es que la mera información acerca de estos problemas es contrapreventiva, ya que genera ansiedad y curiosidad morbosa que pueden, más que prevenir la falta de ética, la violencia, las adicciones y la transgresión de los valores, incluyendo los conyugales y familiares, inducirlos.

La segunda deficiencia consiste en que, igualmente, la mera información no produce modificaciones en las actitudes y conductas de los miembros de la comunidad, y quienes no reciben el acto de informar con ansiedad y curiosidad morbosa, lo hacen indiferente y despectivamente.

Para modificar actitudes y conductas, a falta de un tratamiento psicoterapéutico, se requiere de técnicas educacionales y preventivas que provoquen un impacto emocional modulado y suficiente en el público, promoviendo intensas comprensiones afectivas y adecuadas movilizaciones instintivas.

La tercera deficiencia es que el mencionado impacto emocional tampoco es logrado por las campañas atemorizadoras ni por las aleccionadoras. Las campañas atemorizadoras pueden ayudar a apartar de las transgresiones de la ética, de la violencia y del consumo de drogas a unos cuantos individuos más o menos saludables psicológicamente, pero quienes presentan rasgos de inmadurez emocional severa o trastorno de la estructura del carácter pueden ser más bien inducidos y empujados por las campañas atemorizadoras a "desafiar al sistema" y a "salirse con la suya" incurriendo en las conductas que la campaña desearía desalentar.

Algo así como "vean, esto tan horrible que le pasa a otros, yo lo puedo controlar". Un paroxismo narcisista.

La cuarta deficiencia se relaciona con el hecho de que las campañas aleccionadoras, así como las atemorizadoras no ofrecen una comprensión de cómo y porqué ciertos individuos alcanzan una conducta ética, pacífica, de armonía conyugal y familiar, de adecuación sexual y de optimista rechazo a la adicción ("no gracias... ¡prefiero vivir!"), mientras que otros caen en las garras de la perturbación psicológica, el vacío ético, la violencia y las adicciones.

Al no aclarar cómo se alcanza la conducta armónica, estas campañas generan ansiosos interrogantes y temores de no poder alcanzar la apetecida *performance*. Esta ansiedad y temores pueden agravar trastornos en la vida de pareja, de familia y de comunidad, completar la devastación de la ética personal, y añadir motivaciones que induzcan a la violencia y a las adicciones.

La quinta deficiencia es que al no actuar sobre las causas de fondo de las perturbaciones, sino sobre los síntomas de las mismas, las tres clases de campaña envuelven la problemática en un halo de misterio y temor reverencial.

La droga se vuelve un "espectro", un "fantasma", la violencia, la crisis de los valores y la corrupción unos "monstruos", unos "enemigos públicos" contra los que hay que luchar pero no se sabe cómo ni con qué medios.

Por otro lado, la pareja y la familia son descalificadas por muchos "expertos" como "instituciones obsoletas" de las que hay que prescindir. Por si fuera poco, otros "expertos" las consideran necesarias, pero nadie explica por qué lo son y por qué son dignas de ser preservadas. Sólo se insiste en que deben serlo, tal vez en nombre de una "moral" mayormente autoritaria e incomprensible.

Las campañas transmiten la impresión de que cualquier ciudadano puede llegar a ser "una víctima" de "algo" que se apodera de él, "transformándolo" en un transgresor de la ética, un violento, un adicto o en un ser herido por la desavenencia conyugal o familiar, lo cual no es cierto.

No cualquiera está propenso a las dificultades que venimos analizando, pero nadie explica quiénes lo están, quiénes no, por qué cada cosa, y qué es posible hacer en cada situación. Ésta causa temores y aun pánicos que pueden contribuir tal vez no a causar, pero sí a agravar o precipitar (en lugar de prevenir o evitar) la problemática.

Veamos ahora qué clase de abordaje propondría como científico y como psicoterapeuta psicoanalítico para intentar el manejo psicosocial de estas dificultades.

***

Mi propuesta. Mediante este esbozo de ideas y fundamentos para proyectos de prevención y promoción de la salud emocional comunitaria, propondría una clase diferente de campaña, completamente original y con una base científica otorgada por el conocimiento y las comprensiones psicoanalíticas.

El énfasis de las campañas recaería no sobre los síntomas, sino sobre las causas de la problemática que venimos estudiando.

En síntesis, esas causas son:

✓ Perturbaciones individuales en el carácter de los padres y en la relación de pareja que establecen, producen distorsiones de la relación entre padres e hijos, como las analizadas en la primera parte de este libro. Esas distorsiones determinan que el bebé y el niño, futuras personas adultas, empiecen la vida afectados por inmadurez emocional severa y por trastornos de la estructura del carácter. Estas personas padecerán tal afección y sus devastadoras consecuencias durante toda su existencia.

✓ La persona con esta inmadurez y estos trastornos llega a la vida adulta y conforma vínculos de pareja caracterizados por la desavenencia y la insatisfacción sentimental y sexual, así como grupos familiares caóticos y desintegrados en los que predominan los conflictos y el sufrimiento. Las parejas de padres y grupos familiares perturbados son el crisol donde se fraguarán nuevas generaciones de personas afectadas por una problemática similar.

✓ La inmadurez emocional severa y los trastornos de la estructura del carácter, como se analizó en la segunda parte, determinan que la persona tienda a transgredir la ética, corromperse y así agravar la crisis de valores de la sociedad, incurra en la violencia y caiga en las adicciones.

Las ideas y fundamentos con los que intento sustentar proyectos como los sugeridos, proveerían una teoría (expuesta en éste y en mi anterior libro), así como lineamientos técnicos, metodológicos, preventivos y educativos.

Estos lineamientos fundamentan:

✓ Por un lado, una secuencia de comunicaciones (imágenes y programas televisivos, artículos periodísticos y publicaciones editoriales) preventivas y educativas diseñadas para causar intensas reacciones emocionales, de las que sirven para modificar actitudes emocionales e instintivas, especialmente en padres de familia.

✓ Por otro lado, tales lineamientos constituyen el cimiento para programas de formación, acción y supervisión con base psicoanalítica para funcionarios y líderes comunitarios, que lleven real ayuda psicológica a los miembros de la comunidad.

✓ Por último, esos lineamientos proporcionan el soporte para organizar una batería de seminarios talleres que permitan acciones de educación y prevención a nivel de familias, barrios, parroquias, clubes, empresas, centros docentes y otras instituciones.

Estos tres aspectos serán ampliados y detallados en los capítulos siguientes de este libro.

✳✳✳

Como ya hemos podido ver, la inmadurez emocional severa, los trastornos de la estructura del carácter y también las futuras perturbaciones de la pareja y del grupo familiar se originan, según la comprensión psicoanalítica, en actitudes inconvenientes de los padres con respecto al bebé y al niño.

El proyecto que esbozo en este capítulo está pensado para impartir a la comunidad un impacto emocional modulado y suficiente, con una justa comprensión afectiva y también una adecuada movilización instintiva en madres y padres de la comunidad, impacto que redunde en nuevas actitudes y conductas de éstos, compatibles con una saludable crianza y educación de bebés y niños.

Eso posibilitaría, o mejor, incrementaría las probabilidades estadísticas de que los futuros miembros adultos de la comunidad, dispusieran de una mayor madurez emocional y una mejor y más adecuada estructura del carácter. Lo anterior proporcionaría aptitudes y recursos como para tolerar mejor la frustración, la ansiedad y la incertidumbre, controlar de un modo más eficaz que hasta ahora los impulsos y poder usar canales adecuados de sublimación.

Estos canales, entre los que se incluyen el arte, la cultura, la religión, el deporte, etcétera, son actividades que no sólo hay que recomendar (como hacen algunas campañas), sino que tienen que ser promovidas permitiendo la suficiente salud emocional como para que cada individuo desee realizarlas para ser mejor y para sentirse mejor.

La gente perturbada en lo emocional y en la estructura de su carácter, rechaza estas actividades como canales de sublimación, o tienden más bien a utilizarlas como herramientas con el propósito de "salirse con la suya".

Con una promoción de la madurez emocional y una erradicación de los problemas de estructura del carácter, la ética personal y ciudadana, la moral, la armonía y la paz en la comunidad, la sobriedad, la vida conyugal y familiar satisfactorias serían:

> ✓el resultado de convicciones y deseos interiores de la persona, producto de dichas madurez emocional y estructura interior armónica,
>
> ✓y no el resultado de admoniciones, prohibiciones y presionas externas que por lo demás son demostradamente inútiles.

Campañas como las que estoy esbozando aquí, proporcionarían información, sí, pero unida al impacto emocional e instintivo logrado por la comprensión y al conocimiento del cómo y el porqué de los problemas, propiciando modificaciones en las actitudes y conductas de madres y padres como tales y como esposos, ya que estaría pensada en sus formas y contenidos, para suministrar el mencionado impacto, que es lo que produce las modificaciones.

Al ofrecer comprensión del cómo y porqué de los problemas, las campañas que esbozo apuntan tanto a buscar el cambio de las actitudes y conductas de las madres y padres de la comunidad hacia bebés y niños, como a ayudar a los ciudadanos afectados por la inmadurez emocional y los trastornos de la estructura del carácter, las tendencias contrarias a la ética, la corrupción, la violencia, la drogadicción, el alcoholismo, etcétera, a enfrentar y superar sus problemas.

De ese modo estaríamos realizando, por un lado, un esfuerzo por promover que el grueso de la población futura quede asegurado contra las señaladas inmadurez y trastornos a mediano y largo plazo, ya que los primeros beneficiados serían los bebés y niños de hoy, personas adultas de mañana.

Pero... por otro lado, ¿qué hay en esta clase de campañas para la persona adulta de hoy, ya afectada por la inmadurez y los trastornos?

Mucho.

En primer lugar, la persona adulta afectada se sentirá, quizá por primera vez, comprendida en lugar de señalada o acusada como hasta ahora, lo que facilitaría una disminución de las tendencias a "desafiar al sistema", y a "salirse con la suya", reacciones características de quienes se sienten incomprendidos, señalados y acusados.

Las personas adultas ya afectadas, al recibir de campañas como éstas un conocimiento del cómo y porqué de sus actitudes y conductas perturbadas, solucionarían al menos en parte las ansiosas interrogantes y temores que les agobian, lo que puede redundar en un considerable alivio en las perturbadas relaciones de pareja y de familia, en un relajamiento de la dolorosa tensión interna y en una considerable disminución de los sentimientos de culpa de la persona, que son los factores que a la larga pueden conducirle a las transgresiones de la ética, a la violencia y a las adicciones.

Actuando sobre las causas y no sobre los síntomas de los problemas, se deshace el halo de misterio y temor reverencial que los envuelve.

La persona descubre que estos males pueden ser curados en ella mediante tratamientos psicoterapéuticos, y principalmente que pueden ser prevenidos en sus hijos mediante el cambio en las actitudes y conductas de ella y su pareja con las criaturas.

Al saber por qué y cómo luchar contra estos problemas, habremos construido un factor más que disminuiría la tensión interna y los sentimientos de culpa, facilitándose de ese modo un poco más de armonía y paz social.

Finalmente, mediante campañas así, la persona dejaría de tener la temible impresión de que puede llegar a ser una "víctima" de "algo" que se apodere de ella o de sus hijos transformándolos, casi mágicamente y sin que pueda hacer nada, en seres llenos de estos problemas.

Podría discernir si tiene las condiciones para involucrarse en tales problemas o no. Y, si detecta que las tiene, podría buscar ayuda profesional. Asimismo sabría con certeza qué actitudes y conductas de su pareja pueden llegar a afectar a sus bebés y niños, y de ese modo estaría en condiciones de tomar las medidas preventivas que sean necesarias.

Regresando a la descripción de las ideas y fundamentos de las campañas, mi contribución principal incluye iniciativas para promover actitudes saludables y adecuadas de los padres, en síntesis, a través de:

✓Promocionar el contacto afectivo, físico, verbal y empático de madres, padres o sus sustitutos, con el bebé y el niño, con las mínimas interferencias.

✓Fomentar el establecimiento adecuado de límites y estímulos para los niños.

✓Motivar la preocupación y el deseo de los padres o sus sustitutos por pasar la mayor cantidad de tiempo posible con el bebé y el niño.

✓Dimensionar el sentido de goce de la maternidad y la paternidad.

✓Auspiciar en la madre, en el padre o en quienes les sustituyan la búsqueda de ayuda psicológica cuando la maternidad o la paternidad son vividas como "una carga superior a sus fuerzas", o cuando, como resultado de las comprensiones recibidas, se sienten propensos a estas alteraciones.

✓Propiciar que el padre se encargue del sostén afectivo y doméstico de la madre durante la etapa del bebé.

✓Enseñar y estimular el uso de actitudes reparatorias cuando ya se cometieron errores.

✓En síntesis, privilegiar el contacto afectivo, físico y verbal del bebé y el niño con sus padres o sustitutos.

Las parejas hacen crisis, se separan y sufren. Las familias se desbaratan cuando la lucha entre sus miembros se vuelve insoportable. Las madres y los padres desatienden, alejan o maltratan a sus hijos. Hay droga en las calles. La violencia prevalece y campea. Las transgresiones de la ética son cosa de todos los días, y la corrupción llega a niveles abrumadores.

Hay que reconocerlo sin ambages.

Y hay que tomar conciencia de que los bebés y los niños recuperarán el afecto y la cercanía de sus padres, las parejas y familias hallarán acceso a la armonía y a la paz, y la sobriedad y la ética se manifestarán en los ciudadanos adultos cuando, en sus primeros meses y años de vida, las personas hayan gozado del contacto saludable y pleno, afectivo y físico, con su madre y su padre.

Las personas adultas que no dispusieron de dicho contacto abundantemente durante su temprana infancia y su niñez, estarán afectados por la problemática descrita aquí.

Capítulo 31

Principios para la prevención

Y LA PROMOCIÓN DE LA SALUD EMOCIONAL A TRAVÉS DE LOS MEDIOS DE MASA

¿Se imagina usted todo el bien que podría hacerse a la comunidad empleando partes ínfimas de esos medios y mejor aún, orientando una pequeña parte de sus contenidos habituales para difundir comprensiones y estímulos que logren que la gente críe y eduque a sus bebés y niños de un modo mas adecuado, y pudieran así prevenirse los problemas que estamos analizando?

Como parte de lo que pudiera ser una campaña de prevención y promoción de la salud emocional a nivel de los medios de masa, voy a permitirme proponer:

> ✓ un plan para la utilización de secuencias de comunicaciones en los diversos medios de masa, que ofrezcan comprensiones, culturalmente asimilables por el público, acerca de las relaciones emocionales, sus dificultades más frecuentes y su posible solución, y

> ✓ algunos programas de televisión dirigidos a desarrollar la comprensión emocional de situaciones, reacciones y actitudes que pudieran resultar perturbadoras según lo expuesto en este libro.

Comencemos por el plan esbozado para los diversos medios de masa.

Incluye la realización y difusión de algunas secuencias de comunicaciones preventivas y educativas, implementando el uso de imágenes, cortos y programas televisados, cuñas radiales, e imágenes y artículos en los órganos de prensa escrita, referentes en especial a las relaciones de las madres y los padres con bebés y niños.

Luego pudieran implementarse otras secuencias, constituidas también por imágenes, cortos, programas, cuñas y artículos, pero relacionados esta vez con la pareja, la sexualidad, la familia, la crisis de los valores y la corrupción, la violencia y las adicciones.

Estas secuencias estarían debidamente encadenadas unas con otras, y se haría énfasis en expresar cómo las primeras determinan los contenidos de las segundas.

En forma previa a la realización de cualquier secuencia de comunicaciones de este plan, propondría seminarios talleres vivenciales de formación para inducción a las comprensiones psicoanalíticas, en los que el personal técnico y administrativo designado para la realización y difusión de las secuencias, adquiriera habilidades para pensar comprensivamente las bases emocionales e instintivas de los problemas psicológicos que abordará, e impulsaría su creatividad para enriquecer los contenidos de la campaña.

A continuación y como ejemplo, ofrezco un listado que contiene algunas ideas y fundamentos para la realización de una secuencia de comunicaciones, en este caso la relacionada con la relación madre-bebé y, en parte, padre-bebé.

✓ La primera idea contiene la principal necesidad psicológica del bebé: para crecer saludable emocional y físicamente, es indispensable el contacto afectivo, físico y verbal con la madre y también con el padre. Esta idea contiene asimismo un llamado a la conciencia de las madres a tener tal contacto, hasta donde sea posible libre de interferencias, en el que ella pueda satisfacer dedicadamente la mayoría, si no todas las necesidades del bebé.

✓ En lo posible, el contacto afectivo, físico, verbal y empático habrá de extenderse a toda la infancia y la adolescencia, tanto por parte del padre como de la madre.

✓ El contacto afectivo y físico de la madre con el bebé no debe ser interrumpido por ninguna razón. Este contacto resulta tan indispensable para la mente del bebé, como lo es para el feto el contacto físico con el útero de la madre. Si estos contactos fallan, el bebé muere psicológicamente y el feto físicamente.

✓ Por lo anterior, si la mujer trabaja y desea tener hijos, tendrá que arreglárselas sin trabajar al menos durante seis, ojalá ocho meses, en los que estará ciento por ciento dedicada a su bebé. Si la pareja ha tomado la decisión de tener un hijo, sería aconsejable que al menos por el momento se abstuviera de comprar casa, carro o artefactos de elevado costo, para que la madre pueda prescindir de su trabajo, al menos por seis meses, sin demasiados descalabros económicos.

✓ Será necesario que la madre tenga (o adquiera mediante un tratamiento psicoterapéutico) los recursos psicológicos y las capacidades afectivas para gozar del placer de criar a su hijo. Si el placer de la madre por la atención y crianza no está presente, tampoco estará el del bebé, y la mente de éste sufrirá las consecuencias. En ausencia del placer materno, la crianza es algo deshumanizado, desafectivizado y despoetizado, mecánico y generador de perturbaciones psíquicas.

✓ Si la madre se siente angustiada, culposa y para ella la tarea de la crianza es "algo superior a sus fuerzas", sería aconsejable que busque ayuda psicoterapéutica. La supresión del goce y la aparición del rechazo a la maternidad son síntomas de una alteración psicológica que requiere ayuda profesional.

✓ Al menos durante los mencionados seis a ocho primeros meses, el padre hará de "madre de la madre", proporcionándole el afecto, el cuidado, la seguridad y el relevo en las restantes tareas del hogar, así como manteniendo a raya los celos que el pequeño le despierta al apoderarse casi completamente de la madre, para que ella pueda dedicarse entera y felizmente al bebé. La energía y el amor que ella le da al pequeño provienen en una buena proporción de la energía, del placer sexual y del amor que recibe de su esposo, el padre de la criatura, en la relación de pareja.

✓ Es necesario que el bebé permanezca cargado el mayor tiempo posible, sin importar los consejos, tradiciones y aun indicaciones médicas en el sentido contrario. Las madres campesinas e indígenas hacen gala de su conocimiento instintivo de esta necesidad del bebé, colocándolo en su espalda con un trozo de tela o cobija mientras siguen trabajando, con lo que mantienen al bebé en estrecho contacto corporal con ellas. Aprendamos de esta sabia actitud: ¡contacto afectivo y físico intenso e ininterrumpido, es lo que el bebé necesita! No tema que "se le pegue": llegado el momento, como una fruta madura, se desprenderá solo.

✓ Es indispensable que la madre pueda confiar en su propio instinto, y que se sienta libre de asumir las actitudes que le dicte tal criterio. El esposo habrá de protegerla de la interferencia de otros criterios, en especial de los de la madre y la suegra.

✓ El bebé necesita tener a la mano un juguete u objeto blando del que aprenda a depender. No se lo quite ni lo lave por ningún motivo, ni tampoco se lo imponga. ¡Permita que él lo descubra!

✓ Es necesario reconocer que un hijo es una interferencia en la vida de la mujer. Especialmente si ella no lo desea. Por ello, la mujer que no desea ser madre debería tener el derecho a decidir no serlo, y de recurrir a métodos éticos de planificación familiar debidamente asesorada por profesionales idóneos.

✓ La relación íntima de contacto físico y afectivo total entre la madre y el bebé durante los primeros meses de vida, dota al futuro ciudadano adulto de capacidades para tolerar la incertidumbre, la ansiedad y la frustración sin derrumbarse psicológicamente y sin tener que recurrir a las transgresiones de la ética, a la violencia ni a las adicciones.

✓ La ocasión del baño y el cambio de pañal son oportunidades de oro para la relación humana.

✓ La lactancia es una situación de excitación recíproca, que muchas veces incluye intensas sensaciones sexuales en ambos, madre y bebé. Puede ser placentera si la excitación es asumida como algo natural y sin culpa. Pero puede estar sujeta a ansiedades y frustraciones similares a las de la relación sexual adulta. La madre necesitará tomar conciencia de esto, estar alerta e incluso buscar ayuda profesional si teme a la excitación del bebé o a la suya propia. También si se siente culpable por experimentarla o desencadenarla en el bebé.

✓ El vínculo entre la madre y su bebé es un vínculo de amor. Pero no de sentimentalismo. El amor materno es primitivo, instintivo, comparable con el apetito, la posesión, la generosidad, el poder y la humildad. Nada tiene que ver con el sentimentalismo.

✓ Seguir su intuición de mujer y de madre es el camino más seguro para ser una buena mamá. ¡Sea usted misma y no se deje influir por "consejos"! Este es todo el secreto: ¡disfrútelo!

✓ Aparte del amor que recibió de su propia madre, el juego con muñecas es la mejor preparación para la niña en cuanto a su futura maternidad.

✓ *Ecología humana.* Hay que volver a la naturaleza, a la leche materna, al contacto de la piel con la piel, del olfato con los aromas corporales. Igualmente, proteger la capa de ozono, no talar bosques, no botar desperdicios ni contaminar los mares y ríos.

✓ Promover la abundancia de mensajes dirigidos a la gente que ya cometió errores en la crianza, haciéndole ver que tales errores son reversibles, y que pueden ser reparados mediante la intensificación intencional del afecto y del contacto entre la madre (y también el padre) y el bebé.

✓ Calmar la angustia de la madre que no puede dejar de trabajar, proponiéndole actitudes de reparación y enseñándole pautas para la intervención exitosa de la madre sustituta por unas horas: ¡la abuela, cualquiera de las dos, suele ser la mejor!

CUESTIONARIO

¿Cuánto le cuestan al Estado y a la empresa privada los ciudadanos violentos y transgresores de los valores, capaces de enrolarse en la delincuencia de todo tipo o en las filas de los corruptos o los narcotraficantes?

¿Cuánto le cuesta al Estado y a la empresa privada intentar rehabilitar (la mayoría de las veces sin mucho éxito) a los ciudadanos adictos?

En términos de horas-hombre, ¿cuánto le cuestan a las instancias productivas de una nación los frecuentes cuadros de enfermedades psicosomáticas, depresivas o basadas en el estrés ansioso (origen de más de la mitad de las dolencias que ocasionan inasistencias laborales y onerosas prestaciones económicas), cuyas causas de fondo son la desarmonía psicológica individual, la inmadurez emocional severa y los trastornos de la estructura del carácter?

En términos de horas-hombre, y también en términos de pérdidas económicas, ¿cuánto le cuesta a una empresa (pública o privada) un funcionario alcohólico, drogadicto o corrupto? ¿Un "narcopolítico"?

Si una sociedad contesta estas preguntas con honestidad, podrá ver con claridad la conveniencia de invertir en seguridad social amplia y generosa para las madres trabajadoras y en campañas de prevención y promoción de la salud emocional.

✓ Para ofrecer cariño, contacto y afecto no se necesita dinero. La pobreza no es motivo para negar el afecto. Tampoco la riqueza. Hay bebés ricos y pobres dejados en una cuna lujosa o en una caja de cartón, llorando hasta enronquecer, hasta el estupor y la parálisis. Y lo opuesto también: bebés ricos y pobres de mamás capaces de tenerlos amorosamente cerca, en la piel, en contacto afectivo y físico intenso. Los primeros, ricos o pobres, recibirán una lesión y tendrán un alto riesgo de contraer alteraciones afectivas individuales, inmadurez emocional severa o trastornos de la estructura del carácter, y sus consecuencias: la desavenencia, la violencia, las adicciones y la tendencia a la corrupción. Los segundos no.

✓ Hay droga en las calles. Las parejas y familias sufren y se disuelven. La devastación de los valores es abrumadora. La violencia campea y se expande. Es necesario reconocer todo esto y reconocer que, al menos por el momento, es inevitable. Enfrentarán mejor y con más éxito esta dolorosa realidad quienes durante los primeros meses y años de vida hayan tenido un contacto saludable, pleno, afectivo y físico, con su madre y su padre. Quienes no hayan tenido este contacto, sufrirán y quedarán lesionados.

***

Hasta aquí el primer listado. Es bueno señalar que es apenas un abrebocas, que podrá ser enormemente enriquecido en el diálogo con el personal técnico de las entidades de televisión y otros medios.

Mediante el diálogo alentado por la lectura de material divulgativo que trate de todos estos temas, pueden ser elaborados inventarios semejantes aprovechando también el espacio de diversos seminarios talleres, poniendo el énfasis esta vez en las relaciones padre-bebé, padre-madre de un bebé, madre-niño, padre-niño, padre-madre de un niño, parejas conyugales, grupos familiares, etcétera.

Asimismo, usando como referencia este libro, pueden elaborarse listados orientados específicamente hacia la prevención de la violencia, las adicciones, la corrupción, y así sucesivamente.

***

Programas de televisión. Para terminar este capítulo, deseo ofrecer un esbozo muy esquemático de lo que pudieran ser algunos programas de televisión orientados a la prevención en la línea que he venido sustentando en lo que va del libro.

Serían programas diseñados para mostrar al público las principales características de una relación armónica entre padres e hijos, el origen de los conflictos de pareja y familia, y en general, una comprensión de las causas de las dificultades que la gente encuentra para vivir.

Su punto de partida sería inducir en el público televidente una toma de conciencia, un "darse cuenta" de las fuentes interiores de sus conflictos, lo que implicaría por un lado "asumir mi propia contribución a los conflictos que me agobian" y, por otro lado, "descubrir que yo soy (y ninguna otra persona o situación) el principal autor de mi propio goce o sufrimiento, éxito o fracaso".

Dicha toma de conciencia implicaría también el descubrimiento de que a la persona le es posible modificar y suprimir su sufrimiento y su fracaso mediante el mismo proceso de "darse cuenta" y de que, en algunos casos, se hace necesario buscar ayuda profesional.

Toda la idea se basa en la comprensión de que los factores y causas del conflicto pierden gran parte de su fuerza perturbadora cuando son hechos conscientes.

Con base en los contenidos de este libro, dichos programas mostrarían cómo los conflictos y sufrimientos emocionales de la gente tienen tres características principales:

> ✓ Su fuente es inconsciente.
> ✓ Se relacionan con hechos ocurridos en la infancia y en la adolescencia.
> ✓ Tienen su origen en la relación temprana del bebé y el niño con su madre y su padre, y por lo tanto en el grupo familiar.

Esbozaré ahora algunos de los objetivos que vislumbro para los programas, así:

> ✓ Reducir la incidencia de los factores que determinan inmadurez emocional severa y trastornos de la estructura del carácter en la comunidad.
> ✓ Ofrecer elementos para una toma de conciencia y una comprensión de las causas y consecuencias de tales problemas.
> ✓ Brindar a la comunidad comprensiones acerca de cómo y cuándo una persona puede ayudarse a sí misma, y cuándo es conveniente buscar ayuda profesional.

¿Cómo podrían hacerse estos programas? De una manera ágil, grata y amena, se pondrían en escena ciertas situaciones comunes, frecuentes, propias de la vida cotidiana y que son origen de problemas psicológicos.

Igualmente podrían utilizarse secuencias de telenovelas, películas cinematográficas o series que contengan intensas o sutiles situaciones emocionales susceptibles de ser analizadas.

A través de la exhibición de tales escenas y su inmediata discusión, análisis y comprensión en un panel ad-hoc, el televidente tendría la oportunidad de verse reflejado en sus actitudes y reacciones, y de ver reflejadas las situaciones que le involucran afectivamente.

Las telenovelas de toda clase, usualmente muestran escenas con actitudes, reacciones y situaciones emocionales diversas, pero en forma incompleta y perturbadora, ya que carecen por completo del más mínimo intento de discusión, análisis o comprensión de tales elementos, lo cual angustia y confunde al televidente, presentándole pautas de identificación distorsionadas y conflictivas.

Respecto a esto, un análisis exhaustivo de los influjos perturbadores de ciertas telenovelas y otros programas televisivos y sus consecuencias para la salud emocional de la población, se presentará en el último capítulo de este libro, que se ocupa de los medios de masa.

Revisemos la situación opuesta. Usando escenificaciones, y aun secuencias de ciertas telenovelas y series de calidad seguidas de discusión, análisis y comprensión, el televidente conseguiría un progresivo "darse cuenta" de las características, orígenes y consecuencias de su propia problemática emocional, así como de las medidas que puede adoptar para modificarlas. Primero por sí mismo, usando su recién adquirido "darse cuenta", y luego, en el momento en que sean ofrecidos a la comunidad, participando activamente en los seminarios talleres que harían parte del plan general de prevención. Finalmente, si se hace necesario, recurriendo a la ayuda profesional.

Así pues, el propósito de estos programas podría lograrse mediante la exhibición de escenificaciones o fragmentos de telenovelas o series que contengan situaciones emocionales, seguida por paneles de discusión con profesionales invitados, coordinados por el director del programa.

La participación del público asistente (convenientemente administrada para evitar las consabidas, ridículas y dañinas consecuencias del exhibicionismo, tanto del público como de quienes conducen el evento) redondearía el programa y, como complemento, habría un diálogo entre un periodista y el director, en el que éste ofrecería su análisis y comprensión de lo escenificado, así como de las opiniones del panel y del público.

Además se le podría solicitar al público televidente que escribiera al programa en forma anónima (para evitar el exhibicionismo telefónico, también por desgracia frecuente en algunos programas), relatando sus situaciones, opiniones y dudas personales acerca de la crianza de bebés, la educación de niños, el diálogo con adolescentes y las relaciones de pareja y de grupo familiar, así como acerca de la violencia, las adicciones y la crisis de los valores.

Capítulo 32

Entrenamiento, intervención y supervisión de funcionarios

Y LÍDERES COMUNITARIOS COMO MONITORES MULTIPLICADORES PARA LA PREVENCIÓN Y LA PROMOCIÓN DE LA SALUD EMOCIONAL

Como usted ya habrá podido percibir en lo que va de este libro, cuando considero a la comunidad y sus necesidades emocionales e instintivas, mi pensamiento suele ir derecho a mis preocupaciones sobre educación, prevención y promoción de la salud emocional.

Ya situado en esas preocupaciones, es mi opinión desde tiempo atrás que la intervención de funcionarios y líderes comunitarios entrenados como monitores multiplicadores, es de primordial importancia para proporcionar a la comunidad dichos factores.

Sin embargo, la intervención señalada, cuando se realiza, suele perder mucho de su utilidad debido a que con desalentadora frecuencia, dichos funcionarios y líderes no están debidamente seleccionados, entrenados ni supervisados por expertos.

Veamos primero en qué consiste, o más bien en qué debiera consistir el trabajo de un funcionario o un líder que intenta desempeñarse como monitor multiplicador para hacer prevención y promoción de la salud emocional en la comunidad.

Luego me referiré brevemente a la selección, entrenamiento y supervisión mencionados.

Fundamentalmente, funcionarios y líderes deberían reunirse con la gente, formar pequeños grupos para la discusión de problemas usando técnicas de seminarios talleres y basándose en textos y programas seleccionados y diseñados por expertos. Lo esencial del trabajo sería promover el diálogo emocional esclarecedor.

A través de este diálogo tendrían que ofrecer información y educación formativa a parejas, madres y padres, maestros, estudiantes, obreros, empleados y ejecutivos, miembros de parroquias, empresas, clubes, etcétera.

La información y educación formativa, cuando está debidamente programada, suele referirse a:

> ✓ Los elementos de un desarrollo infantil armónico, y con ello, la preparación para la maternidad y paternidad.
> ✓ Las relaciones de pareja y de familia, así como educación sexual.
> ✓ Consideraciones acerca de la necesidad de construir y reforzar intereses y habilidades, incluyendo la utilización creativa del tiempo libre.

Además de estos tópicos, la información y educación formativa debiera referirse (rara vez lo hace) a lo necesario para que cada quien asuma su responsabilidad y tome conciencia de su propia contribución a los problemas que enfrenta, y para que la gente aprenda a detectar, cada quien en sí mismo, rasgos de inmadurez emocional severa y trastornos de la estructura del carácter.

Esta información y educación informativa es algo que los funcionarios y líderes debidamente entrenados y supervisados, pudieran ofrecer mediante acciones preventivas y educativas que, sin embargo, no los transforman en psicoterapeutas.

Ellos continuarían siendo legos, pero legos perspicaces y dotados de herramientas psicológicas con las que pueden detectar un problema donde lo hay, y que tienen la vocación y los instrumentos para ayudar a las personas a verse a sí mismas.

Luego, pueden guiar a las personas que lo necesiten, a buscar ayuda profesional oportuna antes de que su problema se agrave, y antes también de que incurran en desavenencias conyugales y familiares, violencia, drogadicción y transgresiones de la ética.

Los funcionarios y líderes debidamente entrenados y supervisados como monitores multiplicadores pueden impulsar la participación activa de la gente, con el fin de que sean los mismos miembros de la comunidad a través de los grupos que forman, quienes diseñen las estrategias que les permitan enfrentar los problemas en forma eficiente.

Pero con frecuencia los funcionarios y los líderes comunitarios con insuficiente o nulo entrenamiento y supervisión, cuando cumplen con su propósito de reunirse y dialogar con pequeños grupos de la comunidad, consciente o inconscientemente experimentan angustiantes reacciones personales frente a lo que están tratando, sobre todo cuando se refiere a los temas que involucran sentimientos, relaciones personales y funciones instintivas de la gente.

Sus problemas y conflictos personales, especialmente si ellos mismos están afectados por rasgos de inmadurez emocional severa o trastornos de la estructura del carácter, interfieren seriamente con su trabajo, el que, como defensa, puede volverse para ellos "agobiador", "pesado", "aburrido", etcétera.

Esta es la razón por la que muchos funcionarios y líderes no dejan de lado sus múltiples obligaciones burocráticas, mayormente "tramitológicas", y más bien se sumergen en ellas, en un intento consciente o inconsciente de esquivar la angustia y los conflictos que les produce el diálogo acerca de cosas emocionales e instintivas en pequeños grupos.

Por esa razón, la comunidad misma deja de ser atendida directamente mediante la promoción del diálogo emocional esclarecedor.

La situación perturbadora opuesta se presenta cuando el grupo pequeño no remueve tanto la angustia o los conflictos del funcionario o líder, sino que moviliza en éstos sus tendencias a manipular, a utilizar a la gente, y también a tiranizarla, a intentar "moralizarla" y, con mucha frecuencia, a reaccionar con frialdad, rigidez e indiferencia frente a los problemas en debate.

En estos casos, el producto será muy poca salud emocional, y más bien una tendencia del pequeño grupo a someterse o a dispersarse, desenlaces ambos sumamente perjudiciales.

La selección y el entrenamiento que propongo para estos funcionarios y líderes, y su posterior supervisión de proceso, tendrían por objeto prevenir las dificultades mencionadas y capacitar no sólo informativamente sino emocionalmente a dichas personas, para que puedan realizar su encomiable tarea con comodidad emocional y con real provecho para la comunidad.

La selección. Tanto funcionarios de agencias estatales encargadas de la salud emocional y de la familia, como miembros de la comunidad que se destaquen por su vocación y aptitudes para liderar acciones de ayuda social y psicológica, pueden ser seleccionados para recibir un adecuado entrenamiento y luego, durante un tiempo, supervisión de sus acciones en la comunidad.

El procedimiento de selección es sencillo. Bastará con que un psiquiatra con suficiente formación como psicoterapeuta haga entrevistas individuales y grupales con los aspirantes, para que la problemática psicológica grave de algunos de ellos, especialmente las tendencias narcisistas graves y las actitudes psicopáticas (que son las que originan la manipulación o la indiferencia frente a los problemas) se haga evidente, y sean entonces destinados a funciones menos comprometedoras para su propia salud afectiva y la de la comunidad.

Unas pruebas psicológicas de carácter proyectivo pueden contribuir al diagnóstico de los casos dudosos.

El entrenamiento. Como formación central, y para una adecuada comprensión de su trabajo así como de sus reacciones personales frente al mismo, el funcionario o líder comunitario necesitaría participar en una dinámica de grupo con orientación psicoanalítica, en la que comprenda y aprenda a manejar problemas derivados tanto de su propio carácter, como de las tensiones y ansiedades que absorbe como resultado de su trabajo con los grupos de la comunidad.

Adicionalmente, el funcionario o líder recibiría seminarios talleres vivenciales de formación teóricos, técnicos y clínicos que le capaciten en el manejo adecuado de los grupos que forme y de los problemas que confronte en ellos.

Y tenemos el proceso de *supervisión de casos*, en el que el funcionario o líder en entrenamiento analiza recuentos de situaciones específicas en las que el supervisor puede ayudarle a detectar, comprender y administrar adecuadamente sus reacciones conscientes e inconscientes, así como los problemas en el manejo de situaciones en los grupos que dirige en la comunidad.

La supervisión de proceso. Esta supervisión se inicia durante el período de entrenamiento, y continúa luego mientras se hace necesario. Dura hasta que el funcionario, el líder, el coordinador del proceso y el director del programa están de acuerdo en que a la persona ya le es posible realizar con éxito y con mínimas interferencias, su trabajo en la comunidad.

Finalmente, y con la asesoría de profesionales debidamente formados, funcionarios y líderes entrenados como Monitores Multiplicadores, pueden fundar y echar a andar Escuelas para Padres y Parejas, entidades en las que tenga lugar la labor de capacitar a los miembros de la comunidad en las sublimes pero difíciles tareas de la maternidad y la paternidad.

Capítulo 33

Educación, prevención y promoción

DE LA SALUD EMOCIONAL MEDIANTE SEMINARIOS TALLERES VIVENCIALES DE FORMACIÓN EN LA COMUNIDAD

Soy poco partidario de las charlas y conferencias. Sólo las utilizo como un medio de suministrar información teórica.

Creo que son inútiles como herramientas de educación, prevención y promoción de la salud emocional, excepto cuando se las usa como recurso para convocar a la gente y motivarla para participar luego en pequeños grupos de discusión con estructura de seminarios talleres vivenciales de formación, en los que sí se producen los fenómenos de prevención, promoción y educación formativa.

¿Por qué soy poco partidario de charlas y conferencias con estos propósitos?

Precisamente porque se limitan a suministrar información teórica, procedimiento que lejos de prevenir puede resultar contrapreventivo, al movilizar en mucha gente ansiedad, curiosidades incontrolables, deseos de "desafiar al sistema" y de "salirse con la suya", impulsos autodestructivos, etcétera. Además, favorecen la intelectualización, alejando el problema del campo emocional y vivencial.

Sólo las acciones, como los seminarios talleres, que produzcan modificación emocional de actitudes y conductas a la vez que una toma de conciencia de sí mismo por parte de cada participante, resultan eficaces para los propósitos de hacer educación formativa, prevención y promoción de la salud emocional.

Las acciones más útiles y eficaces a estos efectos, son las reuniones de la gente en pequeños grupos, con una estructura de dinámica de grupo con orientación psicoanalítica, cuya tecnología podrá ser objeto de algún libro venidero.

Siguen en orden de utilidad para estos propósitos, las reuniones de las personas en pequeños grupos que, como vimos, dispongan de una estructura de seminarios talleres vivenciales de formación, situación que es más fácil de manejar por personal no profesional que la dinámica de grupos.

Mediante seminarios talleres es posible para los funcionarios y líderes comunitarios debidamente entrenados y supervisados, promover el diálogo emocional, procedimiento que con la adecuada tecnología, induce en los participantes las necesarias modificaciones emocionales de actitudes y conductas.

Una perspectiva de esta tecnología de formación para la comunidad está contenida en el documento "Escuela para padres y parejas, visiones del horizonte", que figura en la bibliografía.

Tareas vivenciales y juego de roles. En los seminarios talleres vivenciales de formación, es necesario poner el énfasis central en la realización de ejercicios psicológicos, especialmente diseñados para promover la conciencia de sí, el desarrollo de la autoestima y la capacidad de lograr cierta mirada (interior y hacia las demás personas) objetiva, en lo posible libre de distorsiones y enmarcada en el respeto y la legitimación.

Diálogo emocional. En los seminarios talleres es conveniente ofrecer las comprensiones instintivas y emocionales incluidas en el programa, así como la información intelectual indispensable, en forma de diálogo con los participantes basado en las técnicas de dinámica de grupo con base psicoanalítica.

Laboratorio de ética. Para facilitar la discusión de problemas relacionados con la ética, la moral y el libre albedrío. Este laboratorio consiste en dividir a los participantes en subgrupos que tienen como tarea elaborar una "opinión ética" frente a situaciones específicas y casos conflictivos seleccionados de pasajes de historias clínicas y otras fuentes.

Mediante técnicas de dinámica de grupos, se agiliza la discusión y los participantes tienen la ocasión de mirarse a sí mismos y ver con claridad algunas de las propias posiciones éticas y aun ciertas contradicciones personales significativas que pueden o no compartir con el resto de los participantes.

Capítulo 34

El público,
los medios de masa

Y SU INCIDENCIA EN LA INMADUREZ
EMOCIONAL Y LOS PROBLEMAS DE
ESTRUCTURA DEL CARÁCTER

Como capítulo final de este libro, deseo dedicar algunas comprensiones acerca de uno de los más decepcionantes espectáculos de nuestra época, el constituido por la pugna que se da entre:

> ✓ los directores y productores de los medios de masa, que por las importantes ganancias económicas involucradas, buscan satisfacer los apetitos de un público que anhela cada vez más violencia, sexo, droga y transgresión de los valores en las escenas, relatos y reportes, y
> ✓ los organismos científicos y de control que procuran limitar la expresión de los medios en estos campos.

Semejante pugna ha estado (hasta ahora) destinada a desembocar, como vemos todos los días, en un diálogo de sordos en el que el público y los conductores de los medios

de masa se salen cada vez más con la suya, ante la desesperación y la impotencia de los organismos científicos y
de control.

Este capítulo tiene como objetivo hacer un diagnóstico
psicológico y social de la pugna descrita, buscando señalar
los motivos que albergan los conductores de medios, las
autoridades que dirigen organismos científicos y de control y, principalmente, el público consumidor, ya que si
el público no anhelara ver y recrearse cada vez con más
violencia, pornografía, episodios con droga y transgresiones
de la ética, estos elementos no prosperarían en los medios.
Otro objetivo de este capítulo es el de ofrecer alternativas
y soluciones al problema descrito.

✳✳✳

El público. Comencemos por indagar a qué se debe que
el público anhele cada vez más escenas, relatos y reportes con alto contenido de violencia, pornografía, droga y
transgresiones de los valores.

Brevemente, hay una creciente problemática psicológica en el mundo contemporáneo, cuyos orígenes hemos
esbozado en lo que va del libro, y que se caracteriza por:

> ✓ baja autoestima, es decir, escaso o ausente afecto, res-
> peto y gusto por uno mismo;
> ✓ desarrollo de actitudes autosuficientes, sobradas y
> grandiosas, así como intensa necesidad de exhibirse y
> lograr admiración y reconocimiento. Éstas son actitudes
> que procuran compensar en forma desarmónica —nar-
> cisista— la baja autoestima, y son el origen del individua-
> lismo, el consumismo y la quiebra de la solidaridad;
> ✓ graves confusiones, perplejidades y contradicciones
> en la persona, lo que facilita tendencias e impulsos a
> las transgresiones de la ética y a la manipulación de
> los demás;

✓ profunda envidia;

✓ intolerancia a la incertidumbre, a la frustración y a la angustia, unida a la tendencia a no poder controlar los propios impulsos; la consecuencia de ello es la presencia de inclinaciones a la sexualidad perturbada y la promiscuidad, así como a la violencia;

✓ inauditos vacíos interiores, aburrimiento, soledad y ausencia de significado;

✓ incapacidad de usar los canales culturales (deporte, religión, arte, etcétera) para la descarga de tensiones;

✓ como consecuencia de todo lo anterior, una punzante necesidad de la gente de salirse con la suya, todo ello encubierto por disimulo y doble moral.

Veamos ahora cómo incide esta problemática psicológica en el moldeamiento de las preferencias del público, adultos, niños y familias por escenas, relatos e informes vinculados a la violencia, el sexo sin amor ni responsabilidad, la droga, el alcohol y las trasgresiones éticas.

Una palabra aparte respecto de los niños: ellos crecen en el seno de familias afectadas por la problemática psicológica descrita. Por eso, los niños están afectados de las mismas necesidades y apetitos de los adultos. Además, los niños tienden a hacer lo que hacen los adultos: así, habrá una identificación con las preferencias y gustos de los adultos.

Empecemos por la violencia. Los anhelos de espectar y absorber escenas y relatos de violencia, por parte de niños, adultos y familias corresponden a intentos inconscientes de atenuar y compensar el dolor causado por la baja autoestima, la envidia y las contradicciones, espectando, escuchando o leyendo cómo otro padece tal dolor.

Por otro lado, los mencionados anhelos corresponden a esfuerzos inconscientes del televidente, el radioescucha, el lector, por identificarse con el personaje violento, descargando a través de las acciones de éste, la propia violencia.

Así, ésta es "hecha a otro". La persona cargada de violencia inconsciente evita de este modo sentirse "mala": por identificación con el o los protagonistas del espectáculo, escena o reporte, se siente "poderosa" y descarga su violencia. Asimismo se asegura de que es otro (no el televidente, el radioescucha ni el lector) quien ha ejercido la violencia.

Dicha violencia no es causada por las imágenes y mensajes de los medios; la violencia existe independientemente del contacto con los medios en la mente y en el corazón del televidente, el radioescucha, el lector, como consecuencia de su problemática psicológica, según pudimos analizar en el capítulo correspondiente a la violencia.

Del mismo modo, el apetito del consumidor de medios de masa por escenas, relatos y reportes vinculados a sexo sin amor ni responsabilidad, muchas veces mezclado con violencia, corresponde a la necesidad de descargar (a través de la identificación con personajes promiscuos, llenos a la vez de poder, de lujuria sin afecto y de deshumanizadas tendencias a la violación y la perversión sexual), los propios anhelos de satisfacciones sexuales descontroladas y dotadas de tales características.

En especial, los niños reciben estos estímulos como un modo de apaciguar la ansiedad que les causa el percibir las relaciones de los padres como situaciones malsanas, sin mucho amor y con demasiados conflictos: los niños se convencen de que "en todas partes pasa lo mismo", y de que "los bajos instintos son naturales".

Ello está reforzado por el pobre afecto y respeto del consumidor, niño o adulto, por sí mismo, así como por la tendencia a gozarse (bajo los mismos principios que vimos para la violencia) con las trasgresiones de la ética protagonizadas por los personajes de los filmes o por los delincuentes endiosados por los reportes de los medios de masa.

La violencia interior, la envidia, el vacío y la frustración producen sentimientos y sensaciones inconscientes de tener algo dañado o incluso muerto dentro del propio ser.

El televidente, el radioescucha y el lector consumen ávidamente violencia, sexo deshumanizado y desafectivizado, así como escenas y relatos de drogadicción y alcoholismo, de devastación de las relaciones de pareja y con los hijos, protagonizadas por actores de carne y hueso y, peor, por "muñequitos" cuya crueldad, niveles de perversión, distorsión grave de la naturaleza humana saludable y habitualmente dotados de "poderes" y "fortalezas" más que sobrehumanos, gustan e impresionan tanto la mente de niños y aún de adolescentes y adultos.

El consumidor de estos despropósitos intenta apaciguar el sentimiento de daño o de muerte interior: la euforia y el "salirse con la suya" del protagonista de serie o del personaje de la noticia, ya sea el criminal exitoso, el perverso sexual, el violador, el "narcopolítico", el drogadicto en pleno "vuelo", los motociclistas *punk* que aterrorizan un pueblo, el *man* omnipotente que en forma despiadada e impune, muchas veces con complicidad de las "autoridades" ataca, chantajea, confunde y destroza a quien quiere, etcétera, anestesian momentáneamente el inmenso dolor psíquico inconsciente de la sensación de daño o muerte interior del televidente, radioescucha o lector de prensa afectado por una morbosa preferencia por estos contenidos.

Es de destacarse en este punto algo que ya dije en este mismo capítulo a propósito de la violencia:

Los medios de masa no crean ni causan en la mente del consumidor ni la violencia, ni los deseos sexuales desafectivizados y deshumanizados, ni el apetito por drogas o alcohol, ni la tendencia a las transgresiones de la ética.

Los medios se limitan a proporcionarle al consumidor imágenes y personajes con los que, mediante la identificación, satisfacen y descargan tensiones y necesidades perturbadas que yacen en su mente como consecuencia de la problemática psicológica que ya traían antes de su encuentro con los medios, y que no son causadas ni introducidas en su mente por éstos.

Lo anterior significa que los medios no causan ni promueven problemas psicológicos.

Entonces... ¿en qué consiste el daño que hacen?

Fundamentalmente, el daño psicológico y social causado por los medios está representado por dos factores:

✓ Al presentar la violencia, la sexualidad sin afecto, la drogadicción y las transgresiones como situaciones naturales y "fácilmente accesibles para todos", inciden sobre los anhelos y tendencias que existen en la mente del consumidor, niño y adulto, quienes pueden sentirse impulsados a realizar dichos anhelos y tendencias, haciendo que meras fantasías y anhelos perturbados se transformen en actos.

✓ Al exhibir exageraciones y distorsiones de tales manifestaciones, determinan que el consumidor imagine que las propias fantasías, deseos y anhelos perturbados son "cositas de nada" comparadas con las que ve, escucha y lee en los medios de masa. Eso refuerza el factor anterior, facilitando aún más la transformación de las fantasías y anhelos en actos.

Según puede verse, si bien no causan problemas psicológicos, los medios, a través del reforzamiento de la impulsividad del consumidor, pueden inducirlo a actuar, lo que está detrás de una buena parte de la patología social de la cultura, representada mayormente por actos de violencia, manifestaciones sexuales sin amor, consumo de droga y frecuente corrupción y transgresiones de la ética, situaciones que tienen a la humanidad entera sumida en una grave crisis de valores.

**

Los directores y productores de los medios de masa. Comprendido lo anterior, resulta fácil ver qué es lo que mueve a los medios de masa.

Éstos son principalmente negocios: constituyen el resultado de inversiones que buscan ganancias.

A través de la más simple investigación de mercados, productores y directores detectan los problemas psicológicos en el público, y comprenden que éstos son la base de los anhelos y los apetitos vistos hasta aquí.

A los medios, como negocios que son, no les interesa resolver los problemas del público. Sólo utilizarlos. Así, lo que hacen los medios es ofrecer, a través de sus poderosos recursos, lo que el público anhela y apetece, sin ningún compromiso emocional y humano con el mismo como una comunidad de seres que sufren y que carecen de conciencia y responsabilidad acerca de su sufrimiento y acerca de los estímulos psicológicos que consumen a través de los medios.

En realidad, los medios carecen del más mínimo conocimiento consciente (¿o será que soy demasiado optimista?) de que están explotando dichos sufrimiento, inconsciencia y apetito indiscriminado del público por estímulos psicológicos perturbados y perturbadores.

Sin tales anhelos y apetitos perturbados y perturbadores que agobian al público, los medios, tal como son actualmente, se arruinarían, o no existirían.

Pero como se vio, los medios no generan los anhelos y apetitos perturbados que venimos analizando. Se limitan a explotarlos, satisfaciéndolos.

Pero... al dedicarse a ello, incurren en las dos situaciones señaladas antes, presentar las cosas como fáciles, "al alcance de todos", y exagerar y distorsionar.

Estas situaciones constituyen una forma, deliberada o no, de sobreestimular, exacerbar y promocionar el interés del público por los estímulos que presentan los medios: algo así como "echarle leña al fuego" a la problemática psicológica ya existente en el público consumidor, incrementando el interés de éste por el consumo, y aumentando astronómicamente las ganancias.

***

Los organismos científicos y de control. La pugna de estas instituciones para lograr una reducción de los estímulos inconvenientes que emanan de los medios ha estado destinada hasta ahora al fracaso, porque:

✓ No tienen en cuenta que los medios son negocios y no entidades de beneficencia, y que por lo tanto, lo único que los motiva es obtener ganancias.

✓ Parte importante de su argumentación se basa en consideraciones fundadas en una ética autoritaria, muchas veces arbitraria e ideológica, que no se afinca en hechos de la naturaleza humana.

✓ Les falta la información necesaria para comprender que una buena parte de lo que pugnan por censurar es adecuado y hasta conveniente, y por lo tanto, no necesita ser censurado.

Comencemos por el último punto. Hay que discernir, científicamente, qué de lo exhibido por los medios es conveniente, y qué no.

Respecto a la violencia, se debe comprender que, siempre y cuando no sean manifestaciones atroces, inútiles, crueles, detalladas y sanguinolentas, la violencia en los medios puede resultar en un espectáculo o una información conveniente, ya que a través de la identificación permite que el consumidor descargue saludablemente tensiones agresivas que de otro modo se transformarían en violencia personal.

En la misma línea, escenas, relatos e informes con contenido de violencia moderada, comprendida como un medio para luchar contra la injusticia, para vehiculizar nobles ideales o para obtener logros positivos, promoverá en el consumidor el desarrollo de valores naturales, basados en hechos de la naturaleza humana.

Lo mismo que lo afirmado acerca de la violencia puede decirse acerca del sexo en los medios: descartando la franca pornografía y los contenidos de violencia sexual, los adecuados estímulos eróticos, fundados en el amor, el goce y la responsabilidad, promueven en el consumidor, niño y adulto, a pesar de la problemática psicológica, una mejor disposición al amor, al romance, al disfrute y a la sexualidad afectiva.

En cambio, la violencia atroz, cruel, inútil y detallada, así como la pornografía, el sexo sin amor ni responsabilidad, detallado, burdo y antiestético, muchas veces mezclado con violencia brutal e inmotivada, tienen como efecto en el consumidor una promoción de las situaciones perturbadas analizadas antes.

Todo ello puede inducir al público consumidor, con base en su problemática psicológica, a actuar de tales modos o al menos, en especial los niños, a desarrollar actitudes cínicas y acomodaticias al respecto.

Tales actitudes refuerzan y agravan la problemática psicológica y psicosocial, promoviendo así el incremento de la patología social de la cultura.

Otro tanto puede decirse de la presentación de escenas, relatos e informes acerca de la droga y el alcohol: no todo es inconveniente. Tales contenidos, presentados como una comprensión de que las adicciones son el resultado de una problemática psicológica que puede ser superada, pueden inducir en el televidente, el radioescucha, el lector, la convicción de que sus sufrimientos y frustraciones pueden ser resueltos, y que "el fantasma de la droga" no lo persigue a él.

Ya hemos visto en el capítulo correspondiente, cómo las campañas antidroga y antiviolencia existentes suelen basarse en la errónea creencia de que atemorizando o ejemplarizando se pueden combatir estos flagelos sociales.

No. Por el contrario, pueden ser inducidos. Como vimos, sólo campañas apoyadas en la comprensión de las causas de estos problemas pueden resultar adecuada y eficazmente preventivas.

Finalmente, una palabra sobre los contenidos de transgresiones de la ética en los medios. Es cada vez más frecuente hallar escenas, relatos e informes relativos a atentados, terrorismo, homicidios, violaciones, asaltos, robos, engaños, dobleces y traiciones.

El problema es que generalmente los protagonistas de estos actos, según los medios, por lo general se salen con la suya, lo que pudiera inducir y animar a miembros del público consumidor de los medios, como resultado de su problemática psicológica, a intentarlo.

Desde este punto de vista, pudieran modificarse las escenas de transgresiones ofrecidas por los medios de modo que pudieran, a la vez que permiten al espectador, al radioescucha y al lector una descarga de sus fantasías transgresoras, inducirles una comprensión de por qué el criminal lo es, y una saludable conciencia de que "el crimen no paga".

Así pues, en resumen, sería conveniente que los organismos científicos y de control dejasen de intentar regir sobre el problema que analizamos mediante una ética autoritaria, que intenta postular que "toda escena, relato o informe acerca de la violencia, el sexo, la droga y las transgresiones, son malos".

En cambio, los organismos científicos y de control pudieran proponerse adquirir suficiente información científica, que puede ser gustosamente ofrecida por los especialistas en psicología, psiquiatría, psicoterapia y psicoanálisis, acerca de qué es conveniente y qué inconveniente en los medios, de modo que intentaran tal vez ofrecer, a los productores y directores de los medios de entretenimiento, alternativas que les permitan continuar obteniendo sus ganancias, pero a la vez favoreciendo una reducción, si bien tal vez no de la problemática psicológica, sí de la patología social de la cultura.

Alternativas y soluciones

Creo que con lo revisado hasta aquí, las alternativas y soluciones saltan a la vista.

Propongo la realización de seminarios talleres vivenciales de formación en los que, bajo la dirección de profesionales debidamente entrenados en las cuestiones de la problemática psicológica de la gente, participen tanto directores y productores de los medios y representantes de las firmas auspiciadoras, como directivos de los organismos científicos y de control.

En dichos seminarios talleres, después de la discusión de lo leído, se buscaría promover en los participantes una toma de conciencia y un discernimiento acerca de la necesidad de distinguir lo que es saludable y adecuado, de lo que tal vez resulta promoviendo no la problemática psicológica, pero sí la patología social.

Eso pudiera desembocar, mediante el manejo de argumentos emocionales e instintivos, no autoritarios, en un acuerdo para la autorregulación de las medios por comprensión y conocimiento, y no por censura, sin menoscabar significativamente los rendimientos económicos.

En otras palabras, en lugar de censurar todo en nombre de una moral autoritaria y de principios basados en el "sentido común" (el menos común de los sentidos), los organismos científicos y de control pudieran desarrollar criterios de discernimiento científico que ayuden a los medios a seleccionar lo que presentan.

Por otro lado, a través de estos seminarios talleres pudiera motivarse a los medios a promover la prevención de la problemática, especialmente la prevención de las actitudes de madres y padres hacia la crianza y la educación de bebés y niños mediante la realización de programas inductivos de salud emocional y campañas usando secuencias de imágenes para los medios, como las que figuran en el capítulo correspondiente de este volumen.

Referencias bibliográficas

ACKERMAN, NATHAN W. *Diagnóstico y tratamiento de las relaciones familiares.* Editorial Hormé, Bs. As., 1966.

BION, W. R. *Aprendiendo de la experiencia.* Editorial Paidós, Bs. As., 1966.

CANTONI, FÉLIX. *El diálogo con parejas en conflicto.* Talleres Gráficos Bautista, Lima, 1984.

Comprensiones psicoanalíticas en salud emocional comunitaria. Manuscrito inédito.

Viva en pareja... y ¡disfrútelo! Ediciones Gamma, Bogotá, 1993.

El factor humano en la organización. Intermedio Editores, Bogotá, 2002.

Escuela para padres y parejas: visiones del horizonte. Manuscrito inédito.

CORTINA, ADELA. *El mundo de los valores: ética y educación.* Editorial El Búho, Bogotá, 1997.

FREUD, SIGMUND. *Obras completas.* Editorial Biblioteca Nueva, Madrid, 1948.

GRIMBERG, LEÓN. *Culpa y depresión, estudio psicoanalítico.* Editorial Paidós, Bs. As., 1976.

INSTITUTO COLOMBIANO DE BIENESTAR FAMILIAR. *El desarrollo infantil.* Editorial Nueva Gente, Bogotá, 1990.

KERNBERG, OTTO. *Desórdenes fronterizos y narcisismo patológico.* Editorial Paidós, Bs. As., 1985.
Trastornos graves de la personalidad. Editorial El Manual Moderno, México, 1987.
Seminarios "Diagnóstico diferencial de la patología del carácter y la personalidad limítrofe" y "Técnicas psicoterapéuticas". Bogotá, 1988.
La teoría de las relaciones objetales y el psicoanálisis clínico. Editorial Paidós, Bs. As., 1979.

KLEIN, MELANIE Y COLS. *Desarrollos en psicoanálisis.* Editorial Hormé, Bs. As., 1964.

KNIGHT, ROBERT P. *Teoría psicoanalítica.* Editorial Hormé, Bs. As., 1960.

KOHUT, HEINZ: *Análisis del Self.* Editorial Amorrortu, Bs. As., 1977.

MACKINNON, ROGER Y MICHELS, ROBERT. *Psiquiatría clínica aplicada.* Editorial Interamericana, México, 1973.

NICOLL, MAURICE. *Comentarios psicológicos sobre las enseñanzas de Gurdjieff y Ouspensky.* Editorial Kier, Bs. As., 1971.

SEGAL, HANNA. *Introducción a la obra de Melanie Klein.* Editorial Paidós, Bs. As., 1969.

Silvio, Eloy. *"El Borderline".* Fotocopia sin pie de imprenta, Caracas, Venezuela.

Sterba, Richard. *Teoría psicoanalítica de la libido.* Editorial Hormé, Bs. As., 1965.

Winnicott, Donald W. *El proceso de maduración en el niño.* Editorial Laia, Barcelona, 1975.

    Escritos de pediatría y psicoanálisis. Editorial Laia, Barcelona, 1979.

    Conozca a su niño. Editorial Paidós, Bs. As., 1986.